LE

ROI VOLTAIRE

DE L'IMPRIMERIE DE BONAVENTURE ET DUCESSOIS,
55, quai-des Augustins. — Paris.

LE
ROI VOLTAIRE

PAR

ARSÈNE HOUSSAYE

> Ma destinée a été d'être je ne sais quel homme public coiffé de trois ou quatre lauriers et d'une trentaine de couronnes d'épines.
>
> VOLTAIRE.

DEUXIÈME ÉDITION
REVUE ET AUGMENTÉE

PARIS

MICHEL LÉVY FRÈRES, LIBRAIRES-ÉDITEURS
RUE VIVIENNE, 2 BIS

MDCCCLVIII

Droits de traduction et de reproduction réservés.

PRÉFACE
DE LA SECONDE ÉDITION.

Un ancien disait après un discours souvent interrompu : « Quoique le vent fût mauvais, mes paroles ont traversé les vagues, sans faire naufrage. » Ainsi pourrais-je dire de mon livre, mais c'est le navire de Voltaire qui l'a sauvé.

Les grands hommes font la patrie quand elle n'existe pas encore ; ils la font vivre quand elle n'est plus. Le Panthéon — le tombeau de Voltaire — n'a-t-il pas dit : *Aux grands hommes la patrie reconnaissante?*

J'ai couronné la statue de Voltaire. « Une simple couronne de roi ! a dit Jules Janin, et pour qui donc les étoiles ? » Mais en revanche, des grimauds se sont offensés de voir qu'on parlait encore de M. de Voltaire. Et ils ont crayonné quelques injures de plus sur le piédestal de son monument. Mais c'est en lui voulant arracher sa couronne qu'ils ont consacré le *Roi Voltaire.*

La critique française et étrangère a beaucoup discuté sur mon livre, ce dont je la remercie. Elle m'a reproché des contradictions, comme on en reprochait à Voltaire. Il y a des contradictions étudiées d'où jaillit la lumière,—comme l'éclair du choc des nuages. La critique m'a reproché de ne pas bien savoir l'histoire.—Quelle histoire?—Voltaire disait dans sa souveraine raison : « L'histoire n'est jamais faite, on la fait toujours.. »

Voltaire disait aussi : « Je n'ai jamais fait une phrase de ma vie. « La critique m'a reproché de n'avoir pas suivi ce conseil de Voltaire. Je le répète : je ne suis pas de son école. Et d'ailleurs, celui qui imite Homère n'imite pas l'*Iliade*.

J'ai donc fait des phrases. En cela j'ai été de la grande école de Dieu.

Le monde est un livre écrit dans tous les styles. Moïse n'est pas plus grand, Homère n'est pas plus beau, Salomon n'est pas plus passionné, Bossuet n'est pas plus sublime. Les orages et les tempêtes, les mugissements de la mer, les ténèbres de la forêt, les avalanches des Alpes, les éruptions des volcans, les hurrahs de la victoire, les déchirements de la passion, ce sont des phrases.

Le Niagara avec « ses colonnes d'eau du déluge, » ses îles suspendues, ses torrents, ses cataractes, ses tourbillons, ses arcs-en-ciel, est un prosateur qui fait des phrases poétiques, comme la vallée de Tempé est une muse qui fait des vers amoureux. Le mont Ossa, tout peuplé encore des ombres des Titans révoltés, est un philosophe qui, à travers le bruit, se recueille pour étudier les dieux du passé. Il voit sans sourciller les colères du torrent qui se brise sur les rochers pour tomber un peu plus tôt dans le gouffre invisible. C'est la vie, c'est la révolte, c'est la mort, c'est l'infini.

Oui, la nature, l'œuvre du maître des maîtres, a toutes les notes de la gamme du style. Elle chante le poëme comme le sonnet, la tragédie comme la chanson. Elle est épique comme elle est rustique. Est-ce donc avec le même style qu'elle salue le printemps et l'automne, l'été et l'hiver, le pommier de la Normandie et le pampre du Pausilippe, les moissons de la Beauce et les neiges des monts inaccessibles?

Dans les arts il y a aussi les éloquents par le style sublime et les éloquents par le style simple. L'architecte du Parthénon est peut-être grand parce qu'il est simple : mais, dans ses figures, Phidias est grand parce qu'il est sublime. Saint-Pierre de Rome est grand aussi par la simplicité; mais la chapelle Sixtine, qui flamboie sous les phrases de Michel-Ange, est plus grande que la plus grande église de Rome.

Si j'avais lu la grammaire, je trouverais peut-être de meilleurs exemples ; mais je n'ai jamais eu le temps de lire la grammaire.

La nature est tout art, Voltaire le disait lui-même. Elle a ses jours de deuil où elle pleure avec les torrents, ses jours de passion où elle éclate avec les orages, ses jours de fête où elle porte des manchettes comme M. de Buffon. On ne la comprend pas en la voulant voir de trop près.

Voltaire, qui osait tout, avait peur des merveilles. Il n'osait habiller sa muse du manteau d'azur aux étoiles d'or. La nature mathématicienne le frappait plus que la nature poétique. En horreur des phrases, il n'a voulu avoir qu'un style, le style de la raison : aussi pourrait-on dire que son poëme épique est un poëme sans poésie et son Dieu un Dieu sans divinité.

Et pourtant c'est un grand écrivain, parce qu'il est tout esprit. Il écrit avec un charbon ardent, et le soleil court à travers sa prose comme à travers les grands arbres un peu ébranchés de la forêt. Mais qu'un voltairien vienne avec les leçons du maître nous dire : « J'écris à la Voltaire, » nous lui repondrons : « Ton charbon est éteint et ton soleil est couché. »

PRÉFACE
DE LA PREMIÈRE ÉDITION.

Ce livre n'est pas une profession de foi. Je salue Voltaire comme un maître et n'entre pas à son école.

Voltaire est un arbre dont tous les fruits ne sont pas bons : « N'allez jamais vous asseoir sous son ombre, » a dit le poëte.

J'ai passé trois mois sous cet arbre du bien et du mal. Plus d'une nuit de cet hiver, mon esprit a vécu de Voltaire. Quand minuit me chantait sa litanie nocturne, j'ai vu souvent dans l'âtre se dessiner avec un vif relief cette figure amère, railleuse et attendrie, qui, comme la salamandre, triomphait du feu, — le feu de l'enfer ou le feu du ciel.

Durant trois mois, j'ai consulté l'oracle et j'ai demandé au grand agitateur des âmes le récit des agitations de son cœur.

J'ai vu les drames secrets de cette conscience; mais tout en contant Voltaire, je lui ai laissé la parole chaque fois qu'il parlait de lui-même.

Voltaire a sculpté sa statue par fragments; je n'ai eu qu'à reprendre çà et là les précieux débris. Voltaire a dispersé dans son œuvre quelques pages déchirées de sa vie; je n'ai eu qu'à réunir ces pages, qui depuis un siècle déjà enrichissent le trésor de la mémoire française.

Je n'ai pas pensé apporter des documents nouveaux à la Babel des commentateurs; j'ai horreur des paperasses; et je donnerais un volume de notes pour un trait de caractère ou un trait de génie.

Ne voyez dans ce livre que le sentiment d'un poëte sur une philosophie qui a renouvelé le monde, et l'admiration d'un homme pour un homme qui a fondé la royauté de l'esprit humain.

Mais je n'en suis pas plus voltairien pour cela, car je suis de ceux qui pensent que le meilleur de l'esprit humain c'est encore l'esprit divin.

ARSÈNE HOUSSAYE.

30 MAI 1858.

80ᵉ ANNIVERSAIRE DE LA MORT DE VOLTAIRE.

LE ROI VOLTAIRE

En ce temps-là, il était un roi qui s'appelait Voltaire.

Son royaume n'avait ni commencement ni fin.

Il succéda à Louis XIV et transmit son sceptre à Napoléon.

Il fut sacré roi de l'esprit humain à la cour de Prusse par son frère Frédéric II, dans cette savante Allemagne où Gœthe a dit : « Après avoir enfanté Voltaire, la nature se reposa. »

Il fut couronné aux Tuileries, dans la salle du trône tragique.

Ses ministres furent tous de grands hommes ; — hormis les athées. — Ils se nommaient : Diderot, d'Alembert, Buffon, Helvétius, Turgot, Condorcet.

Il eut pour alliés l'impératrice de Russie, le pape Clément XIV, le roi de Prusse, le roi de Danemark, le roi de Suède, toutes les royautés,—sans compter la marquise de Pompadour, une reine de la main gauche.

Il eut pour ennemis,—je ne parle pas des infiniment petits,—Jean-Jacques Rousseau et M. de Voltaire, ce M. de Voltaire qui ne s'indigna pas du partage de la Pologne, qui rima LA PUCELLE, qui fut gentilhomme de Louis XV, et qui ne fut pas gentilhomme du Christ.

Il bâtit une ville et éleva une église à Dieu,—je ne parle pas de la ville de Ferney, mais de la ville idéale de la raison humaine qui abrite tous les grands esprits;—je ne parle pas de l'église de Ferney, mais de l'Église universelle qui s'appelle la liberté de conscience.

Sa cour se composait de princes, de savants, de poëtes et de comédiens; car il ne voulait pas que la vérité prît chez lui des airs moroses. Il avait une galerie de tableaux, une bibliothèque et un théâtre : Louis XIV a dansé dans les ballets, Voltaire a joué la tragédie.

Son peuple, c'était tous les peuples; sa famille, c'était la nièce de Corneille, le fils de Lally, les enfants de Calas et de Sirven, tous les déshérités et tous les opprimés.

Avant sa mort, il fut porté en triomphe « et étouffé

sous les roses » par son bon peuple de Paris. Après sa mort, on lui donna un temple pour sépulture.

Ce fut un roi, — le roi de Prusse, — qui prononça son oraison funèbre en pleine Académie.

Le roi Voltaire repose au Panthéon à côté de son ennemi, le républicain Jean-Jacques Rousseau, tous deux réconciliés par la Révolution, parce que le roi et le républicain ont travaillé pour la justice.

Les soldats de Napoléon, enfants de la Révolution, disaient, quand le héros fut enterré à Sainte-Hélène : Napoléon n'est pas mort, il reviendra.

Il est revenu.

Les soldats de Voltaire, enfants de l'Encyclopédie, ont dit aussi : Voltaire n'est pas mort, il reviendra.

Voltaire est revenu.

Qui donc en douterait en entendant les clameurs de ses ennemis ?

Jean-Jacques lui écrivait : « Les injures de vos ennemis sont le cortége de votre gloire. »

I

GÉNÉALOGIE DE VOLTAIRE

Au commencement du monde, rien n'était; mais déjà l'arbre généalogique de Voltaire avait pris racine*.

Sa dynastie devance donc celle des Pharaons, ou

---

* Les commentateurs, ces glaneurs de l'histoire qui ramassent l'ivraie comme l'épi, ont découvert que Marie-François Arouet était né d'un notaire et d'une bourgeoise, le 20 février 1694, à Paris ou à Châtenay ; ils ne savent pas bien où, parce qu'ils ont longtemps disputé là-dessus.

Voltaire ne le savait pas mieux qu'eux ; je ne le sais pas mieux que Voltaire. Qu'importe ! je ne connais pas Arouet, je ne connais que Voltaire.

Ils ne se doutaient pas, ce notaire et cette bourgeoise, qui mettaient au monde Voltaire dans le pacifique horizon de la rue des Marmousets, qu'ils enfantaient l'orage et la tempête. M. Arouet fut longtemps sans vouloir que son fils fût poëte : comment ne lui défendit-il pas d'être philosophe ?

plutôt ce grand roi a eu plusieurs existences. Comme Satan, il s'est incarné dans tous les esprits; il s'est révélé dans chaque siècle où l'idée humaine a lutté contre la tyrannie des dieux, où l'esprit a dominé le cœur, où la raison a régné sur le sentiment. On a dit de Voltaire comme de Jupiter Amphitryon : « C'est toujours lui qui, quoique étranger, a l'air d'être le maître de la maison. »

Dans le paradis, ce n'est pas lui qui s'appelle Adam, car déjà il a toutes les aspirations et toutes les curiosités d'Eve. Il secoue d'une main révoltée l'arbre de la science. Il veut connaître le mal pour faire le mal et pour revenir au bien en toute liberté. Bientôt il dit au pommier : « Tes pommes sont amères. » Et il plante la vigne.

Quand la vigne, mère des passions et des révoltes, amena le déluge, Voltaire emporta dans l'arche le plus beau cep.

Il a dit à Japhet : « Marche vers l'occident; marche et multiplie en chemin : c'est là que les enfants des hommes verront de plus près la lumière de la vérité; c'est là qu'ils oseront regarder Dieu en face et seront toujours en révolte pour lui ou contre lui, disputant pied à pied avec les armes de la philosophie contre la révélation. » Mais tout en conduisant l'esprit des générations de Japhet, Voltaire suivait Sem et lui conseillait la sagesse qui voit par l'œil simple et qui met le paradis sur la terre, sans s'inquiéter des ascensions futures vers les mondes inconnus. Qu'importe ce qui se fait et ce qui se fera au ciel, si l'amour fleurit au sein de la femme, si le maïs fleurit dans la vallée, si la rose fleurit sur le chemin ! —

Dans la Bible, cette patrie des idées et des génies, on retrouve souvent Voltaire. Il dit aux fils d'Abraham qu'il n'y a « ni présages superstitieux, ni divinations, ni sortiléges. » Après avoir compris la symphonie de la confusion des langues, Voltaire a deviné la terre promise et il y conduit le peuple de Dieu. Mais déjà Moïse-Voltaire ne croit pas à la terre promise, et il ne lui sera pas permis d'y pénétrer. Il parle par la lèvre désenchantée de Salomon tout en soulevant la queue de la robe de la reine de Saba ; il parle par le désespoir révolté de Job. Parti des voluptueuses stations du *Cantique des cantiques*, il va verser ses pleurs d'ange rebelle sur ce fumier de Job où il a reconnu le lit de l'humanité.

Même avant Homère, il a osé dire qu'un esclave avait autant qu'un roi l'étoffe de la vie et la dignité du cœur. Avant Socrate, il a osé douter des dieux et des déesses. Mais, même avec Diogène, il ne douta jamais des hommes, parce que celui-là ne portait pas une lanterne sourde et qu'il fut toujours plus occupé des choses visibles que des choses invisibles. Quand, sur les bords de l'Ilissus, il apportait toutes les malices de la comédie là où Platon apportait toutes les sublimités de la poésie, il disait à Socrate : « Que m'importe que Jupiter fronce le sourcil ou que Vénus dénoue sa ceinture ? Ce n'est pas le ciel qui m'inquiète, c'est la terre. » Mais quand Socrate fut à sa dernière heure, ce fut lui qui versa la ciguë : « Buvez, mon maître, car c'est le calice de la libre croyance. » Et quand Socrate eut bu, il garda le calice.

Après avoir été à l'école de Socrate, il passa à l'école de Platon; mais ne s'y arrêta pas, parce qu'il ne voulut pas croire que la philosophie est un art et non une science. Il alla jouer la comédie avec Aristophane pour apprendre à rire de tout, même des dieux, même de Socrate.

Ne le reconnaissez-vous pas sur la galère qui emporte Alcibiade chez le satrape Tissapherne ? Il apprend d'Alcibiade l'art de couper la queue de son chien et l'art de tromper Aspasie. Ne le reconnaissez-vous pas sous le manteau étoilé d'Aristote, qui voyage à la suite des armées d'Alexandre, pour apprendre à celui qui sait vaincre pourquoi l'analyse a détrôné le symbole ? Ce n'est pas tout. Voulez-vous l'entendre raisonner par la bouche d'Epicure ? Il vous dira que vivre est tout et que mourir n'est rien ; que la joie est la seule hôtesse qu'il faille choyer. C'est lui qui enlève aux dieux le gouvernement des choses humaines et qui ne veut pas, dans sa voluptueuse rêverie, que les hommes se donnent la peine de se gouverner eux-mêmes. Mais au Portique, Voltaire se relève de cet abaissement en dictant à Zénon de sublimes paroles sur la grandeur de l'homme. Il va s'appeler Lucrèce pour décider que tout est dans l'homme. Cet opiniâtre éclaireur dans la nuit du doute traduit en vers ce qu'il a déjà dit en prose quand il s'appelait Epicure. Mais s'amusera-t-il longtemps à cette nuit sans aurore, à cette orgie sans dieu, à cette fête sans lendemain ? Comme il s'est attristé ! comme cette lumière nouvelle éclaire la désolation des désolations ! Plus tard, il aura beau masquer ses larmes par le beau rire de Rabelais, il sera plus désolé encore quand il écrira *Candide* et aboutira à cette dernière moralité : Qu'il faut cultiver son jardin.

Un grand cri traverse le monde : Un Dieu nous est né, — *Ecce homo* — qui va être le trait d'union du ciel à la terre. Mais Voltaire ne croit pas que Dieu daigne se montrer aux hommes sur la terre. Toutefois, il écoute Jésus prêcher, et il s'indigne contre le peuple juif qui demande la mort du Nazaréen. Il a lu dans les saintes Écritures : « Si quelqu'un se mêle de prophétiser, son père et sa mère lui donneront la mort au nom du Seigneur. » Mais il ne croit pas tous les jours aux saintes Écritures.

Il a horreur du sang, il a horreur des révoltes armées; il aime mieux se métamorphoser en fils d'affranchi, s'appeler Horace, vivre à la table d'Auguste, et verser sa poésie dans la coupe des Césars.

Dirai-je toutes ces métempsycoses? N'est-ce pas lui qui écrit là-bas *l'Ane d'or* par la main d'Apulée? N'est-ce pas lui qui rit du beau rire attique avec les dieux de Lucien et qui répand sa flamme vive dans le *Satyricon* de Pétrone? Il traverse la vie de Marc-Aurèle et l'Église disparate d'Alexandre-Sévère. Il décide avec Julien l'Apostat que Paris sera la Rome de l'Antechrist. Je le retrouve partout, même au désert, où il tente saint Antoine avec cet aiguillon mortel qui entra si avant au cœur de saint Jérôme et qui allait déchirer Jésus lui-même à cette heure de défaillance où il demanda à son père : *Pourquoi m'as-tu abandonné?*

Il doute avec saint Thomas, il discute avec les docteurs, il prend toutes les figures, même celle de Satan. Il monte dans la chaire avec Abailard et fait succéder le règne de la conscience à la servitude de la tradition. S'il est vaincu par Grégoire VII, il soufflette Boniface VIII. Il décentralise son action; il organise les communes. Il est battu dans les croisades, mais il a ses revanches. Il fomente le grand schisme d'Occident; il ouvre Constantinople aux Turcs; et, pour se distraire des grandes entreprises, il sculpte aux portails des églises toute cette famille d'anges déchus qui raillent les chrétiens dans leur maison.

Roger Bacon, qui pile dans sa cellule le soufre et le salpêtre, servira les haines religieuses qui donnent la fièvre à Voltaire; mais Gutenberg va donner des armes à la raison. L'Évangile de Voltaire va courir sur le monde comme si des millions d'oiseaux l'emportaient sur leurs ailes : l'imprimerie éteindra la poudre. Ceci tuera cela.

Voltaire ne se contente pas d'imprimer ; il peint. Il enseigne sa philosophie à Léonard de Vinci, qui veut que la beauté humaine soit la beauté divine; qui remplace par les voluptés du coloris la pâleur des vierges mystiques. Le voyez-vous dans l'atelier de Raphaël, qui prend une courtisane pour en faire une vierge, disant que l'art crée des dieux? La Fornarina va peupler le Vatican.

L'aurore du XVIe siècle répand sur le monde une clarté plus vive. L'humanité, elle aussi, a mis au monde un fils qui va délivrer sa mère : c'est le Messie du libre examen, c'est le dictateur du droit. Ce fils se nomme Voltaire. Je me trompe; ce jour-là il se nomme Luther. L'hérétique est mis au ban de l'Empire. Il se cache au château de Wartzbourg, qu'il appelle son Patmos, comme plus tard il se réfugiera au château de Ferney. De Wartzbourg comme de Ferney, il secouera ses mains pleines de révoltes. Il déconcertera plus que jamais le pouvoir spirituel et le pouvoir temporel; il violera la porte des cloîtres et dira que rien n'est plus sacré que la famille humaine. Il prouvera au pape et à l'empereur qu'ils n'existent pas; il renversera la royauté des sots; il fondera celle de l'esprit et de la joie, ou plutôt il n'y aura plus qu'une royauté : celle du roi Tout-le-Monde — *Herr omnes*.

L'âme de Voltaire pénètre de plus en plus dans toutes les âmes; les échafauds et les bûchers n'ont rien pu sur elle. Elle court du nord au midi, de l'aurore au couchant; de Jean Huss à Savonarola, de Jérôme de Prague à Galilée. Elle raille avec Rabelais, elle doute avec Montaigne, elle prend avec Erasme le masque de la folie pour qu'on apprenne à reconnaître la sagesse. Elle s'arme avec Coligny contre les législateurs de la torture, et va s'asseoir sur le trône de Henri IV, je veux dire sur les genoux de Gabrielle, en confessant que *Paris vaut bien une messe*. Elle descend du trône jusqu'au cabaret, pour rire, avec les Théophile et les Desbarreaux, de la foudre et de la Trinité. Mais elle empêche Spinosa de ne pas croire à Dieu pour ne pas ravaler l'homme jusqu'à l'athéisme. Elle affirme avec Descartes le *moi* humain, qu'elle glorifie avec Corneille. Elle va se recueillir à Port-Royal, où elle ose commenter le livre de la foi; elle traverse le cabinet de Fénelon pour lui montrer par la fenêtre les perspectives de l'avenir.

Mais elle a beau faire, le XVIIe siècle n'est pas son siècle.

Voltaire a franchi plus d'une fois le seuil de madame de la Sablière, quand La Fontaine cherchait la moralité de sa fable—j'ai failli dire de ses contes. On l'a rencontré souvent chez Ninon, sa commère, quand elle débitait ses impertinences philosophiques. Mais Bossuet, éloquent comme le tonnerre et comme l'Évangile, Bossuet qui a osé dire à Louis XIV : « L'État, ce n'est pas vous, c'est l'Église, » dit alors à l'esprit de Voltaire : « C'est moi qui suis l'esprit de Dieu ; tu n'iras pas plus loin ! »

Cependant Voltaire n'est jamais vaincu.

Ce valet de chambre qui s'assied à la table de Louis XIV, n'est-ce pas Voltaire qui, sous Louis XV, se fera gentilhomme de la chambre? Oui, Poquelin, c'est déjà Arouet. C'est la même comédie, à la cour sinon au théâtre. Molière s'est fait courtisan de Louis XIV, pour dire la vérité à tout le monde, même à Louis XIV, comme Voltaire se fera courtisan de Louis XV. *Tartufe* est une *tragédie* de Voltaire.

Voltaire ne s'attache ni à un trône ni à un pays. Bossuet a dit : « Tous les hommes sont nés d'un seul mariage, afin d'être à jamais, quelque dispersés et multipliés qu'ils soient, une seule et même famille. » Voltaire s'est reconnu partout dans sa famille. Sa patrie, c'est l'humanité.

Ne le reconnaissez-vous pas dans le ciel de Newton, qui s'écrie une fois de plus : *Fiat lux!*

Mais avant son avénement comme après son règne, où ne retrouve-t-on pas ce roi, dont la légitimité se prouve d'un seul mot : « Quel est le souverain que vous craignez le plus en Europe? demandait-on à Frédéric le Grand.— Le roi Voltaire, » répondit-il.

II

LE PRÉDÉCESSEUR DE VOLTAIRE

Voltaire sortit de la Bastille pour monter sur le trône de Louis XIV. Il avait vingt et un ans*.

Si Michel-Ange était là et qu'on lui dît d'élever un monument à la gloire du XVIII° siècle, il commencerait par sculpter en plein marbre et à grands traits deux figures olympiennes qui lui serviraient de cariatides, Louis XIV et Bonaparte. — Je dis Bona-

---

* « La nature créa, à l'étonnement du monde et à la gloire de la famille des Bourbons, Louis XIV, *l'homme souverain*, le type des monarques, le roi le plus *vraiment roi* qui ait jamais porté la couronne.

« Elle produisit dans Voltaire l'homme le plus éminemment doué de toutes les qualités qui caractérisent et honorent sa nation, et le chargea de représenter la France à l'univers.

« Après avoir fait naître ces deux hommes extraordinaires, les types, l'un de la majesté royale, l'autre du génie français, la nature se reposa, comme pour mieux les faire apprécier, ou comme épuisée par deux prodiges. » GŒTHE.

parte parce que Napoléon tout entier appartient au XIXᵉ siècle. — En effet, cette époque toute vivante est entre ces deux hommes. Le grand architecte tournerait la figure de Louis XIV vers le passé, soleil couchant, et la figure de Bonaparte vers l'avenir, soleil levant. Le grand roi résume toute la gloire de la France entière, dont il est le plus éclatant symbole. Bonaparte porte l'idée de l'avenir : le peuple fait roi, c'est Napoléon.

Fénelon poserait la première pierre du monument de la raison, Mirabeau planterait le drapeau sur le fronton, Voltaire serait sur le piédestal ; car, entre Louis XIV et Bonaparte, entre Fénelon et Mirabeau, il y a le roi Voltaire. Des bas-reliefs gigantesques raconteraient dans leurs versets de marbre la grande épopée de la révolution, cette Iliade qui a eu son Lamartine. On saluerait deux statues au portail : Jean-Jacques armé du *Contrat social*, Diderot armé de l'*Encyclopédie*.

Une belle fresque peinte par van der Meulen représenterait la bataille de Fontenoy. Une fresque tumultueuse, palpitante, effroyable, peinte par Michel-Ange, raconterait toutes les grandeurs et tous les crimes de la révolution, ce tome soixante et onze des Œuvres de Voltaire.

Des peintures plus légères montreraient la cour de Versailles tour à tour inclinée devant la veuve de Scarron ou devant madame de Pompadour. Ici, on verrait les fêtes romaines du Palais-Royal conduites par le régent ivre ; là, les fêtes arcadiennes de Trianon poétisées par la reine Marie-Antoinette. Elle aussi, elle croyait vivre dans l'Arcadie ! C'était l'Arcadie à deux pas de la guillotine.

Si j'ai osé évoquer l'ombre de Michel-Ange, c'est que le XVIIIe siècle fut un grand siècle, le siècle français par excellence ; c'est que pour peindre ces grandes figures et ces grandes actions, j'ai pensé à ce fier et vaillant pinceau, honneur éternel de la chapelle Sixtine ; c'est que, dans cette histoire d'un âge éloquent qui a enfanté le monde nouveau, il y a plus d'une page qui sera lue à haute voix à l'heure du jugement dernier.

Mais saluons le roi soleil avant de saluer le roi lumière.

Le règne de Louis XIV se divise en trois périodes dominées par trois influences, — trois étoiles, — trois femmes.

La première est l'époque de la galanterie semi-espagnole, semi-française. Elle se personnifie dans mademoiselle de La Vallière, la seule femme qu'ait vraiment aimée Louis XIV et la seule qui méritât d'être aimée. Cette royale passion est un roman de cœur avec le cloître pour dénoûment. Le point d'honneur, les cours d'amour, les aventures de cape et d'épée, avaient laissé des traditions qui n'étaient point perdues. Les sentiments quintessenciés parfumaient encore les volumineux romans de mademoiselle Scudéri. *Bérénice* était l'écho suave et harmonieux du temps; le *Cid* en était l'exemple mâle et coloré. C'était la jeunesse, c'était l'aurore, c'était le renouveau..

La seconde période du règne se représente par madame de Montespan, une folle et vaillante femme, qui monte hardiment à cheval, qui accouche en riant et qui se réjouit d'être reine par la grâce de l'amour. Avec elle s'ouvre l'épopée militaire, l'ère de la conquête. Le jour incline vers le matérialisme du cœur, vers le paganisme du sentiment: Bossuet a beau tonner du haut de la chaire chrétienne, sa grande voix applaudie ne saurait arrêter le grand siècle, qui court éperdu vers la gloire à travers les aventures galantes. C'est l'âge de l'action, de la maturité, de la force : tout cède au roi victorieux, les citadelles et les femmes.

La troisième et la dernière partie du règne se résume dans madame de Maintenon. Le mysticisme sensuel a remplacé les pompes et les œuvres de l'ancienne cour. Le siècle vieux se fait ermite; la gloire prend le voile. Tout s'assombrit, tout décline. Louis XIV, ce roi sur lequel règne une femme, se courbe lentement vers la tombe. Bossuet a l'air de triompher : l'orthodoxie a brisé l'influence de Fénelon; Madame de Maintenon est la main par laquelle l'Église gallicane domine la vieillesse de

Louis XIV. Le quiétisme ne saurait plaire à cette femme habile, intrigante et forte, qui porte, non sans dignité, le poids de la couronne, sur lequel s'appesantit le fardeau des événements et des années. Cette reine — moins le titre — donne son tour, comme on disait alors, à la fin du règne. Racine abandonne le théâtre ; La Fontaine expie sous le cilice le péché mortel ou immortel de ses contes. Tout prend le masque de la dévotion. La tragédie elle-même fait ses pâques à Saint-Cyr.

Au nom de Louis XIV se rattachent désormais les gloires et les désastres, les magnificences et les misères, les grandeurs et les faiblesses d'un règne qui s'étend sur deux siècles. Richelieu avait ébranché la noblesse avec la hache : Louis XIV fit mieux; il eut le secret de la ruiner et de l'avilir. Les grands seigneurs devinrent les premiers serviteurs de sa maison. Au sein d'une domesticité dont la pompe des titres dissimulait plus ou moins l'humiliation, s'éteignirent les dernières étincelles de la Fronde ; ces rois féodaux, naguère si fiers et si jaloux de leur indépendance, n'avaient plus désormais qu'une passion, mais absolue : plaire au maître.

S'il asservissait les consciences, s'il comprimait la liberté de penser, Louis XIV élevait du moins à l'idée fixe de son règne des monuments qui défient la postérité de lui refuser le nom de grand. A la gloire militaire il bâtissait l'hôtel des Invalides. Ce dôme qui a la forme du monde et que la main de la victoire a doré, ces cours peuplées de héros sans gloire, ces avenues plantées d'arbres, ces salles immenses où se déploie un sentiment d'humanité, cette belle grille et ces fossés armés de canons, cette façade grandiose où Jules Hardouin Mansard a écrit l'histoire architecturale du temps, tout cela annonce une conception vraiment digne d'un monarque politique et guerrier. A la défense nationale, à la puissance maritime de la France telle que l'avaient créée nos hardis corsaires Duguay-Trouin et Jean Bart, Louis XIV érige un monument d'un autre genre : Dunkerque. Au commerce, que le génie de Colbert avait tiré des ténèbres de l'enfance, il consacre le canal du Midi, trait d'union magnifique entre l'Océan et la Méditerranée. Enfin à lui-même, c'est-à-dire à la monarchie absolue, il élève un temple : Versailles.

Le palais de Versailles est un Olympe dont Louis XIV était le Jupiter. Tout y retrace la figure du grand roi, le dessein du règne, la volonté du maître tout-puissant. Regardez les bassins. Ici, Latone change en grenouilles le groupe d'hommes qui l'assiégent : c'est la royauté qui triomphe des frondeurs ; là, des monstres puissants, énormes, mais domptés, portent sur leur dos un enfant qui les guide avec la main : ce sont les forces de l'anarchie que domine une idée nouvelle et courageuse. Et les eaux qui s'élèvent en gerbes vers le ciel pour retomber en rosée, quelle image ingénieuse de la monarchie, qui monte jusqu'à Dieu pour redescendre en fécondité vers la terre ! Ce parc est un poëme dans lequel on lit à chaque page le rêve de Louis XIV : l'État, c'est moi ! Ces arbres à perruque vénérable, qui s'inclinent, eux, si fiers et si robustes, sous la majesté du vent ; ce palais trop grand pour les pas d'un autre homme ; ces larges rues qui se sont voilées d'herbe pour couvrir leur désolation à la chute de la monarchie, Versailles nous dit mieux que toutes les histoires du temps la grandeur symétrique de cette cour ; qui ne s'élève si haut que pour rappeler la lutte des géants foudroyés : seulement, cette fois, ce furent les géants — j'entends les philosophes et les encyclopédistes — qui foudroyèrent Jupiter.

On a dit que les Français n'avaient pas de poëme épique, mais Louis XIV en a écrit un qui lui a survécu et qui survivra à sa race : c'est Versailles, poëme de pierre et de marbre où chantent les arbres et les eaux, songe d'or du passé, panthéon merveilleux où revit tout ce qui fut la France. Le peuple de 1793 l'a si bien compris qu'il n'a pas mutilé les chefs-d'œuvre de Versailles. Comme Fabius à Tarente, comme Scipion à Carthage, il a laissé les dieux debout*.

* Caton le Censeur se serait-il écrié devant les splendeurs de Versailles : « O grand roi, au lieu d'être le maître de toutes ces

Comme poëte épique, Louis XIV est resté plus grand que Voltaire, son successeur. Et pourtant, Voltaire avait pour lui Henri IV, ce grand roi, tandis que Louis XIV n'était que le roi d'un grand règne.

Louis XIV domina l'Europe par son faste plutôt que par ses victoires. Il avait l'art de la mise en scène ; il ne se montrait pas sur le trône d'un roi, mais dans le nuage d'un demi-dieu. Versailles était le Parnasse de cet autre Apollon qui ne chantait pas, mais qui faisait chanter tous les arts, Girardon comme Lulli, Lebrun comme Racine, Le Nôtre comme Molière. Il n'avait pas le génie de ceux qui signent les grands siècles, comme Alexandre, Auguste, Charlemagne, mais l'histoire le voit et le juge dans l'éclat des hommes qui ont fait son siècle grand. On l'a surnommé le roi soleil, bien moins parce qu'il fut le plus magnifique des princes, que parce qu'il s'est illuminé du rayon de toute une pléiade d'hommes de génie. C'est de lui que date la France souveraine, la patrie universelle, le pays victorieux de toutes les victoires, qui impose sa langue, ses mœurs, ses idées et ses pompons. Ce sont nos conquêtes morales qui ont franchi les Pyrénées, les

---

richesses, vous n'en êtes que l'esclave ! » Louis XIV n'était pas l'esclave de ses richesses, ni même de ses misères. Il n'a subi que la domination de sa vieillesse, qui lui vint terrible, appuyée aux bras du Père Le Tellier et de madame de Maintenon.

Alpes et le Rhin. Bien plus, les nations voisines ne se sont éveillées ou réveillées qu'au bruit des victoires et des fêtes de ce règne dominateur.

Louis XIV avait parachevé la royauté de Charlemagne, de saint Louis, de Louis XI et de Henri IV : il devait la perdre. Elle lui survécut, mais comme le jour survit au coucher du soleil. Fénelon avait montré les vices du pouvoir absolu : Voltaire allait déchirer le voile tout entier, et les fondements du temple devaient s'ébranler à sa voix. Louis XIV couronne magnifiquement le XVIIe siècle. Après lui commence le monde nouveau. Les grands rois historiques sont ceux qui terminent un ordre de choses, comme les grandes montagnes célèbres sont celles qui servent de limite aux États.

Par certains côtés pourtant, Louis XIV regarde vers l'avenir. Changez le principe, et la France de la révolution apparaît en germe dans l'œuvre du grand roi. La centralisation, les armées permanentes, l'unité du territoire, s'annoncent dans cette grande machine du despotisme qui fonctionna sous la main d'un seul homme. A cette parole de maître : « L'État, c'est moi ! » la révolution devait répondre : « L'État, c'est tout le monde. » Et ce nouveau souverain ne dédaigna pas les armes forgées par la monarchie. Sans ces armes, la terrible Convention n'eût point jeté le défi à toutes les forces coalisées de l'Europe et n'eût point sauvé le territoire.

Louis XIV a placé la royauté sur les hauteurs du despotisme, dont la France devait la précipiter un demi-siècle plus tard. Les hommes du commencement du XVIII⁰ siècle n'ont pas vu cela, et ils ont maudit la pensée de son règne. Pour nous, qui voyons de plus loin, Louis XIV n'est pas un obstacle, c'est le roi d'un passé qui s'en va et qu'il devait entraîner dans sa tombe ; car le moment était venu où les peuples allaient se partager les dépouilles de la royauté. Louis XIV eut cette double fortune d'outrer la grandeur du souverain pouvoir et d'en exagérer le néant.

La dévotion qu'il avait imposée à son peuple, comme un frein, finit par le dominer. Tout à coup Versailles se change en chapelle ; tout le monde y prie avec Louis XIV ; on plaît à Dieu pour plaire au roi. Les arts déclinent : les pompes profanes se transforment en pompes religieuses. Le chemin de la cour, naguère le sentier fleuri et perdu, devient le chemin du ciel. Louis XIV veut sanctifier son règne : il massacre les hérétiques. Le ciel paraît se venger de la protection qu'on lui accorde : les désastres fondent sur le royaume ; les calamités succèdent aux calamités. La France s'abaisse, le roi se relève. Louis XIV oppose au malheur un front soumis et grave. Il avait dominé les hommes, il domine le destin. C'est la grande page de son règne. Supérieur à l'adversité, lui qui n'avait pas supporté la fortune sans vertige, il étonne le monde par sa constance. Grand, il le fut ; car le prestige de sa grandeur l'avait abandonné, et il se courba sous la main de Dieu sans s'abaisser.

Que si un étranger, venu de loin pour admirer cette gloire altière qui avait resplendi sur le monde, eût rencontré sur la route de Saint-Denis cette populace ivre-gaie, dansant, buvant et festoyant, se fût demandé quelle était la raison de cette réjouissance publique, certes, il n'eût pas voulu croire que toutes ces fanfares chantaient la mort du roi : c'était pourtant la vérité. Le peuple veut bien subir l'oppression, mais à la condition qu'elle changera de masque. Il y avait trop longtemps que l'oppression s'appelait Louis XIV. Les nouveaux maîtres sont toujours les bien-venus ; il est plus facile de monter sur le trône que d'en descendre.

Dufresny, quand il était le fou du roi, disait à Louis XIV des contes arabes. Le grand roi avait beaucoup admiré ce brahme qui, avant de s'asseoir sur l'herbe, balaye la place avec le pan de sa robe en disant à Dieu : « Si j'ai fait descendre ma bienveillance jusqu'à la fourmi, j'espère que tu feras descendre la tienne jusqu'à moi. » Louis XIV avait, en s'asseyant, écrasé la fourmi, — le pauvre peuple, comme on disait si justement alors. Quand La Fontaine écrivait *la Cigale et la Fourmi*, savait-il que la cigale avait alors raison de danser ? La fourmi avait beau travailler l'été pour l'hiver, l'hiver venu, c'était la cigale qui mangeait son grenier d'abondance.

La fin du règne de Louis XIV a toute la grandeur épique, mais aussi toute la majestueuse tristesse du soleil couchant. C'est le soir d'un jour éclatant qui annonce déjà l'orage pour le lendemain. Dans ce ciel doré par le rayonnement de la gloire, le vieux roi disparaissait lentement derrière l'horizon, seul, taciturne et grave. Avec lui s'éteignait la lumière d'un siècle; avec lui la monarchie s'ensevelissait dans l'ombre. L'océan politique était calme à la surface; mais deux points noirs s'étaient déjà formés dans un coin du ciel. Pour les penseurs, ces augures de l'histoire, il y avait là deux nuages qui renfermaient la foudre et la tempête. L'un de ces nuages contenait la philosophie du XVIIIe siècle, l'autre contenait la révolution française. Ne reconnaissez-vous pas la figure de Voltaire dans leurs silhouettes fantastiques?

Le roi est mort, vive le roi! Mais où est le roi?

Je l'ai dit : le roi est à la Bastille. Il s'appelle François-Marie-Arouet. Tout à l'heure il sera reconnu sous le nom de Voltaire. C'est l'esprit humain qui va lui donner sa couronne.

III

LA JEUNESSE DE VOLTAIRE

I

Dès son point de départ dans la vie, Voltaire est l'homme universel ; c'est l'homme nature, c'est l'homme raison, c'est l'homme poésie, c'est l'homme humanité. Il est armé de l'esprit français ; mais il parlera à toutes les nations. Pour lui, il n'y a plus de Pyrénées ; le Rhin n'a pas deux rives ennemies, les Alpes ne sont pas des barrières, l'Océan ne divise pas le monde. Pour prêcher la vérité, il se fera tour à tour poëte, conteur, historien, philosophe, savant même ; il acceptera une charge de gentilhomme du roi, lui qui n'aime pas le roi ; une place à l'Académie, lui qui n'aime pas l'Académie; une clef de chambellan, lui qui n'aime pas la cour,—quand ce n'est pas la cour de Voltaire,—pour pouvoir parler plus haut. Voltaire-Érasme n'avait-il pas déjà fait l'éloge de la sagesse, sous prétexte de faire l'éloge de la folie?

Voltaire a toujours vécu sur un volcan : à Paris, à Londres, à Amsterdam, à Berlin, à Ferney; au château des Délices comme au château de Cirey, il eut un pied dans le paradis, mais l'autre dans l'enfer. Il avait à peine posé sa tente qu'une lave incendiaire le chassait plus loin. Le volcan, c'était lui-même. Il a dit que le bonheur était quelque part, à la condition qu'on n'allât jamais le trouver. Il a couru pendant toute sa jeunesse sans pouvoir une seule fois jeter l'ancre sur les rivages aimés du ciel. C'est qu'il avait un cœur insatiable; c'est qu'il lui fallait tout à la fois la fortune, l'amour et la renommée. On a dit qu'il était né peuple; on s'est trompé : il était né prince. Il voulait bien que sa Muse allât toute nue, mais il voulait que son amour habitât un palais, et que sa fortune fût celle d'un roi. Et quand il fut roi, ce fut souvent un tyran, un tyran pour lui comme pour ses sujets.

Voltaire a joué grand jeu et beau jeu au jeu de la vie. Dès qu'il échappe au collége, on le voit élever un autel au dieu Hasard. Il joue au pharaon, il joue au biribi. Bientôt, Law au petit pied, il ouvre une

banque, rue de Longpont, pour jouer sur les grains.
Il joue sur les vivres avec Pâris de Montmartel. Ce
n'est pas assez, il prend à pleines mains des billets
de la loterie du contrôleur général; il gagne le beau
lot. Croyez-vous qu'il va imiter le sage d'Horace,
acheter une maison, y mettre des meubles, des tableaux, des livres et une femme, en s'écriant : Et moi
aussi j'ai bâti mon château périssable! Non; Voltaire veut bâtir l'impossible. Il a joué sur tout : le
voilà qui joue sur ses œuvres. Il les imprime lui-
même, à Paris, à Amsterdam, à Londres. A Londres,
il publie une édition de *la Henriade* qui eût enrichi
Homère. O le beau temps pour les poëmes épiques!
Il faut dire que l'édition de Paris ne se vendit pas et
lui coûta presque tout l'argent de l'édition de Londres. Mais Voltaire est bien en peine! Il va créer
comme par magie des œuvres de toutes sortes, depuis
l'auguste tragédie jusqu'aux contes libertins, depuis
les pages philosophiques jusqu'aux pages romanesques,—et quelles seront les pages les plus philosophiques?—il fera argent de tout. Sa boutique est
ouverte à tous les coins du globe. Édition par ci,
édition par là. C'est l'histoire des eaux-fortes de
Rembrandt; chaque volume a vingt tirages avec
des retouches. Lira bien qui lira l'édition complète.
Et comme il a l'art de soulever l'orage et de faire
gronder le tonnerre sur tous les enfants de son génie! Il se moque de tout, à commencer par Dieu; à

finir par lui-même, sans oublier son lecteur, qui payera les vitres cassées. Mais peut-on payer assez cher tout cet esprit et toute cette raison?

Avec cet argent du jeu, Voltaire jouera encore, Voltaire jouera toujours ; mais il n'oubliera pas de faire des rentes à ses flatteurs. Il prêtera même de l'argent, mais au denier dix. Le jeu, toujours le jeu. Et puis il choisira son monde, afin de dire aux plus grands noms : « J'ai plus d'esprit que vous, mais j'ai plus d'argent que vous. » Il prête à Villars, il prête à d'Estaing, il prête à Guise, il prête à Guesbriant, il prête à Brézé, il prête à Bouillon. J'allais oublier le duc de Wurtemberg ; j'allais oublier Richelieu, qui fut son héros et son débiteur.

Mais je veux dire cette histoire mot à mot, non pas comme il la dirait lui-même, mais d'après lui-même, en essayant de le retrouver là où il s'est démasqué : dans ses lettres, ces autres confessions *.

L'Histoire, d'après les sculptures antiques, était une figure impassible, qui aurait eu honte de ses enthousiasmes et de ses larmes. C'était la Minerve de Sicyone. Je ne suis pas de marbre : je subis les passions que je peins. Je n'ai pas le secret de laisser mon cœur à la porte quand mon esprit entre dans l'histoire.

Écrire l'histoire du roi Voltaire, c'est écrire l'his-

---

* Quelle belle histoire des idées et des hommes, y compris Voltaire, que le livre pris dans ses livres, mais surtout dans ses lettres, et qui aurait pour titre : *Les Confessions de Voltaire!*

toire du triomphe de l'esprit humain, à ce point suprême où finit le monde ancien, et où commence le monde nouveau. C'est écrire notre histoire à nous tous qui sommes du XIXe siècle, car les grands hommes d'il y a cent ans sont nos contemporains *.

Je ne dirai pas comme le grand orateur : « Écoutez un homme qui va vous instruire de ce qu'il n'a jamais appris. » Je sais l'histoire de Voltaire comme celle du XVIIIe siècle, dont il est le roi, parce que je ne l'ai pas apprise pour l'écrire. Si je l'écris aujourd'hui, c'est pour dire la vérité sur une époque travestie par les faiseurs de Mémoires qui jugeaient les

* Les philosophes du XVIIIe siècle retrouvaient de leurs contemporains dans le siècle de Louis XIV. Ne peut-on pas dire que tous les philosophes sont contemporains ? les siècles ne comptent pas devant la raison. Voltaire et Diderot étaient bien plus les contemporains de Socrate et de Lamennais que de Desfontaines ou de Trublet. Les salons voltairiens du XVIIIe siècle, M. Guizot l'a remarqué, étaient moins voltairiens que les salons antivoltairiens du XIXe siècle. La philosophie est comme la lumière qui montre le chemin parcouru et le chemin des découvertes futures. Mais combien peu qui ne se laissent pas aveugler par son flambeau, combien de myopes qui nient la lumière lointaine, parce qu'ils n'osent la braver !

Oui, les philosophes du XVIIIe siècle sont nos contemporains ; nous avons beau restaurer leurs monuments par des ornements d'un autre style ; retoucher le fronton pour donner plus de grandeur à la figure de Dieu, faire plus hardie encore la hardiesse des cariatides, que sais-je ? travailler les détails de cette architecture grandiose qui abritait et qui abrite encore l'esprit humain, d'où la révolution est sortie tout armée, et où le monde nouveau va puiser ses inspirations. Nous sommes chez eux, et ils sont chez nous !

événements de trop près, et par les historiens de bibliothèque qui jugent les événements de trop loin. Entre ces deux points de vue, il y a la lumière.

La renommée ne permet guère aux peintres de nous donner le portrait des poëtes avant que les ravages du temps aient passé sur leur figure. La peinture nous représente Homère vieux, aveugle et mendiant; depuis Homère jusqu'à Milton, parmi les têtes épiques, en voyons-nous une seule dans la saveur de la jeunesse et dans la grâce de l'amour? Tous les poëtes nous apparaissent couronnés de lauriers et de cyprès. Les cheveux blancs sont vénérables, mais les cheveux blonds sont plus doux au cœur; la vieillesse est noble et grave, mais la jeunesse est si belle en ses folies! Comme a dit un moraliste contemporain, on ne connaît bien un homme d'autrefois que quand on en possède au moins deux portraits. En pensant à Voltaire, la première image qui s'anime en notre mémoire est celle d'un poëte de quatre-vingts ans, affublé d'une perruque, armé d'un sourire diabolique et d'un regard flamboyant encore. C'est que le Voltaire des peintres et des sculpteurs était *le vieillard cacochyme chargé de quatre-vingts hivers*. Pourtant Voltaire à vingt ans vaut mieux que Voltaire à quatre-vingts; il n'est pas couvert de gloire, mais il est bien plus glorieux, il est jeune! Pour moi, mon plaisir a été bien vif quand, la première fois, j'ai découvert un portrait de Voltaire à vingt ans. Quelle grâce déjà savante! Quel esprit déjà moqueur! Ce front renferme un monde, mais cette bouche, avant de parler, a encore tant de baisers pour les Pimpettes! Que ces cheveux de l'insouciant amoureux de mademoiselle de Livry sont plus doux à voir que ce front qui sera tout à l'heure dépouillé par le génie! Ne trouvez pas mauvais que j'essaye à mon tour de peindre Voltaire dans sa jeunesse étourdie et charmante. Ceux qui connaissent le mieux leur Voltaire ne le connaissent pas jeune. Pour toute notre génération, Voltaire n'est que le patriarche de Ferney, jetant à pleines mains les colères de la raison en révolte.

II

Voltaire vint au monde mourant, comme Fontenelle, qui vécut cent ans. Pour lui, s'il ne vécut que quatre-vingt-quatre ans, c'est qu'il fut tué par le génie, le café et le Dictionnaire de l'Académie. On l'ondoya au printemps; ce ne fut qu'en automne qu'il put être baptisé*. Il eut pour parrain un abbé

---

* « Ce maître absolu du libre arbitre est porté comme un simple enfant des hommes, par sa nourrice, au petit autel du petit village

sans foi, sinon sans abbaye, l'abbé de Châteauneuf, ami de sa mère et amant de Ninon de Lenclos; aussi a-t-on dit que le diable vint visiter souvent Voltaire au berceau.

L'abbé de Châteauneuf, prenant au sérieux son titre de parrain, voulut diriger la jeune intelligence de son filleul; il lui apprit à lire dans les contes de La Fontaine. Ninon lui demandant un jour des nouvelles de l'enfant : « Ma chère amie, lui dit-il, mon filleul a un double baptême, mais il n'y paraît guère; à peine âgé de trois ans, il sait toute la *Moïsiade* par cœur; au lieu d'apprendre les fables de La Fontaine, il apprend les contes du bonhomme. » Ainsi Voltaire, grâce à celui qui avait répondu de sa croyance devant l'Église, apprenait à lire dans ce poëme impie et dans ce Décaméron gaulois. Ninon voulut que cet enfant, qui promettait tant, lui fût présenté. Elle baisa ses blonds cheveux de ses lèvres fanées et profanées; elle lui prédit qu'il serait l'ange rebelle du XVIII° siècle.

Ninon de Lenclos, qui, selon les vers d'un de ses

de Châtenay, et Dieu sait ce qu'eût répondu le prêtre ingénu qui baptisait ce petit catéchumène souffreteux, mal venu, aussi faible et plaintif que Pascal enfant, si quelque voix prophétique eût révélé au curé de Châtenay que ce front, caché sous le bourrelet des nourrices, contenait en germe le *Dictionnaire philosophique, Candide,* l'*Essai sur les mœurs,* la *Pucelle* et *Mahomet?* Ah! quelle épouvante! Et quoi d'étonnant si le prêtre eût laissé tomber, sans le baptiser, ce phénomène au pied de son autel? » JULES JANIN.

amants, avait l'âme formée *de la volupté d'Epicure et de la vertu de Caton*, ne donna pas de leçons de volupté et de vertu à Voltaire, mais elle lui donna de quoi acheter des livres par son testament. Elle avait deviné Voltaire dans Arouet ; elle voulait rattacher son nom à cette renommée promise*.

* Mademoiselle de Lenclos rouvrit l'hôtel Rambouillet, mais Voiture chez elle était remplacé par Saint-Evremont, le bel esprit par l'esprit. On n'y travaillait pas à *la Guirlande de Julie*, mais on n'y dénouait pas non plus la ceinture de Vénus. Quand Ninon était courtisane, c'était la courtisane amoureuse.

Voltaire a peint Ninon à la Voltaire : un portrait vif, lumineux, saisi. « Sa philosophie était véritable, ferme, invariable, au-dessus des préjugés et des vaines recherches. Elle eut, à l'âge de vingt-deux ans, une maladie qui la mit au bord du tombeau. Ses amis déploraient sa destinée qui l'enlevait à la fleur de son âge. *Ah ! dit-elle, je ne laisse au monde que des mourants.* Il me semble que ce mot est bien philosophique. Elle disait qu'elle n'avait jamais fait à Dieu qu'une prière : « Mon Dieu, faites de moi un honnête homme, et n'en faites jamais une honnête femme. » Les grâces de son esprit et la fermeté de ses sentiments lui firent une telle réputation, que lorsque la reine Christine vint en France, en 1654, cette princesse lui fit l'honneur de l'aller voir dans une petite maison de campagne où elle était alors. Lorsque mademoiselle d'Aubigné (depuis madame de Maintenon), qui n'avait alors aucune fortune, crut faire une bonne affaire en épousant Scarron, Ninon devint sa meilleure amie. Elles couchèrent ensemble quelques mois de suite : c'était alors une mode dans l'amitié. Ce qui est moins à la mode, c'est qu'elles eurent le même amant et ne se brouillèrent pas. M. de Villarceaux quitta madame de Maintenon pour Ninon. Elle eut deux enfants de lui. L'aventure de l'aîné est une des plus funestes qui soit jamais arrivée. Il avait été élevé loin de sa mère, qui lui avait été toujours inconnue. Il lui fut présenté à l'âge de dix-neuf ans, comme un jeune homme qu'on voulait mettre dans le monde. Malheureusement il en devint éper-

III

Au collége, Voltaire ne jouait pas*. Pendant la récréation, il tenait tête aux PP. Tournemine et Porée. C'était déjà un philosophe armé à la légère ;

dument amoureux. Il y avait auprès de la porte Saint-Antoine un assez joli cabaret où, dans ma jeunesse, les honnêtes gens allaient encore quelquefois souper. Mademoiselle de Lenclos, car on ne l'appelait plus alors Ninon, y soupait un jour avec la maréchale de La Ferté, l'abbé de Châteauneuf et d'autres personnes. Ce jeune homme lui fit, dans le jardin, une déclaration si vive et si pressante que mademoiselle de Lenclos fut obligée de lui avouer qu'elle était sa mère. Aussitôt ce jeune homme, qui était venu au jardin à cheval, alla prendre un de ses pistolets à l'arçon de sa selle et se tua tout roide. Il n'était pas si philosophe que sa mère. Je ne dois pas oublier que madame de Maintenon, étant devenue toute-puissante, se ressouvint d'elle et lui fit dire que, si elle voulait être dévote, elle aurait soin de sa fortune. Mademoiselle de Lenclos répondit qu'elle n'avait besoin ni de fortune, ni de masque. Plus heureuse que son ancienne amie, elle ne se plaignit jamais de son état. Quelqu'un a imprimé, il y a deux ans, des lettres sous le nom de mademoiselle de Lenclos, à peu près comme dans ce pays-ci on vend du vin d'Orléans pour du Bourgogne. » Que d'esprit en ces deux pages ! Tout un portrait, toute une philosophie.

Mais Voltaire ne fut pas toujours galant pour la marraine de son esprit : il l'a comparée à une vieille momie revenue des pays de la mort.

* Pour ceux qui veulent tout savoir, rechercherai-je les infiniment petits de la vie de Voltaire ? Sa première enfance se passa rue des Marmousets, où demeurait son père. Les commères du

que dis-je? c'était déjà un poëte. Une épigramme, traduite de l'*Anthologie*, date de ses premières années d'études :

> Léandre conduit par l'Amour
> En nageant disait aux orages :
> Laissez-moi gagner les rivages,
> Ne me noyez qu'à mon retour.

Il n'avait que douze ans quand il écrivit ses premiers vers, une épître à Monseigneur, fils de Louis XIV, pour un soldat des Invalides :

> L'immortel Apollon vous donna la beauté ;
> Mais un dieu plus puissant, que j'implore en mes peines,
> Voulut aussi me donner mes étrennes,
> En vous donnant la libéralité.

Il n'y a pas là de quoi crier miracle ; il faut même

voisinage ne lui donnèrent-elles pas un peu son second baptême en l'appelant le petit volontaire, car déjà l'enfant voulait que tout obéît à ses caprices. Voltaire, qui plus tard faisait du feu à la Saint-Jean, était né frileux à ce point d'incendier trois ou quatre fois par hiver la cheminée paternelle, ce qui faisait crier dans toute la rue : Au petit volontaire ! Au collége Louis-le-Grand, il jetait tout le monde de côté pour avoir la première place devant l'âtre. « Range-toi, dit-il un jour à un de ses camarades, sinon je t'envoie te chauffer chez Pluton.—Que ne dis-tu enfer? il y fait encore plus chaud.—Qui te l'a dit? je crois que l'un n'est pas plus sûr que l'autre. » Voltaire ne croyait pas plus au paradis qu'à l'enfer. Un jour, un autre camarade lui dit: « Tu es trop méchant pour aller jamais au ciel.—Le ciel, s'écrie l'enfant gâté, c'est le grand dortoir du monde. »

constater qu'il n'y a rien de l'enfant sublime chez Voltaire, il n'y a que de l'enfant prodigue *.

Cependant il émerveillait tout le monde; son professeur du matin, le P. Le Jay, comme son professeur du soir; le P. Porée, son confesseur, le P. Palu, ses camarades, même les plus anciens. Il n'étudiait pas, il savait tout. Il devinait un livre plutôt qu'il ne le lisait. Né railleur, il ne croyait qu'à demi à l'histoire religieuse et à l'histoire profane. Il n'aimait pas à s'égarer dans la forêt ténébreuse des philosophies perdues. Comme Descartes, son maître, il supprimait d'un seul mot la sagesse des sept sages de la Grèce et les symboles des douze apôtres.

« Malheureux ! lui dit un jour le P. Le Jay en le secouant par le bras, tu seras un jour l'étendard du déisme en France ! »

En attendant que cette prédiction s'accomplît, Voltaire remporta tous les prix à sa rhétorique. Jean-Baptiste Rousseau, qui assistait à la distribu-

---

* Dès qu'il sut un peu de latin, il fit des vers latins qu'il n'a pas conservés. On ne connaît de lui que ceux-ci, inscrits sur l'estampe du portrait de Benoît XIV :

> Lambertinus hic est, Romæ decus et pater orbis,
> Qui mundum scriptis docuit, virtutibus ornat.

Et ces deux vers, sur le feu, qu'il aurait pu mettre pareillement sur l'estampe de son propre portrait :

> Ignis ubique latet, naturam amplectitur omnem,
> Cuncta parit, renovat, dividit, urit, alit.

tion, voulut embrasser ce jeune triomphateur, qui fut bientôt son disciple et son maître en poésie.

Voltaire sortit du collége et retourna rue des Marmousets. Il avait toujours eu les aspirations d'un grand seigneur ; que dis-je? d'un roi. Or, que faire rue des Marmousets, en face d'un père né paysan, qui s'affublait dans toutes les vanités un peu ridicules alors de la magistrature sans-noblesse ? Le père Arouet voulait que son fils revêtît la robe et la toque ; mais Voltaire lui disait qu'il n'était pas né homme de plume pour écrire dans le mauvais style du palais. Il s'acoquina à quelques coureurs d'aventures, les chevaliers à la mode de ce temps-là. Ils le conduisirent à l'Opéra, à la Comédie-Française, mais surtout chez les courtisanes du beau style ou chez les marquises déchues.

Avant de prêter de l'argent aux grands seigneurs, Voltaire en avait plus d'une fois emprunté vers ce temps-là, mais à d'autres conditions, ainsi qu'on le verra dans cette histoire, qu'il conte si bien lui-même : « Je me souviens qu'étant un jour dans la nécessité d'emprunter de l'argent d'un usurier, je trouvai deux crucifix sur sa table. Je lui demandai si c'étaient des gages de ses débiteurs ; il me répondit que non, mais qu'il ne faisait jamais de marché qu'en présence du crucifix. Je lui répartis qu'en ce cas un seul suffisait et que je lui conseillais de le placer entre les deux larrons. Il me traita d'impie et me déclara qu'il ne me prêterait point d'argent. Je pris congé de lui; il courut après moi sur l'escalier et me dit, en faisant le signe de la croix, que, si je pouvais l'assurer que je n'avais point eu de mauvaises intentions en lui parlant, il pourrait conclure mon affaire en conscience. Je lui répondis que je n'avais eu que de très-bonnes intentions. Il se résolut donc à me prêter sur gages, à dix pour cent pour six mois, retint les intérêts par devers lui, et, au bout des six mois, il disparut avec mes gages, qui valaient quatre ou cinq fois l'argent qu'il m'avait prêté. »

La cour se faisait vieille et dévote comme le roi. Madame de Maintenon voulait enchaîner la France dans ses rosaires de buis; tous les courtisans, tous les dignitaires, tous les esclaves blasonnés se couvraient la face du masque de Tartufe. Le XVIIIe siècle est sorti de là. Des princes, des grands seigneurs, des prêtres et des poëtes protestaient, par d'élégantes orgies, contre les grandes mines austères de la cour. Comme ils étaient débauchés avec délicatesse, frondeurs avec esprit, irréligieux avec gaieté, blasphémateurs avec grâce; comme ils avaient à leur tête des philosophes tels que le prince de Conti, le duc de Vendôme, le marquis de La Fare, le duc de Sully, l'abbé de Chaulieu, il fut du bel air d'être admis dans leur cercle. L'abbé de Châteauneuf, qui voulait faire de son filleul un honnête homme, ne manqua point de l'y produire. Voltaire délaissa un peu les princesses de comédie et les Aspasies de contrebande pour cette académie de gaie science. Jusque-là peut-être n'était-il irréligieux qu'à demi, car, malgré les leçons de son parrain, il avait malgré lui respiré chez les jésuites un bon parfum de candeur chrétienne; mais, une fois dans cette école de gaieté licencieuse et de volupté sans frein, pouvait-il vivre avec cette virginité du cœur qui préserve la jeunesse jusqu'au jour de la raison?

Arouet fut admis comme un poëte dans cette brillante compagnie; mais il y prit les allures d'un grand seigneur. Que lui manquait-il pour cela? Il avait de l'esprit, de la figure, quelquefois de l'argent; il ne lui manquait qu'un nom : il prit bientôt le nom de Voltaire. Il osa être familier avec tout le monde, comptant déjà sur l'esprit, qui est l'âme de la familiarité. Ainsi, dès son début dans le cercle des voluptueux, il dit au prince de Conti, qui lui avait lu des vers : « Monseigneur, vous serez un grand poëte; il faut que je vous fasse donner une pension par le roi. »

IV

Au milieu des dissipations mondaines, il ne perdait pas de vue l'horizon poétique. Il ébauchait la tragédie d'*OEdipe* et rimait une ode pour concourir devant l'Académie française. Au XVIIIe siècle, la tragédie et la pièce de concours étaient, pour ainsi dire, l'antichambre de la poésie; il fallait passer par là. Voltaire, comme plus tard Hugo, n'obtint pas le prix de l'Académie. Le sujet du concours était le *Vœu de Louis XIII*. Un sujet religieux et par-devant l'Académie! voilà pour Voltaire de quoi surprendre tout le monde aujourd'hui. Celui qui gagna le prix ce fut Coustou, qui écrivit une ode en marbre d'un divin sentiment; celui qui obtint le prix ce fut l'abbé du Jarry, dont les vers étaient ridicules. En lisant les strophes de Voltaire, on ne s'étonne pas de ses rancunes contre l'Académie.

> O vierges, compagnes des justes,
> Je vois deux héros prosternés
> Dépouiller leurs bandeaux augustes
> Par vos mains tant de fois ornés.
> Mais quelle puissance céleste
> Imprime sur leur front modeste
> Cette suprême majesté,
> Terrible et sacré caractère
> Dans qui l'œil étonné révère
> Les traits de la Divinité?
>
> L'un voua ces fameux portiques,
> Son fils vient de les élever.
> O que de projets héroïques
> Seul il est digne d'achever!
> C'est lui, c'est ce sage intrépide
> Qui triompha du sort perfide

Contre sa vertu conjuré ;
Et de la discorde étouffée
Vint dresser un nouveau trophée
Sur l'autel qu'il a consacré.

Heureux le roi que la couronne
N'éblouit point de sa splendeur ;
Qui, fidèle au Dieu qui la donne,
Ose être humble dans sa grandeur ;
Qui, donnant aux rois des exemples,
Au Seigneur élève des temples,
Des asiles aux malheureux ;
Dont la clairvoyante justice
Démêle et confond l'artifice
De l'hypocrite ténébreux !

Assise avec lui sur le trône,
La Sagesse est son ferme appui ;
Si la fortune l'abandonne,
Le Seigneur est toujours à lui :
Ses vertus seront couronnées
D'une longue suite d'années,
Trop courte encore à nos souhaits ;
Et l'abondance dans ses villes
Fera germer ses dons fertiles
Cueillis par les mains de la Paix.

Il ne manque à ces vers que la signature de J.-B. Rousseau.

Jusque-là, Voltaire n'avait écrit que trois odes, trois contes et trois épîtres ; mais c'était déjà le vrai Voltaire. Sa Muse n'a jamais eu les bégayements de l'enfance ni les timidités de la vierge. Ses odes manquent déjà du sacré enthousiasme, mais, en revanche, ses contes sont libertins dans les deux sens du mot, comme s'il les eût écrits aux soupers du Temple et aux soupers de Sans-Souci. Dans ses épîtres, c'est du premier coup l'esprit fait homme ou l'homme fait esprit*.

Cependant son père le crut perdu en apprenant qu'il faisait des vers et voyait bonne compagnie. Le pauvre homme était en même temps désolé par le jansénisme opiniâtre de son fils aîné. Le frère de Voltaire avait un si beau zèle pour le martyre, qu'il disait un jour à un de ses amis qui ne voulait pas s'exposer à la persécution : « Si vous ne voulez pas être brûlé vif, n'en dégoûtez pas les autres. » Le

---

* Quand il rima sa première ode, Voltaire n'avait que quinze ans, ainsi que le témoigne un exemplaire in-4° qui porte ce titre : *Sur sainte Geneviève*, imitation d'une ode latine du R. P. LE JAY, par FRANÇOIS AROUET, *étudiant en rhétorique et pensionnaire au collége Louis-le-Grand*.

> Qu'aperçois-je ? est-ce une déesse
> Qui s'offre à mes regards surpris ?
> Son aspect répand l'allégresse,
> Et son air charme mes esprits...
>
> Un chœur d'esprits saints l'environne
> Et lui prodigue des honneurs :
> Les uns soutiennent sa couronne,
> Les autres la parent de fleurs.
> O miracle ! ô beautés nouvelles !
> Je les vois, déployant leurs ailes,
> Former un trône sous ses pieds.
> Ah ! je sais qui je vois paraître !
> France, pouvez-vous méconnaître
> L'héroïne que vous voyez ?

père disait : « J'ai pour fils deux fous, l'un en vers, l'autre en prose. » Il exila le fou en vers à La Haye, à l'ambassade française. L'ambassadeur, le marquis de Châteauneuf, ne se montra pas si facile à vivre que son cadet, l'abbé de Châteauneuf. Il tenta de ramener Voltaire à la prose, mais le jeune poëte ne se laissa pas dompter; non-seulement il fit des vers, mais, ce qui est aggravant, il fit des vers amoureux. « Je n'espère plus rien de votre fils, écrivait l'ambassadeur à l'ancien notaire; le voilà fou deux fois : amoureux et poëte. » Mais je conterai plus loin cette première équipée galante de Voltaire.

L'ambassadeur détacha au plus vite Voltaire de l'ambassade, ne répondant pas de la paix européenne avec un tel page.

V

L'amoureux revint à Paris. Il fallait désarmer son père, outré comme un père de roman. Soit pour l'apaiser, soit de bonne foi, il lui fit dire que, voulant partir pour l'Amérique, il demandait pour toute grâce qu'il lui fût permis d'embrasser les genoux paternels. M. Arouet pardonna avec attendrissement : « Mais vous suivrez le chemin qu'ont suivi vos ancêtres; de ce pas, vous allez prendre place chez Mᵉ Alain. » C'était un procureur de la rue Perdue. O familier des princes ! où vas-tu ? Voltaire se laissa installer dans cette boutique de mauvais style*. Il y trouva un ami, Thiriot, non pas un ami du jour et du lendemain, mais un ami de toute la vie. Le poëte, heureusement, ne s'étiola pas dans le grimoire du procureur. Il y laissa son nom d'Arouet et prit celui de Voltaire : « J'ai été si malheureux avec l'autre que je veux voir si celui-ci m'apportera du bonheur. » Il passa de là en compagnie de M. de Caumartin, autre ami de son père, au château de Saint-Ange, où il devait faire choix d'un état. Au château de Saint-Ange, il trouva un vieillard passionné pour Henri IV, qui lui inspira l'idée et les idées de *la Henriade*. Il revint donc à Paris plus poëte que jamais.

Une mésaventure le poussa plus avant dans la poésie : on le conduisit un jour à la Bastille sans lui dire pourquoi. Or, que faire à la Bastille, si ce n'est des vers? Tout conspirait contre ce pauvre M. Arouet, qui voulait à toute force que l'esprit de son fils se tournât vers l'esprit des lois. Voltaire avait été mis à la Bastille pour une satire qui n'était pas de lui. *J'ai vu ces maux, et je n'ai pas vingt ans***.

---

* On a fait un crime à Voltaire de connaître le papier timbré. C'est la faute de son père.

** Voici comment le poëte conta son aventure :

> Or ce fut donc par un matin sans faute
> En beau printemps, un jour de Pentecôte,

A la Bastille, il commença *la Henriade*, à la Bastille, il termina *Œdipe*. Le duc d'Orléans, qui aimait l'esprit coûte que coûte et même à ses dépens, lui rendit la liberté. Le marquis de Nocé, qui avait soupé avec Voltaire, l'amena au Palais-Royal, pour

>Qu'un bruit étrange en sursaut m'éveilla.
>Un mien valet, qui du soir était ivre ;
>Maître, dit-il, le Saint-Esprit est là ;
>C'est lui sans doute, et j'ai lu dans mon livre
>Qu'avec vacarme il entre chez les gens.
>Et moi de dire alors entre mes dents :
>Gentil puîné de l'essence suprême,
>Beau Paraclet, soyez le bien-venu ;
>N'êtes-vous pas celui qui fait qu'on aime ?
>
>En achevant ce discours ingénu,
>Je vois paraître au bout de ma ruelle,
>Non un pigeon, non une colombelle,
>De l'Esprit saint oiseau tendre et fidèle ;
>Mais vingt corbeaux de rapine affamés,
>Monstres crochus que l'enfer a formés :
>L'un près de moi s'approche en sycophante :
>Un maintien doux, une démarche lente,
>Un ton cafard, un compliment flatteur,
>Cachent le fiel qui lui ronge le cœur.
>
>Fallut partir. Je fus bientôt conduit
>En coche clos vers le royal réduit
>Que près Saint-Paul ont vu bâtir nos pères
>Par Charles V. O gens de bien, mes frères,
>Que Dieu vous gard' d'un pareil logement!
>J'arrive enfin dans mon appartement.
>Certain croquant avec douce manière
>Du nouveau gîte exaltait les beautés,
>Perfections, aises, commodités.
>Jamais Phébus, dit-il, dans sa carrière
>N'y fit briller sa trop vive lumière :
>Voyez ces murs de dix pieds d'épaisseur,
>Vous y serez avec plus de fraîcheur.

le présenter au prince. En attendant son tour d'être introduit, Voltaire s'impatientait : un orage des plus bruyants vint à éclater; le poëte, levant les yeux au ciel, s'écria devant une foule de personnages : « Quand ce serait un régent qui gouvernerait là-haut, les choses n'iraient pas plus mal. » Le marquis de Nocé raconta le mot en présentant Voltaire : « Monseigneur, voici le jeune Arouet que vous venez de tirer de la Bastille et que vous allez y renvoyer. » Le marquis savait bien à qui il parlait. Le régent se mit à rire aux éclats et offrit une pension ; sur quoi Voltaire lui dit : « Je remercie Votre Altesse Royale de ce qu'elle veut bien se charger de ma nourriture, mais je la prie de ne plus se charger de mon logement. »

Ce fut la présidente de Bernières qui se chargea du logement de Voltaire, dans son hôtel du quai des Théatins. C'était bien porté dans le beau monde

> Puis me faisant admirer la clôture,
> Triple la porte et triple la serrure,
> Grilles, verrous, carreaux de tout côté,
> C'est, me dit-il, pour votre sûreté.
>
> Me voici donc en ce lieu de détresse,
> Embastillé, logé fort à l'étroit,
> Ne dormant point, buvant chaud, mangeant froid,
> Sans passe-temps, sans amis, sans maîtresse.

Et sans plume! On s'égaye aujourd'hui sur la Bastille, mais la Bastille était une vraie prison, où Voltaire passa près d'une année à composer des chants de *la Henriade* sans pouvoir les écrire.

d'avoir chez soi son poëte et son abbé : madame de la Sablière avait enseigné cela.

VI

Cependant Voltaire avait achevé une tragédie qui n'était pas jouée. Voici comment le poëte lui-même parle de sa pièce à son cher maître le P. Porée : « Tout jeune que j'étais quand je fis l'*OEdipe*, j'étais plein de la lecture des anciens et de vos leçons, et je connaissais fort peu le théâtre de Paris : je travaillais à peu près comme si j'avais été à Athènes. Je consultai M. Dacier, qui était du pays ; il me conseilla de mettre un chœur dans toutes les scènes, à la manière des Grecs. C'était me conseiller de me promener dans Paris avec la robe de Platon. J'eus bien de la peine seulement à obtenir que les comédiens de Paris voulussent exécuter les chœurs qui paraissent trois ou quatre fois dans la pièce ; j'en eus bien davantage à faire recevoir une tragédie presque sans amour. Les comédiennes se moquèrent de moi quand elles virent qu'il n'y avait point de rôle pour l'amoureuse. On trouva la scène de la double confidence entre Œdipe et Jocaste, tirée en partie de Sophocle, tout à fait insipide. En un mot, les acteurs, qui étaient en ce temps-là petits-maîtres et grands seigneurs, refusèrent de représenter l'ouvrage. Je crus qu'ils avaient raison. Je gâtai ma pièce pour leur plaire, en affadissant par des sentiments de tendresse un sujet qui le comportait si peu. Quand on vit un peu d'amour, on fut un peu moins mécontent de moi ; mais on ne voulut point du tout de cette grande scène entre Jocaste et Œdipe : on se moqua de Sophocle et de son imitateur. Je tins bon ; mais ce ne fut qu'à force de protections que j'obtins qu'on jouerait *Œdipe* *.

Et pourtant la représentation d'*Œdipe* fut un triomphe pour Voltaire et pour les comédiens. On le joua quarante-cinq fois dans sa nouveauté, à peu près comme on si on jouait aujourd'hui une pièce pendant toute une année. Dufresne, jeune comme Voltaire, y trouva ses premiers bravos. Mademoiselle Desmares y joua son dernier rôle.

M. Arouet, tout en larmes, au sortir d'une représentation, permit enfin à son fils d'être poëte. C'était là le vrai triomphe.

On sait que la duchesse de Villars demanda quel était ce jeune homme qui voulait faire tomber la pièce. Apprenant que c'était l'auteur lui-même, elle l'appela dans sa loge et lui donna sa main à baiser. « Voilà, dit le duc de Richelieu à Voltaire en le

---

* Nos prêtres ne sont point ce qu'un vain peuple pense, disait Voltaire dans sa première tragédie. Selon Leibnitz, ce vers était gros de son avenir.

présentant, deux beaux yeux auxquels vous avez fait répandre bien des larmes.—Ils s'en vengeront sur d'autres, » répondit Voltaire. Les beaux yeux se vengèrent sur lui.

Tout le monde reconnut le génie de Voltaire, hormis son ami l'abbé de Chaulieu, qui sans doute se croyait vaincu; car Voltaire le menaçait jusque sous la tente d'Horace. La Motte, qui certes devait craindre la victoire de Voltaire, puisqu'il avait dans sa poche deux *OEdipes*, l'un en vers, l'autre en prose, qui semblaient faits l'un contre l'autre, donna généreusement son approbation comme censeur pour que la pièce fût imprimée. « Le public, à la représentation de cette pièce, s'est promis un digne successeur de Corneille et de Racine; et je crois qu'à la lecture, il ne rabattra rien de ses espérances. » A la bonne heure, voilà un royal censeur qui fait pardonner les fautes du censeur royal.

Voltaire, déjà fort à la mode, fut bon gré mal gré l'hôte de toutes les fêtes. Il lui arrivait de souper jusqu'à trois fois dans la même nuit. Le voilà encore qui court le pharaon, l'Opéra, la Comédie, le bal masqué. Décidément, à la Bastille près, la vie commence pour lui par le carnaval; il ne cherche pas le pays des recueillements et des méditations. Dans la journée, il ne se préoccupe que du souper. S'il fait des vers, c'est pour les pouvoir dire à table : contes libertins que La Fontaine a oublié de faire,

épîtres familières dont Chaulieu lui a dit le secret
après Horace, chansons licencieuses contre les dieux
et les rois, mais surtout contre Philippe d'Orléans,
qui aime toutes les femmes, y compris sa fille.

Il lui était impossible de vivre dans la paix de
l'étude. Quand il ne soupait plus et ne jouait plus
au pharaon, il voulait courir l'Europe. Quoique
amoureux de la duchesse de Villars, il partit pour
la Hollande avec la belle marquise de Rupelmonde.

Voltaire n'a pas dit son roman avec la marquise
de Rupelmonde. Il ne l'a pas dit lui-même. Cette
fameuse épître, *le Pour et le Contre**, qui débute
avec tant d'impertinence philosophique, révèle bien
plutôt un penseur qu'un amoureux. Je veux croire
toutefois que ce fameux voyage en Hollande dont
on a tant parlé ne fut pas entrepris uniquement
pour la recherche du vrai Dieu : madame de Rupelmonde
était fort galante, et Voltaire voyageait pour
oublier la maréchale de Villars. Cette jolie lettre
qu'il écrivit de Cambrai au cardinal Dubois prouve
au moins que le voyage n'était pas mélancolique.

* Tu le veux donc, belle Uranie,
Qu'érigé par ton ordre en Lucrèce nouveau,
Devant toi, d'une main hardie
Aux superstitions j'arrache le bandeau ;
Que j'expose à tes yeux le dangereux tableau
Des mensonges sacrés dont la terre est remplie ;
Et qu'enfin ma philosophie
T'apprenne à mépriser les horreurs du tombeau
Et les terreurs de l'autre vie.

« Une beauté qu'on nomme Rupelmonde,
Avec qui, les Amours et moi,
Nous courons depuis peu le monde.
Et qui nous donne à tous la loi,
Veut qu'à l'instant je vous écrive.
Ma Muse, comme vous, à lui plaire attentive,
Accepte avec transport un si charmant emploi.

« Nous arrivons, monseigneur, dans votre métropole, où je crois que tous les ambassadeurs et tous les cuisiniers de l'Europe se sont donné rendez-vous. Il semble que tous les ministres d'Allemagne ne soient à Cambrai que pour faire boire à la santé de l'empereur. Pour messieurs les ambassadeurs d'Espagne, l'un entend deux messes par jour, l'autre dirige la troupe des comédiens. Les ministres anglais envoient beaucoup de courriers en Champagne, et peu à Londres. Au reste, personne n'attend ici Votre Éminence : on ne pense pas que vous quittiez le Palais-Royal pour venir visiter vos ouailles. »

C'est de Cambrai que, soupant avec la marquise chez madame de Saint-Contest, Voltaire improvisa des vers connus où il fait rimer *plaisir* avec *désir*,—rime du temps;—mais j'aime mieux rappeler ce joli huitain :

Quand Apollon, avec le dieu de l'onde,
Vint autrefois habiter ces bas lieux,
L'un sut si bien cacher sa tresse blonde,

> L'autre ses traits, qu'on méconnut les dieux :
> Mais c'est en vain qu'abandonnant les cieux,
> Vénus comme eux veut se cacher au monde ;
> On la connaît au pouvoir de ses yeux,
> Dès que l'on voit paraître Rupelmonde.

A Bruxelles, madame de Rupelmonde trouva d'autres amoureux, et Voltaire chercha l'amour tout fait, sans doute par curiosité :

> L'Amour, au détour d'une rue,
> M'abordant d'un air effronté,
> M'a conduit en secret dans un temple écarté,
> J'ai d'abord sur un lit trouvé la Volupté
> Sans jupe ; elle était belle, et fraîche, et fort dodue.
> La nymphe en toute liberté
> M'a dit : Je t'offre ici ma beauté simple et pure,
> Des plaisirs sans chagrin, des agréments sans fard.
> L'Amour est en ces lieux enfant de la nature ;
> Partout ailleurs il est enfant de l'art.

Mais Voltaire, sans doute, n'aima pas l'enfant de la nature. C'était un artiste en volupté, qui disait qu'on en avait toujours pour son argent et pour son esprit.

A son passage à Bruxelles, il visita J.-B. Rousseau. Ils s'embrassèrent comme des frères en poésie ; mais, par malheur pour l'amitié, ils se lurent des vers. J.-B. Rousseau commença. Voltaire, après avoir entendu son *Ode à la postérité*, dit en souriant : « Mon ami, voilà une lettre qui n'arrivera pas à son adresse. » C'était bien dit ; mais il prit un manuscrit et lut au poëte exilé une épître à madame de Rupelmonde. J.-B. Rousseau, qui se réfugiait alors dans la dévotion, accusa Voltaire d'impiété. Là-dessus ils se séparèrent ennemis, en prose et en vers, jusqu'à la mort.

On voit que la vie de Voltaire est toute semée de saillies. Je cherche à les fuir, mais en vain, car elles marquent chaque pas qu'il fait. L'esprit a, pour ainsi dire, jalonné son chemin. L'esprit, quel qu'il soit, même celui de Voltaire, fatigue quand il tient toute la place. J'aime l'esprit qui arme la raison, mais j'aime aussi l'esprit qui désarme le cœur. Qui n'aimerait à voir cette jeunesse de Voltaire attendrie et rêveuse çà et là? N'a-t-il donc jamais vu le ciel avec une pensée pieuse? La nature ne lui a-t-elle jamais montré un pan de sa robe? Sa maîtresse, n'importe laquelle, n'a-t-elle jamais répandu une larme dans son sourire? Mais il faut pardonner à Voltaire cet esprit qui l'a envahi de la tête au cœur : célèbre à vingt ans, qu'avait-il, sinon son esprit, pour combattre des ennemis sans nombre? Vous savez qu'il fut longtemps, sur le champ de bataille de la pensée, seul de son parti. Sur ce terrain là, on ne se défend pas avec son cœur.

VII

A son retour, Voltaire vécut plus que jamais parmi les grands seigneurs. Son intimité avec quelques ennemis du régent, entre autres le duc de Richelieu et le baron de Gortz, mais plutôt encore ses chansons improvisées contre la duchesse de Berry, le firent exiler de Paris. Le régent lui fit dire qu'il se chargeait encore de son logement, mais qu'il devait se loger hors Paris. Voltaire courut les châteaux les mieux habités ; par exemple, le château de Sully, d'où il écrivit à madame la marquise de Mimeure, qu'il lui serait délicieux pour lui de rester à Sully, s'il lui était permis d'en sortir. « M. le duc de Sully est le plus aimable des hommes, et celui à qui j'ai le plus d'obligation. Son château est dans la plus belle situation du monde ; il y a un bois magnifique dont tous les arbres sont découpés par des polissons ou des amans, qui se sont amusés à écrire leurs noms sur l'écorce.

> A voir tant de chiffres tracés,
> Et tant de noms entrelacés,
> Il n'est pas malaisé de croire
> Qu'autrefois le beau Céladon
> A quitté les bords du Lignon
> Pour aller à Sully-sur-Loire.

Mais on n'était guère pastoral à Sully : « Vous seriez peut-être bien étonnée, Madame, si je vous disais que, dans ce beau bois dont je viens de vous parler, nous avons des nuits blanches comme à Sceaux. Madame de La Vrillière, qui vint ici pendant la nuit faire tapage avec madame de Listenai, fut bien surprise d'être dans une grande salle d'ormes, éclairée d'une infinité de lampions, et d'y voir une magnifique collation servie au son des instrumens, et suivie d'un bal où parurent plus de cent masques habillés de guenillons superbes. »

On s'amusait beaucoup à Sully. Mais Voltaire n'aimait déjà plus toutes ces mascarades à la Watteau. Il préféra bientôt le château de la Source, où il apprit à connaître et à aimer les Anglais dans la personne de Bolingbrocke. Il écrivait à Thiriot : « Il faut que je vous fasse part de l'enchantement où je suis du voyage que j'ai fait au château de la Source, chez milord Bolingbrocke. J'ai trouvé dans cet illustre Anglais toute l'érudition de son pays et toute la politesse du nôtre. Je n'ai jamais entendu parler notre langue avec plus d'énergie et de justesse. Cet homme, qui a été toute sa vie plongé dans les plaisirs et dans les affaires, a trouvé pourtant le moyen de tout apprendre et de tout retenir. »

Dès cette rencontre, il voulut, lui aussi, tout apprendre et tout retenir, sans pour cela supprimer les affaires et les plaisirs. Pour lui, les jours avaient vingt-quatre heures; car, s'il faut l'en croire, les heures du sommeil, il les passait dans les bras de l'amour ou dans les rêves de la volupté.

VIII

Il y a des jours où Voltaire s'imagine qu'il n'est pas exilé. Il prend son fusil, il détache les chiens, il part pour la chasse en jeune et folle compagnie. Il court les bois et les collines. S'il manque une caille, c'est qu'il est à la piste d'une rime ; si sa gibecière n'est pas lourde, c'est qu'il a chassé aux idées. Qu'importe, il revient très-gai, très-vif, très-affamé. Il se met à table entre un voisin qui sait parler et une voisine qui sait écouter. Il vit en partie double, et, le soir, avant de s'endormir, il écrit à ses amis : « Je suis, par ordre du roi, dans le plus aimable château et dans la meilleure compagnie du monde. Il y a peut-être quelques gens qui s'imaginent que je suis exilé, mais la vérité est que M. le régent m'a donné l'ordre d'aller passer quelques mois dans un pays délicieux. »

Cependant, il voulait rentrer en grâce au Palais-Royal. Il écrivit au régent qu'il n'avait chanté ni lui ni ses filles :

Philippe, quelquefois sur une toile antique

Si ton œil pénétrant jette un regard critique,
Par l'injure du temps le portrait effacé
Ne cachera jamais la main qui l'a tracé ;
D'un choix judicieux dispensant la louange,
Tu ne confondras point Vignon et Michel-Ange.
Prince, il en est ainsi chez nous autres rimeurs :
Et si tu connaissais mon esprit et mes mœurs,
D'un peuple de rivaux l'adroite calomnie
Me chargerait en vain de leur ignominie ;
Tu les démentirais, et je ne verrais plus
Dans leurs crayons grossiers mes pinceaux confondus.

Voltaire obtint une seconde fois sa grâce, sous prétexte qu'un homme qui ne savait pas flatter les rois ne devait pas savoir les injurier. Voici, dans l'épître au régent, comment Voltaire parlait de Louis XIV :

Louis fit sur son trône asseoir la flatterie ;
Louis fut encensé jusqu'à l'idolâtrie :
En éloges enfin le Parnasse épuisé
Répète ses vertus sur un ton presque usé ;
Et, l'encens à la main, la docte Académie
L'endormit cinquante ans par sa monotonie.
Rien ne nous a séduits ; en vain en plus d'un lieu
Cent auteurs indiscrets l'ont traité comme un dieu,
De quelque nom sacré que l'opéra le nomme,
L'équitable Français ne voit en lui qu'un homme :
Pour élever sa gloire on ne nous verra plus
Dégrader les Césars, abaisser les Titus.

Il reprit pied à Paris, Paris grand seigneur et Paris littéraire. « J'ai été à *Inès de Castro*, que tout le monde a trouvé très-mauvaise et très-touchante. On la condamne et on y pleure. Paris est inondé de chansons encore plus mauvaises contre toutes les femmes de la cour. Une chose qui m'intéresse davantage, c'est le rappel de milord Bolingbrocke en Angleterre. Il sera aujourd'hui à Paris, et j'aurai la douleur de lui dire adieu. Le cardinal Dubois a une très-mauvaise santé, et on n'espère pas qu'il vive encore longtemps. Il veut, avant sa mort, faire pendre Talhouet et La Jonchère, afin de réparer, par un acte de justice, les fredaines de sa vie passée. M. le duc d'Orléans ne travaille presque plus, et, quoiqu'il soit encore moins fait pour les femmes que pour les affaires, il vient de prendre une nouvelle maîtresse, qui se nomme mademoiselle Oüel. »

Mais, à peine à Paris, Voltaire aspire à l'exil dans les châteaux. « Ma santé et mes affaires sont délabrées à un point qui n'est pas croyable ; mais j'oublierai tout cela à la Rivière-Bourdet ; j'étais né pour être faune ou sylvain. Je ne suis point fait pour habiter une ville. » Il se mit au vert et tenta de vivre comme dans une Arcadie, avec des herbes, des œufs et du lait. Mais son Arcadie n'était pas si rustique. Il revint habiter l'hôtel de la présidente de Bernières [*].

---

[*] « Madame, vous avez un suisse qui n'est pas attaché à votre service pour vous plaire, mais pour vendre à votre porte de mauvais vin à tous les porteurs d'eau qui viennent ici tous les jours

Dans la même saison, il alla habiter Versailles pour « mener la vie de courtisan. » Voici ce qu'il écrit de Versailles ; qui donc, hormis Voltaire, a jamais peint la cour avec cette touche impertinente et spirituelle ? « Hier, à dix heures, le roi déclara qu'il épousait la princesse de Pologne, et en parut très-content. Il donna son pied à baiser à M. d'Epernon et son cul à M. de Maurepas, et reçut les compliments de toute sa cour, qu'il mouille tous les jours à la chasse par la pluie la plus horrible. Il va partir dans le moment pour Rambouillet, et épousera mademoiselle Leczinska à Chantilly. Les noces de Louis XV font tort au pauvre Voltaire. On ne parle de payer aucune pension, ni même de les conserver ; mais, en récompense, on va créer un nouvel impôt pour avoir de quoi acheter des dentelles et des étoffes pour la demoiselle Leczinska. Ceci ressemble au mariage du Soleil, qui fesait murmurer les grenouilles. Il n'y a que trois jours que je suis à Versailles, et je voudrais déjà en être dehors. »

faire de votre maison un méchant cabaret ; si l'envie d'avoir à votre porte un animal avec un baudrier, que vous payez chèrement toute l'année, pour vous mal servir pendant trois mois et pour vendre de mauvais vin pendant douze ; si, dis-je, l'envie d'avoir votre porte décorée de cet ornement ne vous tient pas fort au cœur, je vous demande en grâce de donner la charge de portier à mon pauvre La Brie. Vous m'obligerez sensiblement ; j'ai presque autant d'envie de le voir à votre porte que de vous voir arriver dans votre maison. » Jolie page des mœurs du temps.

Le poëte demeura aux fêtes du mariage : « Le roi s'est vanté d'avoir donné à la reine les sept « talismans » pour la première nuit, mais je n'en crois rien du tout. Les rois trompent toujours leurs peuples. La reine fait très-bonne mine, quoique sa mine ne soit pas du tout jolie. Tout le monde est enchanté ici de sa vertu et de sa politesse. La première chose qu'elle a faite a été de distribuer aux princesses et aux dames du palais toutes les bagatelles magnifiques qu'on appelle sa corbeille : cela consistait en bijoux de toute espèce, hors des diamans. Quand elle vit la cassette où tout cela était arrangé : « Voilà, dit-elle, la première fois de ma vie que que j'ai pu faire des présens. » Elle avait un peu de rouge le jour du mariage, autant qu'il en faut pour ne pas paraître pâle. Elle s'évanouit un petit instant dans la chapelle, mais seulement pour la forme. Il y eut le même jour comédie. J'avais préparé un petit divertissement que M. de Mortemart ne voulut point faire exécuter. On donna à la place *Amphitryon* et le *Médecin malgré lui*, ce qui ne parut pas trop nuptial. Après le souper, il y eut un feu d'artifice avec beaucoup de fusées, et très-peu d'invention et de variété, après quoi le roi alla se préparer à faire un dauphin. Je me garderai bien, dans ces premiers jours de confusion, de me faire présenter à la reine. » Il se fait présenter : « J'ai été très-bien reçu. La reine a pleuré à *Ma-*

riamne, elle a ri à l'*Indiscret*; elle me parle souvent ; elle m'appelle *mon pauvre Voltaire*. Un sot se contenterait de tout cela ; mais malheureusement j'ai pensé assez solidement pour sentir que des louanges sont peu de chose, et que le rôle d'un poëte à la cour traîne toujours avec lui un peu de ridicule, et qu'il n'est pas permis d'être en ce pays-ci sans aucun établissement. On me donne tous les jours des espérances, dont je ne me repais guère. »

Mais, quelques jours après, il écrit à la présidente de Bernières : « La reine vient de me donner, sur sa cassette, une pension de quinze cents livres que je ne demandais pas : c'est un acheminement pour obtenir les choses que je demande. Je ne me plains plus de la vie de la cour; je commence à avoir des espérances raisonnables d'y pouvoir être quelquefois utile à mes amis. »

Et sans doute à lui-même. Mais touchera-t-il le premier quartier de sa pension? Et d'ailleurs le voilà qui devient riche à travers les hasards.

Comme il voulait alors publier *la Henriade*, il rassembla chez le président de Maisons, au château de Maisons, un cercle de curieux littéraires choisis dans le grand monde. On lui fut sévère à ce point qu'il perdit patience et jeta au feu son manuscrit. Il en coûta au président Hénault une belle paire de manchettes pour sauver le poëme des flammes. Le poëte se résigna à revoir son manuscrit. Pendant qu'il y retouchait d'une main plus sûre, l'abbé Desfontaines, on ne sait sur quelle copie, fit imprimer le poëme sous le titre de *la Ligue*. L'abbé affamé ne s'était pas contenté de toucher un salaire de deux imprimeurs, il avait osé ajouter des vers de sa façon. Le poëme parut avec éclat; tout défiguré qu'il fût, il valut tant d'éloges à Voltaire, que le poëte pardonna à l'abbé. Voltaire, à son tour, voulut faire imprimer son œuvre; mais les prêtres, lui reprochant d'avoir embelli et ranimé les erreurs du semi-pélagianisme, se mirent en campagne pour que le privilége d'imprimer lui fût refusé. Pour déjouer ces cabales, Voltaire dédia son poëme au roi, mais le roi ne voulut point de la dédicace. Dès ce jour, la guerre fut déclarée. — *Le roi, c'est moi!* s'écria Voltaire.

Et il entra tout botté et tout éperonné, cravache à la main, dans le parlement de l'opinion publique.

IX

Jusque-là, Voltaire s'était contenté, comme l'abbé de Châteauneuf et l'abbé de Chaulieu, de rire avec gaieté des hypocrites; il se mit à rire avec colère un rire terrible qui partit des enfers et retentit jusqu'aux marbres des autels. « Quoi! s'écria-t-il, me voilà destiné à combattre des honnêtes gens qui comptent parmi eux l'abbé Desfontaines ! » L'abbé Desfontaines, délivré de prison par Voltaire, tailla sa plume contre lui pour la défense de l'Église. Voltaire pouvait-il se taire ? Avec le meilleur souvenir pour les jésuites, Voltaire pouvait-il s'humilier dans les lettres devant la majesté de l'abbé Desfontaines, leur représentant ? La lutte devait s'engager sur d'autres champs de bataille. Le poëte devait-il s'incliner devant la gloire du régent, qui l'avait récompensé pour une saillie, ou devant la puissance du roi, qui avait refusé sa dédicace ? Voltaire sera donc en lutte contre l'Église et contre la cour. Il reste une troisième puissance qui le protége et qui va peut-être comprimer ses élans vers la liberté. Mais non. La noblesse elle-même va perdre Voltaire. Voyez :

Un jour, à dîner chez le duc de Sully*, il se mit

---

* Selon le maréchal de Villars, ce fut chez Mlle Lecouvreur et non chez le duc de Sully que Voltaire offensa le chevalier de Rohan : « Il s'était pris de querelle chez la Lecouvreur, très-bonne comédienne, avec le chevalier de Rohan. Sur des propos très-offensants, celui-ci lui montra sa canne. Voltaire voulut mettre l'épée à la main. Le chevalier était fort incommodé d'une chute qui ne lui permettait pas d'être spadassin. Il prit le parti de faire donner, en plein jour, des coups de bâton à Voltaire, lequel, au lieu de prendre la voie de la justice, estima la vengeance plus noble par les armes. On prétend qu'il la chercha avec soin, trop indiscrètement. Le cardinal de Rohan demanda à M. le duc de le faire mettre à la Bastille. L'ordre en fut donné, exécuté ; et le malheureux poëte, après avoir été battu, fut encore emprisonné.

à combattre sans façon, selon sa coutume, une opinion du chevalier de Rohan. Comme l'esprit et la raison étaient du côté de Voltaire, le chevalier dit d'un ton fier et dédaigneux : « Quel est donc ce jeune homme qui parle si haut?—C'est, répondit le poëte, un homme qui ne traîne pas un grand nom. Je suis le premier du mien, vous êtes le dernier du vôtre. » Le surlendemain, Voltaire dînant encore chez le duc de Sully, on vient l'avertir qu'il est attendu à la porte de l'hôtel. Il y va. Un homme qu'il ne connaît pas l'appelle du fond de sa voiture; il s'avance; l'inconnu le saisit par le devant de l'habit; au même instant un valet le frappe de cinq à six coups de bâton; après quoi le chevalier de Rohan, posté à quelques pas de là, s'écrie : *C'est assez!* Ce mot était encore un coup de bâton*.

Cependant Voltaire, tout indigné, rentre à l'hôtel; il raconte sa fatale aventure; il supplie le duc de

---

« Le public, disposé à tout blâmer, trouva, pour cette fois avec raison, que tout le monde avait tort : Voltaire d'avoir offensé le chevalier de Rohan ; celui-ci, d'avoir osé commettre un crime digne de mort, en faisant battre un citoyen; le gouvernement, de n'avoir pas puni la notoriété d'une mauvaise action, et d'avoir fait mettre le battu à la Bastille pour tranquilliser le batteur. »

* Voltaire, poëte des princes ou prince des poëtes, ne devait plus dire : Nous sommes ici tous princes ou tous poëtes. Peu de jours auparavant, son père lui avait reparlé d'une charge de conseiller au parlement : « Mon père, je ne veux pas d'une considération qui s'achète, je saurai m'en faire une qui ne vous coûtera rien. »

Sully d'être de moitié dans sa vengeance. Le duc s'y refuse. « Eh bien! dit Voltaire, que l'outrage retombe sur vous! » Là-dessus, il va droit chez lui et biffe de *la Henriade* le nom de Sully, ce qui ne fit de tort qu'à *la Henriade*.

Sachant bien que les tribunaux ne voudraient pas venger un poëte contre un homme de cour, il jura de se faire justice lui-même. Il s'enferma, et apprit à la fois l'escrime pour se battre, et l'anglais pour vivre hors de France après le duel. C'était là le dessein d'un homme de tête et d'un homme de cœur. Une fois qu'il sut tenir l'épée, il défia son déloyal ennemi dans des termes si méprisants, que le chevalier n'osa point refuser le combat. Ils convinrent de se battre le lendemain ; mais, dans l'intervalle, la famille du chevalier montra au premier ministre un quatrain du poëte, arme à deux tranchants, où il y avait une épigramme contre Son Excellence et une déclaration d'amour à sa maîtresse. Voltaire fut, durant la nuit, conduit à la Bastille. On prendrait à moins du goût pour la démocratie.

Voilà donc Voltaire emprisonné, en attendant l'exil, seul contre la cour qui n'était rien, contre la noblesse qui était peu de chose, contre les jésuites qui étaient tout. Un lâche esprit eût demandé grâce et se fût converti. Voltaire se laissa punir, pour avoir le droit de se venger.

Voltaire croyait tout perdre, patrie, honneur, fortune. C'était la fortune qui l'inquiétait le moins. Lisez cette lettre à son ministre des finances :
« Si ces messieurs mes débiteurs profitent de mes malheurs et de mon absence pour ne me point payer, comme ont fait bien d'autres, il ne faut pas, mon cher enfant, vous donner des mouvemens pour les mettre à la raison; ce n'est qu'une bagatelle. Le torrent d'amertume que j'ai bu fait que je ne prends pas garde à ces petites gouttes. »

Et on a écrit un livre pour prouver que ce grand esprit masquait un avare !

Après six mois de Bastille, il lui fut permis de sortir, mais par la porte de l'exil. Il alla en Angleterre, « le pays de la liberté de penser et d'écrire. » A peine à Londres, le souvenir de l'outrage le força de venir en secret à Paris, dans l'espoir de rencontrer enfin face à face son adversaire. Près d'être découvert, il repartit pour Londres sans être vengé.
« Du moins, la gloire me vengera : ce nom qu'il a voulu avilir ira éternellement offenser le sien*. »

---

* Ce récit, emprunté au journal de Barbier, fera comprendre les colères du poëte. On y étudiera avec quelque effroi comment on rendait la justice en France, il y a cent vingt-cinq ans.

« Il était venu à Paris un juif, demeurant ordinairement en Hollande, riche de sept ou huit cent mille livres de rentes, homme de cinquante ans, qui a eu pour maîtresse mademoiselle Pélissier, actrice de l'Opéra. Il a dépensé considérablement avec elle, faisant ici grande figure, étoit toujours le premier au

Voyez-vous là-bas cet enfant terrible qui veut toucher à tout, et qui n'a pas le droit de lever la main ? Où sont ses titres de noblesse, car nous sommes en 1726 ? Il va perdre sa première fortune, — ses écus d'or qu'il appelle ses partisans, — et il a trop d'esprit pour garder un protecteur. Il est

balcon de l'Opéra, où il faisoit retenir sa place, et allait au Cours avec mademoiselle Pélissier en carrosse à six chevaux, au milieu de la file, comme les princesses. La fin de toute cette aventure a été tragique. M. Du Lis a quitté la Pélissier et a eu avec elle un procès pour la restitution des diamants, qu'il disoit ne lui avoir que confiés, que parce qu'il a su que mademoiselle Pélissier le trompoit, toujours avec le sieur Francœur, violon de l'Opéra, qu'elle aime. Il a quitté Paris et s'en est retourné en Hollande. Il lui a pris envie de se venger de ces perfidies ; il a envoyé le nommé Joinville, qu'il avoit pris à son service et qui l'avoit suivi en Hollande, à l'effet de faire donner de bons coups de bâton à M. Francœur, et aussi, a-t-on dit, dans le public, de faire quelques marques au visage de mademoiselle Pélissier. Malheureusement, Joinville ne savoit ni lire ni écrire ; il s'est adressé, pour écrire ses lettres de correspondance avec Du Lis, à un maître écrivain, pour mander à Du Lis qu'il s'étoit adressé à des soldats aux gardes pour entrer dans l'exécution, moyennant payement. Mais l'écrivain a été intimidé par un ami à qui il a conté la chose, en sorte qu'il a déclaré le tout à M. Hérault. Mademoiselle Pélissier et Francœur sont aimés par le plaisir qu'ils procurent au public. M. Hérault, lieutenant de police, a fait arrêter Joinville et les soldats aux gardes. L'affaire a été examinée si sérieusement au Châtelet, que M. Du Lis, juif, et Joinville ont été condamnés à être pendus ; Joinville, préalablement appliqué à la question, et sursis au jugement des soldats aux gardes, appel. MM. de la Tournelle, plus amateurs apparemment de musique, ont trouvé la chose si grave, qu'ils ont condamné M. Du Lis et Joinville à être rompus vifs, ce qui a été exécuté le 9 de ce mois, en effigie pour Du Lis et très-réellement pour Joinville, qui pourtant, par grâce,

seul, et tout le monde s'arme contre lui; mais lui va s'armer jusqu'aux dents. Il reprendra cette lutte formidable des Titans révoltés contre les dieux. On paye ses beaux mots par des coups de bâton, par l'exil, par la Bastille; on lui dénie le droit de porter l'épée pour se venger; mais s'il rengaîne ses colères, elles n'en seront que plus terribles. Il se vengera en prose et en vers; il se vengera en faisant du mal; il se vengera en faisant du bien.

a été étranglé. Ce jugement a été assez rude, d'autant que les coups de bâton n'ont point été donnés.

« Il y avoit preuve que Joinville et les deux soldats aux gardes avoient attendu Francœur au sortir de l'Opéra, avec un bâton sous leurs habits. Mais Francœur rentra chez lui en compagnie. Ils le suivirent, sans pouvoir rien faire.

« Il falloit décréter mademoiselle Pélissier, car la voilà véhémentement soupçonnée d'avoir un commerce avec un juif, ce qui est défendu sous des peines. D'ailleurs, c'est une gueuse qui, par son libertinage, est cause de tous ces malheurs. Ayant un amant, comme Du Lis, qui lui a fait beaucoup de bien, elle ne devoit pas être en débauche avec Francœur. Cela seul méritoit de la faire enfermer; mais, parce qu'on a besoin de mademoiselle Pélissier à l'Opéra de Paris, on l'a laissée là, et on regarde cela comme une gentillesse. Et comme on n'a que faire du sieur Joinville, on le rompt en place de Grève.

« Il y a eu une lettre du roi à M. de Blancmesnil, président de la Tournelle, pour faire justice; c'est ce qui a peut-être déterminé les juges à cette condamnation à la roue pour l'exemple, ce qui revenoit au même, puisque Joinville a été étranglé. Il a joué de malheur et souffert plus qu'un autre, parce que la corde du tourniquet a cassé. Il a fallu chercher une autre corde, qu'il étoit à moitié étranglé; mais ce hasard ne vient point du fait des juges.

« Quoi qu'il en soit, ce jugement et le crédit de mademoiselle

Quel héroïsme que cette lutte de Voltaire contre le XVIIIe siècle qui veut l'étouffer, et dont il fera son royaume !

X

Au siècle des beaux-arts avait succédé le siècle de la philosophie. Il s'était établi une communication de la pensée française avec le nord de l'Europe,

Pélissier n'ont point échappé à la critique du public dans deux petits couplets :

> Pélissier, Marseille a des chaînes
> Bien moins funestes que les tiennes !
> Sous tes fers on est accablé,
> Sans que jamais rien tranquillise :
> Quand on les porte on est volé,
> On est roué quand on les brise.
>
> Admirez combien l'on estime
> Le coup d'archet plus que la rime.
> Que Voltaire soit assommé,
> Thémis s'en tait, la cour s'en joue !
> Que Francœur ne soit qu'alarmé,
> Le seul complot mène à la roue.

« Ce pauvre Voltaire n'avoit que faire de ce ressouvenir ; c'est un jeune homme de nos meilleurs poëtes, fils de M. Arouet, receveur des épices de la Chambre des comptes, à qui M. le chevalier de Rohan-Chabot avoit, dit-on, fait donner des coups de bâton pour payement de vers. Voltaire, après avoir été mis à la Bastille, partit peu de temps après pour l'Angleterre, et il n'en a rien été. »

Ainsi un violon était inviolable. On le vengeait des coups de bâton qu'il avait dû recevoir en conduisant au supplice de la roue celui qui avait soulevé le bâton, mais Voltaire était mis à la Bastille pour les coups de bâton qu'il avait reçus.

surtout avec l'Angleterre et la Hollande. C'était le Midi qui jusqu'alors nous avait gouvernés par ses lumières. Le sentiment du beau, nos rêves politiques, nos querelles religieuses, nos fantaisies littéraires, prenaient naissance au delà des monts. Au XVIIIe siècle, la France, altérée de nouveautés, moins occupée de la nature que de l'examen et de la recherche des choses, tourna ses yeux vers ces régions froides et brumeuses, où rayonnait du moins la raison, qui semble suivre une marche opposée à celle du soleil. La partie excommuniée de l'Europe en était la plus éclairée. C'est là que Voltaire et Montesquieu allèrent s'initier aux mystères de la science, de la discussion et de la politique. La blanche Angleterre, cette nymphe qui noue sévèrement à mi-corps sa ceinture de mers, était l'Égérie des *libres penseurs*.

L'histoire du séjour de Voltaire en Angleterre n'est pas faite et ne se fera pas, car où trouver des documents? Dans ses mémoires et dans ses lettres, Voltaire ne parle qu'en passant de sa vie en Angleterre. M. Charles de Rémusat, qui a recherché les traces de Voltaire et de Montesquieu chez les Anglais,— lui qui connaît les Anglais comme d'autres compatriotes,—avoue qu'on ne sait rien du séjour de ces deux illustres philosophes dans le pays où Voltaire vint avec l'idée d'apprendre à penser. « *Apprendre à penser!* voilà, dès 1726, et pour la première fois sans doute, cette expression qui devait faire plus tard une si grande fortune. » Et plus loin, selon l'auteur de *l'Angleterre au XVIIIe siècle*, « Bolingbrocke accueillit gracieusement l'hôte inattendu que l'exil lui envoyait. Wandsworth, où résida Voltaire, est un village du Surrey, entre Londres et Twickenham, où s'étaient établis quelques protestants français. De là, Voltaire pouvait aisément se lier avec les amis de Bolingbrocke. Il ne cache pas l'impression profonde que produisit sur son esprit toute cette société si nouvelle par les institutions et par les idées. Depuis lors, dans les sciences, dans la philosophie, dans la politique, et même quelquefois dans l'art du théâtre, il s'est donné pour le disciple des Anglais. Ayant appris d'eux les noms de Newton, de Locke, de Shakspeare, il revint les révéler à la France. Ses *Lettres sur les Anglais*, son ouvrage le plus neuf peut-être, et où se rencontrent presque toutes ses idées encore dans leur première fleur, firent pour un demi-siècle l'éducation de la société de Paris. »

En ces derniers temps, on a trop voulu que le génie philosophique de Voltaire lui fût donné par l'Angleterre. S'il disait que les Anglais étaient ses compatriotes, c'est qu'il trouvait à Londres la liberté de penser, c'est qu'il voulait réveiller l'esprit français par l'éloge de la raison anglaise. Cet éloge, il l'écrivait à toute heure pendant son séjour à Londres; il l'écrivait dans ses lettres, dans ses livres, en prose et en vers, même dans *la Henriade* :

> Aux murs de Westminster on voit paraître ensemble
> Trois pouvoirs étonnés du nœud qui les rassemble :
> Les députés du peuple, et les grands et le roi,
> Divisés d'intérêt, réunis par la loi ;
> Tous trois membres sacrés de ce corps invincible,
> Dangereux à lui-même, à ses voisins terrible,
> Heureux lorsque le peuple, instruit dans son devoir,
> Respecte, autant qu'il doit, le souverain pouvoir !
> Plus heureux lorsqu'un roi, doux, juste et politique,
> Respecte, autant qu'il doit, la liberté publique !

A Londres, Voltaire trouva tout instituée l'Académie des libres penseurs. Il fut admis aux séances par son amour pour Newton. Les plus hardis découvrirent bientôt en lui toutes les témérités d'un chercheur. Le socinien Chubb ne l'arrêtait pas en chemin quand il lui disait : « Jésus-Christ a été de la religion de Chubb, mais Chubb n'est pas de la religion de Jésus-Christ. » Toland, celui qui disait en mourant, sans souci du jugement dernier : « Je vais dormir; » Shaftsbury, qui vivait sans souci du jugement de Dieu ; Swift, qui riait d'un rire de carnaval au nez des apôtres ; Bolingbrocke, qui ne croyait qu'à ce qu'il voyait, et qui voyait mal [*], l'enlevèrent

---

[*] J'oubliais Taylor, qui disait : « Le blasphème est *in aliena republica*, c'est l'affaire d'un autre monde. La religion qui s'impose par la force fait des hypocrites et point de croyants ; au lieu d'élever un trophée à Dieu, elle bâtit un monument au diable. »

gaiement de ce pays natal du christianisme, où il revint toujours sans le vouloir, mais où, par malheur pour lui plus que pour le christianisme, il ne retrouvait pas le peuple de Dieu.

Voltaire s'aventura d'abord dans la philosophie de Shaftsbury, parce qu'elle était rimée par Pope et commentée par Bolingbrocke.

Il n'avait encore été irréligieux que par saillies ; il s'était moqué des mystères du catholicisme avec l'esprit et l'insouciance des épicuriens du Temple. En Angleterre, dans l'école fondée par Newton, il déchira les voiles ; il recueillit toutes les armes qu'il brisa plus tard contre l'Église. De Londres, il vit son pays esclave des préjugés, le peuple esclave des nobles, les nobles esclaves des courtisans, les courtisans esclaves de la maîtresse du roi, le roi et sa maîtresse esclaves des jésuites. « Il jura, dit Condorcet, de se rendre, par les seules forces de son génie, le bienfaiteur de tout un peuple en l'arrachant à ses erreurs. » Condorcet ennoblit le dessein de Voltaire, qui était avant tout soucieux de se venger au nom de la vérité, coûte que coûte à la vérité.

Comme distraction à ses études philosophiques, il publia *la Henriade* sans le secours de l'abbé Desfontaines. Cette édition, d'un prix exagéré, commença la fortune de Voltaire. Toute la cour d'Angleterre avait souscrit, sans doute pour la dédicace à la reine. « Il est dans ma destinée, comme dans celle de mon héros, d'être protégé par une reine d'Angleterre. » Ce qui fit le succès de *la Henriade*, c'est que ce mauvais poëme était une bonne action, c'est qu'on y voyait la satire de Louis XIV faite par Henri IV; c'est que la vieillesse du grand roi, appuyé tour à tour sur le P. Letellier et sur Mme de Maintenon, rappelant de trop près la tyrannie de conscience, on saluait le poëte-apôtre de la liberté de conscience, celui-là qui devait jusqu'à sa dernière heure frapper par toutes les armes de la raison le fanatisme homicide.

Voltaire passa trois années à Londres; il y étudia les poëtes comme les philosophes, Shakspeare comme Newton[*]; il y conçut la tragédie de *Brutus*,

---

[*] Voici la meilleure page de son voyage à Londres. Son enthousiasme pour les Anglais ne l'empêche pas de les railler gaiement :

« Lorsque je débarquai auprès de Londres, c'était dans le milieu du printemps; le ciel était sans nuages, comme dans les plus beaux jours du midi de la France; l'air était rafraîchi par un doux vent d'occident qui augmentait la sérénité de la nature, et disposait les esprits à la joie; *tant nous sommes machines, et tant nos âmes dépendent de l'action des corps!* Je m'arrêtai près de Greenwich, sur les bords de la Tamise. Cette belle rivière, qui ne se déborde jamais, et dont les rivages sont ornés de verdure toute l'année, était couverte de deux rangs de vaisseaux marchands durant l'espace de six milles; tous avaient déployé leurs voiles pour faire honneur au roi et à la reine, qui se promenaient sur la rivière dans une barque dorée, précédée de bateaux remplis de musique, et suivie de mille petites barques à rames; chacune avait deux rameurs, tous vêtus comme l'étaient autrefois nos pages, avec des

y esquissa les *Lettres anglaises*, et y nota l'*Histoire de Charles XII*, sur le récit d'un serviteur de ce monarque aventureux.

Il revint en France en secret, mais résolu de retourner à la Bastille plutôt que de ne pas revoir son pays. Il se cacha à Paris sous le nom de M. de Livry, — le nom de sa maîtresse. — Il ne vit que les amis fidèles, et se mit en œuvre de devenir plus riche pour devenir plus fort. Quand un poëte poursuit la fortune, il n'est pas plus rebuté que le premier venu. La fortune aime autant les gens d'esprit que les sots. Voltaire, en moins de trois ans, devint six fois millionnaire. Il faut dire qu'il fut hardi et heureux : il commença par aventurer le produit de l'édition anglaise de *la Henriade* dans la

trousses et de petits pourpoints ornés d'une grande plaque d'argent sur l'épaule. Il n'y avait pas un de ces mariniers qui n'avertît par sa physionomie, par son habillement et par son embonpoint, qu'il était libre et qu'il vivait dans l'abondance.

« Auprès de la rivière, sur une grande pelouse qui s'étend environ quatre milles, je vis un nombre prodigieux de jeunes gens bien faits qui caracolaient à cheval autour d'une espèce de carrière marquée par des poteaux blancs, fichés en terre de mille en mille. On voyait aussi des femmes à cheval qui galopaient çà et là avec beaucoup de grâce ; mais surtout de jeunes filles à pied, vêtues pour la plupart de toiles des Indes. Il y en avait beaucoup de fort belles, toutes étaient bien faites ; elles avaient un air de propreté, et il y avait dans leurs personnes une vivacité et une satisfaction qui les rendaient toutes jolies.

« J'eus la bonne fortune de rencontrer dans la foule quelques négociants pour qui j'avais des lettres de recommandation. Ces messieurs me firent les honneurs de la fête, avec cet empresse-

loterie que le contrôleur général avait établie pour liquider les dettes de Paris; c'était la rouge et la noire : Voltaire centupla ses écus. Ce n'était point

ment et cette cordialité de gens qui sont dans la joie et qui veulent qu'on la partage avec eux. Ils me firent venir un cheval, ils envoyèrent chercher des rafraîchissemens, ils eurent soin de me placer dans un endroit d'où je pouvais aisément voir le spectacle de toutes les courses et celui de la rivière, avec la vue de Londres dans l'éloignement.

« Je me crus transporté aux jeux olympiques ; mais la beauté de la Tamise, cette foule de vaisseaux, l'immensité de la ville de Londres, tout cela me fit bientôt rougir d'avoir osé comparer l'Élide à l'Angleterre. J'appris que dans le même moment il y avait un combat de gladiateurs dans Londres, et je me crus aussitôt avec les anciens-Romains. Un courrier du Danemark, qui était arrivé le matin, et qui s'en retournait heureusement le soir même, se trouvait auprès de moi pendant les courses. Il me paraissait saisi de joie et d'étonnement : il croyait que toute la nation était toujours gaie ; que toutes les femmes étaient belles et vives, et, que le ciel d'Angleterre était toujours pur et serein ; qu'on ne songeait jamais qu'au plaisir ; que tous les jours étaient comme le jour qu'il voyait ; et il partit sans être détrompé. Pour moi, plus enchanté encore que mon Danois, je me fis présenter le soir à quelques dames de la cour ; je ne leur parlai que du spectacle ravissant dont je revenais ; je ne doutais pas qu'elles n'y eussent été, et qu'elles ne fussent de ces dames que j'avais vu galoper de si bonne grâce. Cependant, je fus un peu surpris de voir qu'elles n'avaient point cet air de vivacité qu'ont les personnes qui viennent de se réjouir ; elles étaient guindées et froides, prenaient du thé, faisaient un grand bruit avec leurs éventails, ne disaient mot, ou criaient toutes à la fois pour médire de leur prochain ; quelques-unes jouaient au quadrille, d'autres lisaient la gazette ; enfin, une plus charitable que les autres voulut bien m'apprendre que le *beau monde* ne s'abaissait à aller à ces assemblées populaires qui m'avaient tant charmé ; que toutes ces belles personnes vêtues de toiles des Indes étaient des servantes ou des villageoises ; que toute cette brillante jeunesse, si bien montée et

assez pour un homme de sa trempe. Il risqua encore tout ce qu'il avait dans le commerce de Cadix et dans les blés de Barbarie ; enfin, pour dernière opé-

caracolant autour de la carrière, étaient une troupe d'écoliers et d'apprentis montés sur des chevaux de louage. Je me sentis une vraie colère contre la dame qui me dit tout cela. Je tâchai de n'en rien croire, et m'en retournai de dépit dans la Cité, trouver les marchands et les *aldermen* qui m'avaient fait si cordialement les honneurs de mes prétendus jeux olympiques.

« Je trouvai le lendemain, dans un café malpropre, mal meublé, mal servi et mal éclairé, la plupart de ces messieurs, qui la veille étaient si affables et d'une humeur si aimable ; aucun d'eux ne me reconnut : je me hasardai d'en attaquer quelques-uns de conversation ; je n'en tirai point de réponse, ou tout au plus un oui ou non ; je me figurai qu'apparemment je les avais offensés tous la veille. Je m'examinai, et je tâchai de me souvenir si je n'avais pas donné la préférence aux étoffes de Lyon sur les leurs, ou si je n'avais pas dit que les cuisiniers français l'emportaient sur les anglais, que Paris était une ville plus agréable que Londres, qu'on passait le temps plus agréablement à Versailles qu'à Saint-James ; ou quelque autre énormité pareille. Ne me sentant coupable de rien, je pris la liberté de demander à l'un d'eux, avec un air de vivacité qui leur parut fort étrange, pourquoi ils étaient tous si tristes : mon homme me répondit, d'un air refrogné, qu'il faisait un vent d'est. Dans le moment arriva un de leurs amis, qui leur dit avec un visage indifférent : Molly s'est coupé la gorge ce matin ; son amant l'a trouvée morte dans sa chambre, avec un rasoir sanglant à côté d'elle. Cette Molly était une fille jeune, belle, et très-riche, qui était prête à se marier avec le même homme qui l'avait trouvée morte. Ces messieurs, qui tous étaient amis de Molly, reçurent la nouvelle sans sourciller. L'un d'eux seulement demanda ce qu'était devenu l'amant : *Il a acheté le rasoir*, dit froidement quelqu'un de la compagnie. Pour moi, effrayé d'une mort si étrange et de l'indifférence de ces messieurs, je ne pus m'empêcher de m'informer quelle raison avait forcé une demoiselle, si heureuse en apparence, à s'arracher la vie si cruellement. On me

ration financière, il prit un intérêt dans les vivres de
l'armée d'Italie, après quoi il réunit ses millions et
les plaça tant bien que mal. Il eut jusqu'à quatre
cent mille livres de revenu, et, quoique mal payé en
maint endroit, après avoir beaucoup perdu, bâti une
ville, donné d'une main royale, et dépensé d'une
main souvent prodigue, il avait encore à la fin de
sa vie plus de deux cent cinquante mille livres de
rentes. Vous voyez que le poëte ne bâtit pas seule-

répondit uniquement qu'il faisait un vent d'est. Je ne pouvais pas
comprendre d'abord ce que le vent d'est avait de commun avec
l'humeur sombre de ces messieurs et la mort de Molly. Je sortis
brusquement du café, et j'allai à la cour, plein de ce beau préjugé
français qu'une cour est toujours gaie. Tout y était triste et morne,
jusqu'aux filles d'honneur. On y parlait mélancoliquement du vent
d'est. Je songeai alors à mon Danois de la veille. Je fus tenté de
rire de la fausse idée qu'il avait emportée d'Angleterre ; mais le
climat opérait déjà sur moi, et je m'étonnai de ne pouvoir rire. Un
fameux médecin de la cour, à qui je confiai ma suprise, me dit
que j'avais tort de m'étonner, que je verrais bien autre chose
aux mois de novembre et de mars ; qu'alors on se pendait par
douzaine ; que presque tout le monde était réellement malade
dans ces deux saisons, et qu'une mélancolie noire se répandait
sur toute la nation : Car c'est alors, dit-il, que le vent d'est souffle
le plus constamment. Ce vent est la perte de notre île. Les animaux même en souffrent, et ont tous l'air abattu. Les hommes qui
sont assez robustes pour conserver leur santé dans ce maudit
vent perdent au moins leur bonne humeur. Chacun alors a le visage sévère, et l'esprit disposé aux résolutions désespérées. C'é-
tait, à la lettre, par un vent d'est qu'on coupa la tête à Charles Ier,
et qu'on détrôna Jacques II. Si vous avez quelque grâce à demander à la cour, m'ajouta-t-il à l'oreille, ne vous y prenez jamais
que lorsque le vent sera à l'ouest ou au sud. »

ment des châteaux en Espagne. Si quelques-uns meurent de misère, quelques autres meurent vingt fois trop riches. En face de Malfilâtre, de Gilbert et de Jean-Jacques, qui ont vécu d'aumônes, ne voyez-vous pas passer Fontenelle avec ses quatre-vingt mille livres de revenu, Gentil Bernard avec plus de la moitié, Voltaire plus du double? Et remarquez que, dans ce noble métier, il n'y a pas une banqueroute à enregistrer.

XI

Voltaire commençait à vivre à Paris sans inquiétude, quand mourut mademoiselle Lecouvreur. Comme la sépulture était refusée à cette illustre comédienne, le poëte indigné fit à ce propos cette célèbre élégie, où respire toute la hardiesse anglaise :

Que vois-je? quel objet! quoi! ces lèvres charmantes,
Quoi! ces yeux d'où partaient ces flammes éloquentes,
Éprouvent du trépas les livides horreurs!
Muses, Grâces, Amours, dont elle fut l'image,
O mes dieux et les siens, secourez votre ouvrage!
Que vois-je? c'en est fait, je t'embrasse, et tu meurs!
Tu meurs; on sait déjà cette affreuse nouvelle;
Tous les cœurs sont émus de ma douleur mortelle.
J'entends de tous côtés les Beaux-Arts éperdus,
S'écrier en pleurant : Melpomène n'est plus!
Que direz-vous, race future,

Lorsque vous apprendrez la flétrissante injure
Qu'à ces Arts désolés font des hommes cruels?
  Ils privent de la sépulture
Celle qui dans la Grèce aurait eu des autels.
Quand elle était au monde ils soupiraient pour elle;
Je les ai vus soumis, autour d'elle empressés;
Sitôt qu'elle n'est plus elle est donc criminelle?
Elle a charmé le monde, et vous l'en punissez!
Non, ces bords désormais ne seront plus profanes;
Ils contiennent ta cendre; et ce triste tombeau,
Honoré par nos chants, consacré par tes mânes,
  Est pour nous un temple nouveau :
Volà mon Saint-Denis............

Mais on ne permit pas au roi Voltaire d'aller prier à son Campo-Santo.

Les prêtres, qui n'avaient plus, de par les parlements, que les comédiens à excommunier, se remirent en campagne contre lui, « irrités, dit Condorcet, qu'un poëte osât leur disputer la moitié de leur empire. » Voltaire, ne voulant pas retourner une troisième fois à la Bastille, se réfugia à Rouen sous le nom et dans l'équipage d'un seigneur anglais. Il fit imprimer en secret l'*Histoire de Charles XII* et les *Lettres anglaises*. Quand l'orage fut dissipé, il rentra à Paris, décidé à tenter encore les victoires périlleuses du théâtre, espérant que les spectateurs, une fois de son parti, le défendraient contre le fanatisme. Il fit jouer *Brutus* sans trop d'obstacles. On ne comprit qu'à moitié qu'il se faisait la sauvegarde des droits du peuple; la pièce n'eut qu'un demi-succès, malgré la seconde scène et malgré le cinquième acte. Après la représentation, Fontenelle dit à Voltaire : « Je ne vous crois point propre à la tragédie; votre style est trop fort, trop pompeux, trop brillant. — Je vais de ce pas relire vos pastorales, » répondit Voltaire.

Pour donner raison à Fontenelle, il fit jouer *Eriphyle*, qui tomba sans bruit. En homme qui reprend courage dans la défaite, Voltaire s'enferma, saisit le sujet de *Zaïre*, acheva la tragédie en dix-huit jours et la fit représenter dans la saison. Elle fut accueillie avec un enthousiasme éclatant; le succès devint prodigieux; il fut décidé que c'était « à jamais la tragédie des âmes pures et des cœurs tendres. » Par malheur, Voltaire ne se donna pas le temps de jouir de son succès; il fit représenter coup sur coup deux autres tragédies, qui tombèrent l'une sur l'autre sous deux saillies du parterre. On sait que *Mariamne* n'a pu continuer après cette observation toute simple d'un spectateur : « La reine boit! » On sait aussi qu'*Adélaïde Duguesclin* eut le même sort, grâce à cette observation du parterre à un mot de Vendôme : « Es-tu content, Coucy? — *Couci-couci.* » Toute la salle donna raison au critique du parterre.

Voltaire menait toujours une vie agitée; il ne savourait qu'à demi les ivresses du triomphe, il oubliait les ennuis de la chute. Il avait repris goût au grand monde ; fêté partout, surtout chez les femmes, il passait ses plus belles heures à recevoir des compliments et à en faire. Ne croyez pas qu'il veillât alors devant la lampe inspiratrice : il veillait pour souper et pour jouer au pharaon. Il perdait galamment jusqu'à douze mille livres par soirée.

XII

Voltaire était un homme du monde, comme Jean-Jacques était un sauvage. Il aimait le luxe, il aimait les arts, il aimait les fêtes. Le paradis de Duclos, c'était la première fille venue ; le paradis de Jean-Jacques, c'était un coin oublié des Alpes, avec l'habit de Claude Anet et le baiser rustique de madame de Warens. Voltaire ne quittait pas Paris pour si peu. Il ne s'arrêtait, dans son exil, que dans les palais, ou tout au moins dans les châteaux. Mais, sur ce point, c'est lui qu'il faut entendre. Dans *le Mondain*, une des sept merveilles de Voltaire, il se moque gaiement de son grand-père Adam et de sa grand'mère Ève :

> Deux singes verts, deux chèvres pieds fourchus,
> Sont moins hideux au pied de leur feuillée.
> Par le soleil votre face hâlée,
> Vos bras velus, votre main écaillée,
> Vos ongles longs, crasseux, noirs et crochus,
> Votre peau bise, endurcie et brûlée.

Il s'écrie plus loin, après avoir raillé la Salente de Fénelon :

> Le paradis terrestre est où je suis.

Voulez-vous entrer dans ce paradis terrestre de Voltaire, qui n'est pas tout à fait le paradis de Milton, mais qui vous paraîtra plus habitable?

> Entrez chez moi : la foule des beaux-arts,
> Enfants du goût, se montre à vos regards.
> De mille mains l'éclatante industrie
> De ces dehors orna la symétrie;
> L'heureux pinceau, le superbe dessin
> Du doux Corrége et du savant Poussin,
> Sont encadrés dans l'or d'une bordure;
> C'est Bouchardon qui fit cette figure,
> Et cet argent fut poli par Germain :
> Des Gobelins l'aiguille et la teinture
> Dans ces tapis surpassent la peinture ;
> Tous ces objets sont vingt fois répétés
> Dans des trumeaux tout brillants de clartés.
> De ce salon je vois par la fenêtre,
> Dans des jardins, des myrtes en berceaux;
> Je vois jaillir les bondissantes eaux.

Mais Ève, direz-vous? Vous allez la voir paraître. Hier, elle s'appelait Adrienne Lecouvreur ; aujourd'hui, elle s'appelle Camargo ; demain, elle s'appellera Gaussin.

Ce n'est pas tout. Adam et Ève allaient à pied ; Voltaire va en carrosse :

> Mais du logis j'entends sortir le maître.

> Un char commode, avec grâces orné,
> Par deux chevaux rapidement traîné,
> Paraît aux yeux une maison roulante,
> Moitié dorée et moitié transparente :
> Nonchalamment je l'y vois promené.

La mode était déjà venue de promener son luxe sur les boulevards. Les filles d'Opéra ruisselaient sous les diamants. La fête recommençait tous les soirs avec accompagnement de marionnettes, joueurs de gobelets et danseurs de corde.

Cependant le mondain revient du Cours-la-Reine ou des boulevards, et se fait descendre au théâtre.

> Il va siffler quelque opéra nouveau,
> Ou, malgré lui, court admirer Rameau.
> Allons souper. Que ces brillants services,
> Que ces ragoûts ont pour moi de délices!
> Qu'un cuisinier est un mortel divin!
> Et comme Églé m'enivre avec son vin!

Il en coûta cher à Voltaire pour avoir formulé son paradis. Le cardinal de Fleury, qui pourtant ne croyait pas beaucoup à l'autre, exila Voltaire une fois de plus. On voulait bien lui permettre de vivre en païen, mais non pas d'écrire sa vie. Voltaire lui répondit par l'apologie du luxe, les vers les plus charmants du monde, où il cita Salomon pour sa défense.

> C'est Salomon, ce sage fortuné,
> Roi philosophe, et Platon couronné,

Qui connut tout, du cèdre jusqu'à l'herbe.
Vit-on jamais un luxe plus superbe ?
Il faisait naître au gré de ses désirs
L'argent et l'or, mais surtout les plaisirs.
Mille beautés servaient à son usage.
Mille ? — On le dit, c'est beaucoup pour un sage,
Qu'on m'en donne une, et c'est assez pour moi,
Qui n'ai l'honneur d'être sage ni roi.

C'était au temps où le cardinal de Fleury permettait à Louis XV de peupler le sérail de Salomon; mais il ne donna pas pour cela raison à Voltaire. Et pourtant, Voltaire ne parlait-il pas en homme d'État ?

Cette splendeur, cette pompe mondaine,
D'un règne heureux est la marque certaine.
Le goût du luxe entre dans tous les rangs ;
Le pauvre y vit des vanités des grands.
Dans ces jardins regardez ces cascades,
L'étonnement et l'amour des Naïades ;
Voyez ces flots, dont les nappes d'argent
Vont inonder ce marbre blanchissant :
Les humbles prés s'abreuvent de cette onde ;
La terre en est plus belle et plus féconde.
Mais de ces eaux si la source tarit,
L'herbe est séchée et la fleur se flétrit *

Voltaire fut des soupers de Choisy quand Louis XV était à la guerre.

* Mais comment ne pas citer tout ce chef-d'œuvre ? c'est la raison couronnée de poésie.

A table hier, par un triste hasard,
J'étais assis près d'un maître cafard,

Choisy n'était pas un château royal; c'était un harem traversé par le cavagnole et la chasse. On

> Lequel me dit : « Vous avez bien la mine
> D'aller un jour échauffer la cuisine
> De Lucifer; et moi, prédestiné,
> Je rirai bien quand vous serez damné.
> — Damné ! Comment ? pourquoi ? — Pour vos folies.
> Vous avez dit en vos œuvres non pies,
> Dans certain conte en rimes barbouillé,
> Qu'au paradis Adam était mouillé
> Lorsqu'il pleuvait sur notre premier père,
> Qu'Ève avec lui buvait de belle eau claire,
> Qu'ils avaient même, avant d'être déchus,
> La peau tannée et les ongles crochus,
> Vous avancez, dans votre folle ivresse,
> Prêchant le luxe et vantant la mollesse,
> Qu'il vaut bien mieux, ô blasphèmes maudits !
> Vivre à présent qu'avoir vécu jadis.
> Par quoi, mon fils, votre muse polluc
> Sera rôtie, et c'est chose conclue. »
>   Disant ces mots, son gosier altéré
> Humait un vin qui, d'ambre coloré,
> Sentait encor la grappe parfumée,
> Dont fut pour nous la liqueur exprimée ;
> Un rouge vif enluminait son teint.
> Lors je lui dis : Pour Dieu ! monsieur le saint,
> Quel est ce vin ? d'où vient-il, je vous prie ?.
> D'où l'avez-vous ? — Il vient de Canarie ;
> C'est un nectar, un breuvage d'élu :
> Dieu nous le donne, et Dieu veut qu'il soit bu.
> — Et ce café, dont, après cinq services,
> Votre estomac goûte encore les délices ?
> — Par le Seigneur il me fut destiné.
> — Bon : mais avant que Dieu vous l'ait donné,
> Ne faut-il pas que l'humaine industrie
> L'aille ravir aux champs de l'Arabie ?
> La porcelaine, et la frêle beauté
> De cet émail à la Chine emprunté,
> Par mille mains fut pour vous préparée,
> Cuite, recuite, et peinte et diaprée.

s'y amusait de tout et de rien. Il n'y avait que la mort qui fût prise au sérieux.

Le duc de Richelieu, façonné par Voltaire, osait tout en face du roi, à cette cour d'enfants prodigues. Un soir, une grande voiture arrive jusqu'à la porte du château. « Qu'est-ce que cela ? dit le roi.—C'est mon lit qui vient me chercher, dit le duc de Richelieu ; car je vais présider en dormant les États du Languedoc. » Et toute la cour de rire aux éclats. Le duc de Richelieu fit bassiner son lit, embrassa les dames, se déshabilla devant elles en tirant le rideau, dit adieu à tout le monde, et cria à son cocher :— A Lyon !—après avoir recommandé à son valet de chambre de ne le réveiller qu'en arrivant.

Voltaire disait avec raison : « Où est le roi ? »

XIII

Cependant Voltaire, qui avait toutes les impertinences, eut celle de se présenter à l'Académie française. On était alors en 1731. La Motte laissait sa place vacante. Voltaire fut repoussé tout d'une voix. Ce fut un grand éclat de rire dans toute l'Académie. En effet, qu'était-ce que des œuvres comme *OEdipe*, la *Henriade*, l'*Histoire de Charles XII*, les *Lettres philosophiques*, les *Vous et les Tu*, *Brutus*, *le Mondain*, *Zaïre* ? L'évêque de Luçon fut élu.

Plus tard, quand Voltaire viendra avec de nouveaux titres, qui seront les titres de l'esprit humain, ce sera encore un évêque, l'évêque de Bayeux, qui prendra le pas sur lui pour entrer en cette célèbre compagnie où il ne sera définitivement reçu que par le bon vouloir de la maîtresse du roi.

En rêvant le matin sur son oreiller, il bâtit légèrement le *Temple du Goût*, architecture où le goût n'était pour rien. Comme il se permettait, selon sa coutume, d'avoir raison dans son jugement sur les poëtes des deux siècles, il souleva contre lui des haines littéraires sans nombre ; car, en littérature comme en toutes choses, il y a toujours un parti qui tient à avoir tort. La petite tempête, soufflée par les beaux esprits, devint si violente, que Voltaire, le croirait-on? fut menacé d'une lettre de cachet. Il comprit alors mieux que jamais ces paroles du Normand Fontenelle : « Si j'avais les mains pleines de vérités, je me garderais bien de les ouvrir. » Il se sauva près du Palais-Royal, chez une amie qui voulut bien le cacher dans son alcôve et dans sa vertu. On commençait à écrire beaucoup contre lui : « Je veux faire une bibliothèque des petits ouvrages que l'on a faits contre moi ; mais la bibliothèque serait trop mauvaise. »

Des orages de toutes sortes vinrent fondre sur lui. Un libraire plus ou moins infidèle répandit une édition des *Lettres anglaises*, devenues *Lettres philoso-*

phiques. Voltaire prit la fuite, pendant que son livre, condamné à sa place, était brûlé par la main du bourreau. On était au beau temps des fureurs religieuses ; les miracles étaient revenus avec le diacre Pâris et le R. P. Girard ; on se faisait crucifier pour l'amour de Dieu, comme si Dieu pouvait accueillir cette parodie d'un divin mystère. « Je reviendrai bientôt à Paris, avait dit Voltaire en partant, car les jésuites jouent de leur reste. » Il revint bientôt, en effet, et, s'enhardissant peu à peu, il laissa imprimer l'*Epître à Uranie*. Nouvelle bourrasque, nouvelle lettre de cachet ; ce que voyant, Voltaire déclara que l'épître était de l'abbé de Chaulieu, qui venait de mourir à propos. Du reste, cette épître ne faisait pas de tort à l'abbé de Chaulieu, ni comme poëte ni comme chrétien.

A ceux qui disent aujourd'hui que Voltaire combattait contre des fantômes, que la Bastille était un château et non une prison, que la liberté de penser et d'écrire était déjà une conquête consacrée, je rappellerai que d'Aguesseau garda huit mois les *Lettres anglaises* pour se décider à refuser l'autorisation de les imprimer. La liberté de penser ! mais d'Aguesseau, un grand homme, presque un philosophe, n'accordait l'autorisation de publier je ne sais plus quel roman, qu'à la condition que le héros changerait de religion et se ferait catholique !

Quand Voltaire ne combattait pas avec la plume,

il combattait avec la parole. Accueilli et recherché par les hommes d'État et par les grands seigneurs, par curiosité et par crainte, sinon par curiosité et par admiration, il gardait toujours son franc-parler. Un jour, chez le garde des sceaux, on parlait d'un homme arrêté pour avoir fabriqué une lettre de cachet. Voltaire demanda ce qu'on faisait à ces faussaires d'un nouveau genre. « On les pend.— C'est toujours bien fait, en attendant qu'on traite de même ceux qui en signent de vraies. » Rien ne pouvait l'empêcher de dire une impertinence. « Quoi que vous écriviez, lui dit le lieutenant de police, vous ne viendrez point à bout de détruire la religion chrétienne.—C'est ce que nous verrons, » répondit Voltaire.

Il retournait à la cour. Ce fut de Fontainebleau qu'il écrivit pour la première fois à Maupertuis, le 30 octobre 1732 : « Étant à la cour, monsieur, sans être courtisan, et lisant des livres de philosophie sans être philosophe, j'ai recours à vous dans mes doutes, bien fâché de ne pouvoir jouir du plaisir de vous consulter de vive voix. Il s'agit du grand principe de l'attraction de M. Newton. Il est notre Christophe Colomb; il nous a menés dans un nouveau monde, et je voudrais bien y voyager à votre suite. »

Après avoir logé chez toutes ses amies, il se logea enfin chez lui, rue de Longpont, au printemps de 1733. « Je suis vis-à-vis ce beau portail de Saint-

Gervais, dans le plus vilain quartier de Paris, dans la plus vilaine maison, plus étourdi du bruit des cloches qu'un sacristain ; mais je ferai tant de bruit avec ma lyre que le bruit des cloches ne sera plus rien pour moi. Je suis malade ; je me mets en ménage ; je souffre comme un damné. Je brocante, j'achète des magots et des Titiens ; je fais un opéra ; je fais transcrire *Eriphyle* et *Adélaïde;* je les corrige, j'efface, j'ajoute, je barbouille ; la tête me tourne. Me voici donc tenant maison, me meublant, et m'arrangeant non-seulement pour passer une vie douce, mais pour en partager les agrémens avec quelques gens de lettres qui voudront bien s'accommoder de ma personne et de ma fortune. Dans ces idées, j'ai besoin de rassembler toutes mes pacotilles. Savez-vous bien que j'ai donné dix-huit mille francs au sieur marquis de Lézeau, sur la parole d'honneur qu'il m'a donnée, avec un contrat, que je serais payé tous les six mois avec régularité? Il s'est tant vanté à moi de ses richesses, de son grand mariage, de ses fiefs, de ses baronnies et de sa probité, que je ne doute pas qu'un grand seigneur comme lui ne m'envoie neuf cents livres à la Saint-Jean. Si pourtant la multiplicité de ses occupations lui faisait oublier cette bagatelle, je vous supplierais instamment de daigner l'en faire souvenir. »

Il mettait déjà l'argent et les femmes de côté :
« Ciddeville, les *belles* vous occupent, je le crois

bien ; ce n'est qu'un rendu. Vous êtes bien heureux de songer au plaisir au milieu des sacs, et de vous délasser de la chicane avec l'amour; pour moi, je suis bien malade depuis quinze jours. Je suis mort au plaisir ; si je vis encore un peu, c'est pour vous et pour les lettres. Elles sont pour moi ce que les *belles* sont pour vous. Ne me dites point que je travaille trop; ces travaux sont bien peu de chose pour un homme qui n'a point d'autre occupation. L'esprit, plié depuis longtemps aux belles-lettres, s'y livre sans peine et sans effort, comme on parle facilement une langue qu'on a longtemps apprise, et comme la main du musicien se promène sans fatigue sur un clavecin. »

Toutefois il allait toujours à la Comédie et rimait des vers à Gaussin :

> Que le public veuille ou non veuille,
> De tous les charmes qu'il accueille
> Les tiens sont les plus ravissans.
> Mais tu n'es encor que la feuille
> Des fruits que promet ton printemps.
> O ma Tullie ! avant le temps
> Garde-toi bien qu'on ne te cueille.

Mais c'était madame la marquise du Chastelet qui prenait en ce temps-là son cœur et son esprit. Il avait été de la courtisane à la comédienne, de la comédienne à la femme savante : l'amour pour l'amour, — l'amour pour l'esprit, — enfin l'amour pour la science.

XIV

Ennuyé de vivre toujours à la porte de la Bastille ou sur le chemin de l'exil, fatigué du jeu, où il perdait beaucoup d'argent, dégoûté de la plupart des cercles frivoles, où il entendait trop parler du génie de Crébillon et de l'esprit de Fontenelle, Voltaire résolut de se retirer du monde, non pas comme saint Antoine, mais comme un poëte bien inspiré : il se retira dans un château avec une belle maîtresse, décidé à vivre comme Adam après le péché, c'est-à-dire à mordre, dans les solitudes, au fruit de la science et au fruit de l'amour, l'amertume de l'un faisant passer l'amertume de l'autre.

Voici comment Voltaire a peint en prose son philosophe en cornette : « Elle joignit au goût de la gloire une simplicité qui ne l'accompagne pas toujours, mais qui est souvent le fruit des études sérieuses. Jamais femme ne fut si savante qu'elle, et jamais personne ne mérita moins qu'on dit d'elle : C'est une femme savante. Elle a vécu longtemps dans la société, où l'on ignorait ce qu'elle était; et elle ne prenait pas garde à cette ignorance. Les dames qui jouaient avec elle chez la reine étaient bien loin de se douter qu'elles fussent à côté du commentateur de Newton. Elle eût plutôt écrit comme Pascal et Nicole que comme madame de Sévigné; mais cette fermeté sévère et cette trempe vigoureuse de son esprit ne la rendaient pas inaccessible aux beautés de sentiment. Les charmes de la poésie et de l'éloquence la pénétraient. Elle savait par cœur les meilleurs vers et ne pouvait souffrir les médiocres. C'est un avantage qu'elle eut sur Newton d'unir à la profondeur de la philosophie le goût le plus vif et le plus délicat pour les belles-lettres. On ne peut que plaindre un philosophe réduit à la sécheresse des vérités, et pour qui les beautés de l'imagination et du sentiment sont perdues. »

C'était donc une femme doublée d'un philosophe plutôt qu'une femme savante. Elle fut pour quelque temps toute la philosophie de Voltaire.

A Cirey, on lisait Newton, on écrivait au roi de Prusse et on vivait dans les poésies du luxe asiatique : « La lecture de Newton, des terrasses de cinquante pieds de large, des cours en balustrade, des bains de porcelaine, des appartements jaune et argent, des niches en magots de la Chine, tout cela emporte bien du temps. »

Dans la belle saison de 1734, il écrivait à Cideville ces jolies strophes datées de Cirey :

Que devient donc mon Ciddeville ?
Et pourquoi ne m'écrit-il plus ?
Est-ce Thémis, est-ce Vénus
Qui l'a rendu si difficile ?

Il faut que, loin de m'oublier,
Il m'écrive avec allégresse,
Ou sur le dos de son greffier,
Ou sur le sein de sa maîtresse.

Ah ! datez du sein de Manon,
C'est de là qu'il me faut écrire.
C'est le vrai trépied d'Apollon,
Plein du beau feu qui vous inspire.

Écrivez donc des vers badins ;
Mais en commençant votre épître,
La plume échappe de vos mains,
Et vous baisez votre pupitre.

Les joies de l'esprit et du cœur n'empêchaient pas Voltaire de consacrer une heure çà et là aux choses temporelles : « Donnez l'*Enfant prodigue* à Prault, moyennant cinquante louis d'or. Cet argent sera employé à quelque bonne œuvre. Je m'en tiens à mon lot, qui est un peu de gloire et quelques coups de sifflet. M. de Lézeau me doit trois ans ; il faut le presser sans trop l'importuner. Une lettre au prince de Guise, cela ne coûte rien et avance les affaires. Les Villars et les d'Auneuil doivent deux années : il faut poliment et sagement remontrer à ces messieurs leurs devoirs à l'égard de leurs créanciers ; il faut aussi terminer avec M. de Richelieu et en passer par où il voudra. J'aurais de grandes objections à faire sur ce qu'il me propose; mais j'aime encore mieux une conclusion qu'une objection. » Voltaire n'avait pas perdu son temps chez Mᵉ Alain.

A Cirey, on vivait dans le grand style. La table n'était pas toujours bien servie, mais chacun avait son laquais pour le service. Voltaire était redevenu le poëte des princes et le prince des poëtes. Selon madame de Graffigny, Voltaire était logé comme un roi et non comme un philosophe : « Sa chambre est tapissée de velours cramoisi, avec des franges d'or. Il y a peu de tapisserie, mais beaucoup de lambris, dans lesquels sont encadrés des tableaux charmants; des glaces, des encoignures de laque admirables, des porcelaines, une pendule soutenue par des marabouts d'une forme singulière, des choses infinies dans ce goût-là, chères, recherchées, et surtout d'une propreté à baiser le parquet; une cassette ouverte, où il y a une vaisselle d'argent, tout ce que le superflu, *chose si nécessaire*, a pu inventer : et quel argent! quel travail ! Il y a jusqu'à un baguier, où il y a douze bagues de pierres gravées, outre deux de diamants. De là on passe dans la petite galerie, qui n'a guère que trente à quarante pieds de long. Entre ses fenêtres sont deux petites statues fort belles, sur des piédestaux de vernis des Indes : l'une est *Vénus-Farnèse*, l'autre *Hercule*. »

On a accusé Voltaire de vivre aux dépens du mari de sa maîtresse. La vérité, c'est que le marquis du Chastelet vivait plutôt aux dépens de Voltaire. Ce fut avec l'argent du poëte qu'on rebâtit le château de Cirey. Ce fut Voltaire qui y répandit le luxe. La table n'était bonne que le jour où Voltaire y songeait. Le marquis du Chastelet, qui aimait les grands vins chez les autres, n'avait chez lui que du vin ordinaire. Ce fut Voltaire encore qui se chargea du superflu de la cave. Voltaire avait prêté quarante mille livres au mari; je ne dis pas ce qu'il avait donné à la femme. Comment fut-il remboursé? Il décida d'abord que M. du Chastelet lui payerait deux mille livres de rente viagère. M. du Chastelet s'y engagea par-devant notaire, mais il ne paya jamais. Dix ans après, Voltaire réduisit la dette à quinze mille livres; mais il n'en toucha que dix. Il demanda que les cinq mille livres restant fussent réduites à cent louis, « et ces cent louis, écrit-il après la mort de madame du Chastelet, je veux qu'ils me soient rendus en meubles. Et en quels meubles! La commode de Boule; mon portrait orné de diamants et autres bagatelles que j'ai déjà payés. »

Voltaire se fatigua souvent de l'amour et de la science, de madame du Chastelet* et de Newton. Il revint aux lettres avec plus d'ardeur. *Alzire, Zu-*

---

* Voltaire était trop souvent malade pour un amoureux : « Je

lime, *Mahomet*, *Mérope* et l'*Enfant prodigue* sont les œuvres de sa retraite. Ce fut aussi à Cirey qu'il acheva les *Discours sur l'Homme* et la *Pucelle*. Sa retraite, du reste, n'était rien moins que calme et silencieuse ; car, outre les colères charmantes de madame du Chastelet, il avait à subir des persécutions sans nombre. Cirey ne le mettait pas toujours

suis toujours un peu malade, mon cher Ciddeville. Madame la marquise du Chastelet lisait hier au chevet de mon lit les *Tusculanes* de Cicéron, dans la langue de cet illustre bavard ; ensuite elle lut la quatrième épître de Pope *sur le Bonheur*. Si vous connaissez quelque femme à Paris qui en fasse autant, mandez-le-moi. Je vous avais envoyé mon épitaphe, et, en vérité, ce style funéraire convenait bien mieux à moi chétif, toujours faible, toujours languissant, qu'à vous, robuste héros de l'amour, qui vivrez longtemps pour lui, et qui ferez l'épitaphe de trente ou quarante passions nouvelles avant qu'il soit question de graver la vôtre. Voici celle que je m'étais faite :

> Voltaire a terminé son sort,
> Et ce sort fut digne d'envie.
> Il fut aimé jusqu'à la mort
> De Ciddeville et d'Émilie.

« Comme je vous écrivais ce petit quatrain tendre, on entra dans ma chambre, on vit la lettre, et on la brûla. Je vous écris celle-ci *incognito* et avec la peur d'être surpris en flagrant délit. Emilie, au lieu de ma triste épitaphe, vous écrivit une belle lettre qui lui en a attiré une charmante qui fait ici le principal ornement de notre Emiliance. Ne soyez pas surpris, mon cher Ciddeville, qu'avec des épitaphes et la fièvre, je raisonne à force sur l'immortalité de l'âme. Notre esprit et le sien me font croire l'âme immortelle; mais lorsque je suis accablé par la maladie, que mes idées me fuient, et que mon sentiment s'anéantit dans le dépérissement de la machine,

> Alors, par une triste chute,
> Je m'endors en me croyant brute.

à l'abri de ses ennemis. Il fut contraint de passer dans les Pays-Bas à deux reprises. La persécution avait fini par lui complaire : on l'avait habitué à la lutte et au bruit. De là ses pamphlets contre ses ennemis et contre lui-même ; de là ses lettres sans nombre répandues partout, soit pour attaquer, soit pour se défendre. L'ennemi que Voltaire redoutait le plus, c'était l'oubli. Cet ennemi là, il l'a tué comme les autres.

Cependant « la nymphe de Cirey, » cette Ève savante dont les yeux bleus versaient tant d'amour et disaient tant de belles choses, plaidait, armée de requêtes, compulsions et contredits, devant la justice de Bruxelles, sur un testament de M. de Trichâteau, son oncle. La justice de Bruxelles fut sept ou huit ans à examiner les pièces. Il fallut donc, durant sept ou huit ans, passer de l'amour ou de la philosophie aux ennuis d'un procès ruineux. Voilà pourquoi Voltaire resta si longtemps en Flandre. Il s'était résigné de bonne grâce pour sa maîtresse. Cependant il dit quelque part qu'il est un peu triste de passer le déclin de sa jeunesse à plaider sur le testament de M. de Trichâteau. Du reste, il ne perdait pas tout son temps à Bruxelles : il allait avec madame du Chastelet apprendre aux grands seigneurs flamands les jeux, les soupers, les folies du monde parisien. Il a laissé le souvenir d'une fête par lui donnée à la marquise du Chastelet, à la princesse de Chimay et à la duchesse d'Aremberg. Il donna cette fête non pas comme un poëte qui fait des bouquets et des feux d'artifice en vers. « Voyez comme je tranchai du grand seigneur! s'écrie-t-il; je ne servis pas un seul vers de ma façon. »

A Bruxelles, il voulut réparer, sur la tombe de Jean-Baptiste Rousseau, ses injustices envers lui; mais elles étaient irréparables. Dans une lettre au libraire du poëte exilé, il déclara, tout en souscrivant à ses œuvres, qu'il regrettait de n'avoir pu se réconcilier avec un homme digne d'être aimé. Ce fut de Bruxelles qu'il envoya une écritoire au roi de Prusse, avec ces mots : « C'est Soliman qui envoie un sabre à Scanderberg. »

La Hollande de Rembrandt n'a eu pour lui nulle saveur et nul souvenir. La prairie de Paul Potter, le bouquet de bois de Ruysdaël et le gué de Berghem ne l'ont pas arrêté rêvant et charmé. Il écrit à Maupertuis : « Quand nous partîmes tous deux de Clèves, et que vous prîtes à droite et moi à gauche, je crus être au jugement dernier, où Dieu sépare ses élus des damnés. *Divus Fredericus* vous dit : Asseyez-vous à ma droite dans le paradis de Berlin; et à moi : Allez, maudit, en Hollande! Je suis donc dans cet enfer flegmatique, loin du feu divin où vous êtes. Faites-moi la charité de quelques étincelles dans les eaux croupissantes où je suis morfondu! »

Il n'était jamais longtemps sans venir dans « la grande capitale des Bagatelles, assister au brigandage littéraire. » Paris le fatiguait bientôt. « Ce tourbillon du monde est cent fois plus pernicieux que ceux de Descartes. » Et pourtant, à Paris, il commençait à rechercher la solitude, comme poëte et comme proscrit. Ainsi, quand son Émilie planait rue Traversière ou en l'île Saint-Louis *, il s'isolait rue Cloche-Perce.

De nouvelles bourrasques religieuses venant à éclater, Voltaire fit imprimer *Mahomet*, qui avait été défendu au théâtre ; et, pour se moquer des prêtres, il le dédia à Benoît XIV. Le pape, qui n'espérait pas ramener Voltaire à l'Église romaine, lui parla de Virgile, lui dit que sa tragédie était sublime, lui envoya des médailles, lui donna ses bénédictions ; avec quoi le philosophe retourna à Cirey rebâtir l'Église de Voltaire.

Mais ce n'est plus dans les jardins d'Armide qu'il va bâtir son église ; c'est à Ferney, non loin des neiges éternelles. Madame du Chastelet mourut. La jeunesse de Voltaire mourut avec elle. Il jugea qu'il était temps pour lui de faire une fin ; il fit un mariage de raison : il se maria à la philosophie.

---

* Voltaire ne fut pas l'Apollon du beau cabinet des Muses de Le Sueur. « Cet hôtel Lambert a toujours eu pour moi le charme d'un château en Espagne, parce que je ne l'ai jamais habité que de loin. »

IV

LES FEMMES DE VOLTAIRE

I

Voltaire, qui était plus une âme qu'un corps, n'a pas longtemps chanté le *Cantique des cantiques.* Il a commencé de bonne heure, mais il n'a pas perpétué ses hymnes amoureux. Sa jeunesse n'était pas flétrie encore qu'il abandonnait à d'autres les pêches des espaliers de Vénus. Il a aimé comme on aimait sous la Régence,—après souper,—sous le ciel du lit, mais pourtant avec toute la délicatesse licencieuse dont parle Ninon. Madame de Genlis, qui refusait tant à Voltaire, lui accorde que seul entre tous les hommes du XVIIIe siècle il avait l'art perdu de parler aux femmes comme les femmes aiment qu'on leur parle. Richelieu n'avait pas fait adopter partout sa grammaire à la dragonne.

Mais chez Voltaire la muse faisait tort à la femme;

il n'avait pas la flamme qui embrase, il n'avait pas la passion qui déchire. La curiosité plutôt que la nature le poussait en avant ; dès qu'il avait goûté la pomme, il disait : « Tu n'as pas mûri sur l'arbre de la Science ; » et il se retournait vers l'Étude.

Donc, toujours inquiet et turbulent, se fuyant soi-même dans ses aspirations vers l'imprévu, Voltaire a pris à peine le temps d'aimer quand il aimait. Quelques femmes de son temps ont dit qu'il n'avait que le masque de l'amour. Dans sa jeunesse c'était d'ailleurs un joli masque.

Mais pourquoi calomnier son cœur? direz-vous. Ce beau vers

C'est moi qui te dois tout, puisque c'est moi qui t'aime,

est le vers d'un poëte, mais d'un poëte qui a aimé. Sa première jeunesse fut tout envahie par la passion. Comme saint Augustin, il a traversé la forêt de flammes vives. « Vous prétendez donc que j'ai été amoureux de mon temps tout comme un autre? Vous pourriez ne pas vous tromper. Quiconque peint les passions les a ressenties ; il n'y a guère de barbouilleur qui n'ait exploité ses modèles. » Ainsi parle Voltaire dans une lettre à Chabanon. La marquise de Boufflers, qui a reçu ses confessions pendant que Voisenon recevait celles de madame du Chastelet, écrivait ainsi à Saint-Lambert : « Vous l'avez vaincu sur son déclin, mais il était vaillant à son aurore. » A quoi Saint-Lambert répondait dans le mauvais style du marquis de Bièvre : « Pas si vaillant à son Aurore de Livry, puisque son ami Génonville la lui enlevait tous les soirs pendant qu'il était en tête à tête avec son Dictionnaire de rimes. »

Non, Voltaire n'était pas de ceux que l'amour destine à brûler éternellement, comme l'a dit Virgile, dans les enfers de la passion. La fête de son cœur n'avait pas de lendemain. Il se consolait d'une trahison par un éclat de rire ; il fut, en un mot, plutôt le philosophe que le poëte de l'amour.

Cette philosophie lui a valu des injures comme les autres. Dans un livre où l'on a beaucoup parlé des friponneries d'un Voltaire que je ne connais pas, —sans doute un Voltaire qui n'a pas étudié chez les jésuites,—il y a tout un chapitre écrit avec indignation sous ce titre curieux : *Comment Voltaire eut toute sa vie des maîtresses qui ne lui coûtaient rien!* Il paraît que c'est un péché mortel de ne pas payer l'amour. « Voltaire, dit l'auteur du libelle, a été l'amant connu de mademoiselle du Noyer, de Laura Harley, de la Duclos, de la Corsembleu, de la Lecouvreur, de la Livry. Que lui ont coûté toutes ces liaisons ? Des vers, mais pas un sou de dépense*. »

---

* Jules Janin a écrit sur cette belle accusation une page à la Janin que Voltaire eût signée.

Et plus loin Voltaire est accusé de payer par des galanteries son loyer dans l'hôtel de la présidente de Bernière.—Après tout, dirait Chamfort, on paye avec la monnaie qu'on a.—Mais Voltaire payait ses dettes d'argent avec de l'argent, et ses dettes de cœur avec du cœur ou avec des vers ; fausse monnaie peut-être, mais monnaie ayant cours.

Que Voltaire ait été l'amant de la présidente de Bernière, il n'y a pas grand mal, puisqu'elle était jolie ; mais ce n'est pas une raison pour l'accuser d'avoir voulu se loger au même prix dans l'hôtel de la comtesse de Fontaine-Martel*. Voltaire avait trop peur de la Bastille et de l'exil pour bâtir la maison du poëte sur le sable mouvant de Paris, entre les Tuileries et le Parlement, entre l'Archevêché et la Sorbonne. Il n'était pas assez sûr de la branche pour y faire son nid. Il trouvait bien plus simple de se cacher à demi chez la présidente ou chez la comtesse. D'ailleurs, tout le monde lui chantait la chanson de l'hospitalité. Il disait plus tard à madame de Florian que toutes les portes s'étaient ouvertes devant lui, excepté la porte de la chambre à coucher de la duchesse de Villars.

---

* Madame de Fontaine-Martel, qui avait beaucoup aimé et qui avait été beaucoup aimée, ce qui n'est pas la même chose, demanda à son lit de mort quelle heure il était. On lui répondit qu'on ne savait pas. « Dieu soit béni ! s'écria-t-elle, quelque heure qu'il soit, il y a un rendez-vous. »

Les vingt ans de Voltaire ont été disputés par trois amours qui ont répandu leur prisme sur toute sa vie. Il disait : « J'ai aimé les trois Grâces quand j'étais jeune. Que n'aie-je joué toute ma vie avec leurs ceintures ! » Mais les trois Grâces n'ont-elles pas toujours un peu dansé sur les rives étoilées de son imagination ?

La première de ces trois Grâces, la Grâce enjouée, la Grâce ingénue, la Grâce fuyante, c'était mademoiselle Olympe du Noyer, devenue célèbre sous le nom de Pimpette. La seconde, la Grâce pensive, la Grâce soucieuse, la Grâce attendrie, c'était mademoiselle de Livry, qui devint la marquise de Gouvernet. La troisième, la Grâce sévère, la Grâce passionnée, la Grâce divine, c'était Adrienne Lecouvreur, qui jouait la tragédie amoureuse pour tout le monde, et qui jouait la comédie de l'amour pour lui.

Je dirai ces romans de Voltaire, ces romans qu'il eût peut-être écrits dans ces jours sombres de la vieillesse où l'on se retourne vers le soleil des belles années, si Jean-Jacques n'eût parlé trop tôt de faire ses *Confessions*. Et d'ailleurs Voltaire ne se mettait jamais en scène dans ses passions. Les romans de son cœur ne pouvaient rien prouver contre la Sorbonne ni contre l'Église ; il les garda pour lui.

Nous ne le regrettons point. Voltaire était un dessinateur plutôt qu'un peintre ; il n'avait pas cette volupté de touche qui est le charme le plus vif des pages amoureuses. Là il eût été vaincu par Jean-Jacques. Le citoyen de Genève était bien plus féminin que le Parisien de la décadence. Jean-Jacques avait appris l'amour sur le sein toujours ému de madame de Warens, sous les ramées printanières des Charmettes ; Voltaire avait appris l'amour aux soupers de la Régence, dans les bras distraits de quelque comédienne à moitié ivre, comme la Duclos et la Desmares. Aussi quel mauvais poëte quand il chante l'amour ! Le roi de Prusse, à la manœuvre, aurait mieux traduit que lui les versets de Salomon, le grand poëte des profanes voluptés. Mais quand Voltaire raille l'amour, comme il redevient un charmant poëte ! Si on lui permet de railler, il s'attendrira presque, il aura même une larme, comme dans ce chef-d'œuvre qui s'appelle *les Vous et les Tu*.

Ce qu'il faut regretter, ce sont les premières lettres de Voltaire. Je donnerais tous les vers de *la Henriade* pour ses billets à mademoiselle de Livry et à Adrienne Lecouvreur. Mais Adrienne Lecouvreur avait trop d'amants pour conserver leurs lettres, et mademoiselle de Livry fit le sacrifice des billets de l'amour sur l'autel de l'hyménée. On ne retrouve guère de lettres de Voltaire jeune. Il en est ainsi de tous les hommes célèbres. On ne garde pas leurs lettres parce qu'elles sont charmantes, mais parce qu'elles sont signées d'un nom immorte

Heureusement Voltaire fut déclaré immortel de bonne heure.

II

OLYMPE DU NOYER

Où est la femme? Ce point d'interrogation, qui cherche la lumière dans l'existence de tous les hommes, ne vient pas se poser souvent dans l'histoire de Voltaire. La femme, pour lui, c'est l'humanité. Toutefois, la femme a aussi son influence chez lui. Quand il écrit pour la première fois en prose et en vers, où est la femme? C'est Olympe du Noyer. Madame du Noyer, qui vivait à La Haye de libertinage et de libelles*, a conté ce premier amour de Voltaire avec beaucoup de complaisance.

Ce qui est curieux à étudier ici, c'est le cœur de la mère qui juge gravement, comme un critique désintéressé, le style épistolaire de l'amant de sa fille. « Il me semble que quoiqu'on n'ait pas besoin de dispense d'âge pour être agrégé dans la confrérie des amants, le rôle d'amoureux que M. Arouet a joué en Hollande, et qui est soutenu dans ses let-

---

* On sait que sa gazette, les *Lettres historiques et galantes*, publiée à Amsterdam sur la fin du grand règne, est composée de lettres qui vont sans cesse se répondant l'une à l'autre, comme s'il y avait un journaliste en France et un autre en Hollande. Il n'y avait qu'un journaliste : c'était madame du Noyer qui répondait à madame du Noyer.

tres, ne lui convient pas mieux que la charge qu'il a usurpée sur le Parnasse, où il prétend régler les rangs ; je doute même qu'il ait été véritablement amoureux. Il me paraît qu'il y a beaucoup d'esprit dans les lettres de M. Arouet, mais j'y ai remarqué le style des *Lettres portugaises* et plusieurs traits de celles d'Héloïse et d'Abailard. »

Après quoi madame du Noyer ne craint pas d'écrire d'une main délicate et tout à fait maternelle : « Les beaux esprits se rencontrent. Il se peut bien que les auteurs de ces lettres anciennes et modernes se soient rencontrés dans le choix de leurs expressions, quoique leurs épîtres aient été écrites dans des cas bien différents, puisqu'il n'est question ici ni des larmes d'Héloïse ni du triste sort d'Abailard. »

On ne s'explique pas beaucoup les colères de madame du Noyer contre le premier amant de sa fille avec sa sollicitude à publier le scandale de cette aventure. La galante chroniqueuse, ou plutôt la chroniqueuse galante, aurait-elle voulu que le jeune poëte s'acoquinât avec elle ? Certes, ce n'est pas l'indignation de la vertu qui lui monte à l'esprit. Sa fille est destinée à vivre de l'amour, comme elle a fait elle-même avant de vivre de sa plume. Il est vrai qu'un page comme Voltaire, déjà entaché de poésie, ne payera pas à prix d'or ce morceau de prince. Mais alors pourquoi publier ces quatorze lettres qui vont apprendre à la postérité que sa fille se déguisait la nuit en cavalier pour aller consoler Voltaire, retenu prisonnier à l'ambassade? C'est que madame du Noyer était plus gazetière que mère de famille. Elle sacrifiait tout à ses *Lettres historiques et galantes*. Le roman de Voltaire et de sa fille était, pour ce journal, une bonne aubaine. Cinquante pages de copie amoureuse où l'on met en scène un jeune poëte déjà célèbre dans le beau monde, et une jeune fille déjà pervertie parce qu'on lui a donné à boire le lait de la femme adultère, quoi de plus curieux pour une coquine de la force de madame du Noyer?

C'est d'abord une lettre de Paris dont je reproduis quelques lignes : « Ce qui m'étonne, c'est que vous n'ayez pas démêlé parmi les personnes de la suite de M. le marquis de Châteauneuf un jeune homme qui fait grand bruit par ses poésies; elles sont même fort recherchées, surtout par ceux qui aiment la satire, qui est le fort de ce nouveau poëte, dont je m'attendais bien que vous me parleriez, ne croyant pas qu'un homme d'esprit et un Français pût se dérober à votre connaissance. Celui-ci s'appelle Arouet : c'est le fils d'un trésorier de la Chambre des comptes. »

A cette lettre de madame du Noyer de Paris, madame du Noyer de La Haye répond par celle-ci : « Votre M. Arouet ne m'a pas échappé; quoiqu'il n'ait fait que très-peu de séjour dans ce pays. La qualité de poëte convient très-bien avec celle d'amant dans laquelle M. Arouet a brillé en Hollande, et qui a causé son départ. Il s'était avisé d'en conter à une jeune personne de condition qui avait une mère difficile à tromper et que pareille intrigue n'accommodait nullement; et ce fut sur les plaintes de cette mère qu'on jugea à propos de renvoyer notre amoureux d'où il était venu, et que, par provision, on prit des mesures pour lui ôter les moyens de continuer à voir sa belle, mesures qu'il sut rendre vaines, comme vous pourrez le voir par quatorze de ses lettres que je vous envoie : car, puisque l'on est si curieux de ses vers à Paris, on ne le sera peut-être pas moins de sa prose. Vous m'en direz votre sentiment. »

Suivent les quatorze lettres romanesques de Voltaire. Rendez-vous, déguisements, surprise, séparation, larmes, serments, rien n'y manque, pas même le coup de théâtre prévu. Dans ces lettres, Voltaire est bien de cet âge exalté où l'on voudrait acheter « aux dépens de toutes les peines d'Amadis le plaisir de s'en plaindre avec autant d'éloquence. » Dans la première lettre, le page du marquis de Châteauneuf est prisonnier d'amour. Sans doute, madame du Noyer, pour rehausser l'éclat de sa vertu, a été se plaindre à l'ambassadeur des tentatives téméraires d'Arouet pour séduire sa fille. Comme madame du Noyer est une méchante femme, et, qui pis est, une femme qui écrit, l'ambassadeur, craignant sa colère, s'est hâté de lui faire justice. Il a mis son page aux arrêts, en décidant qu'il retournerait en France sous peu de jours. Jusque-là le poëte n'était peut-être qu'amoureux à demi; mais à peine emprisonné, le voilà éperdument amoureux. C'était à peine de l'amour, c'est déjà de la passion : le cœur bondit et les larmes coulent. Il demande à grands cris, pour charmer les ennuis de sa solitude, le portrait de sa maîtresse; que dis-je? le portrait! il demande sa maîtresse elle-même. Mais, comme il est gardé à vue, il ne sait à qui confier son message. Dans la seconde lettre, il s'écrie avec passion : « Je suis ici prisonnier au nom du roi; mais on est maître de m'ôter la vie, et non l'amour que j'ai pour vous! Oui, mon adorable maîtresse, je vous verrai ce soir, dussé-je porter ma tête sur un échafaud! Gardez-vous de madame votre mère comme de l'ennemi le plus cruel que vous ayez; que dis-je? gardez-vous de tout le monde. Tenez-vous prête : dès que la lune paraîtra, je sortirai de l'hôtel incognito, je prendrai un carrosse, nous irons comme le vent à Schevelin; j'apporterai de l'encre et du papier, nous ferons nos lettres. Mais, si vous m'aimez, consolez-vous; rappelez toute votre présence d'esprit; contraignez-vous devant madame votre mère; tâchez d'avoir votre portrait, et comptez que l'apprêt des plus grands supplices ne m'empêchera pas de vous servir.

Non, rien n'est capable de me détacher de vous. Tenez-vous prête dès quatre heures, je vous attendrai proche de votre rue. Adieu, il n'est rien à quoi je ne m'expose pour vous. Adieu, mon cher cœur. »

Dans les lettres suivantes, Voltaire, qui s'est jusque-là montré timide, s'enhardit en amoureux de bonne lignée, qui a entendu le duc de Richelieu parler de ses hauts faits. Ce n'est point assez d'avoir vu Pimpette au clair de la lune, il veut la voir à minuit : « Vous ne pouvez pas venir ici; il m'est impossible d'aller en plein jour chez vous; je sortirai par une fenêtre à minuit, si tu as quelque endroit où je puisse te voir, si tu peux à cette heure quitter le lit de ta mère. Mande-moi si tu viendras à ta porte cette nuit, j'ai des choses d'une conséquence extrême à vous dire. Adieu, mon aimable maîtresse. » Ce n'est point encore assez d'avoir vu ou plutôt d'avoir appuyé sur son cœur le front rougissant de Pimpette, Arouet rêve qu'il lui serait bien plus doux encore d'attirer sa maîtresse dans l'hôtel où il est prisonnier. Vous voyez que le roman se complique. En effet, voici le chapitre des déguisements : « Si vous voulez changer nos malheurs en plaisirs, il ne tiendra qu'à vous. Envoyez Lisbette sur les trois heures; je la chargerai pour vous d'un paquet qui contiendra des habillements d'hommes; vous vous accommoderez chez elle; et, si vous avez assez de bonté pour vouloir bien voir un pauvre prisonnier qui vous adore, vous

vous donnerez la peine de venir sur la brune à l'hôtel. A quelle cruelle extrémité sommes-nous réduits, ma chère! Est-ce à vous à me venir trouver? Voilà cependant l'unique moyen de nous voir. Vous m'aimez; ainsi j'espère vous voir aujourd'hui dans mon petit appartement. Le bonheur d'être votre esclave me fera oublier que je suis prisonnier du roi. Comme on connaît mes habits et que par conséquent on pourrait vous reconnaître, je vous enverrai un manteau qui cachera votre justaucorps et votre visage. Mon cher cœur, songez que ces circonstances-ci sont bien critiques. »

Pimpette, pour le moins aussi romanesque, sinon aussi amoureuse que son amant, se hasarda à ce curieux déguisement; sur quoi le lendemain cette lettre de Voltaire : « Je ne sais si je dois vous appeler monsieur ou mademoiselle. Si vous êtes adorable en cornette, ma foi! vous êtes un aimable cavalier, et notre portier, qui n'est point amoureux de vous, vous a trouvé un très-joli garçon. La première fois que vous viendrez, il vous recevra à merveille. Vous aviez pourtant la mine aussi terrible qu'aimable, et je crains que vous n'ayez tiré l'épée dans la rue, afin qu'il ne vous manquât plus rien d'un jeune homme. Après tout, tout jeune homme que vous êtes, vous êtes sage comme une fille :

« Je vous ai vue, ô Pimpette que j'aime,
En cavalier déguisée en ce jour;

> J'ai cru voir Vénus elle-même
> Sous la figure de l'Amour.
> L'Amour et vous, vous êtes du même âge,
> Et Vénus a moins de beauté ;
> Mais malgré ce double avantage,
> J'ai reconnu bientôt la vérité :
> Pimpette, vous êtes trop sage
> Pour être une divinité. »

Et le poëte continue en prose : « Il n'est point de dieu qui ne dût vous prendre pour modèle. On compte nous surprendre ce soir ; mais ce que l'amour garde est bien gardé : je sauterai par les fenêtres ; c'est le chemin des amants, et je viendrai sur la brune à la porte de madame votre mère. »

Cette entrevue fut découverte : au lieu de deux gardes, Voltaire en eut quatre. De son côté, madame du Noyer mit Pimpette sous clef ; mais, en dépit de tous les geôliers du monde, des amoureux de bonne volonté ne parviennent-ils pas à se voir ? Arouet et Pimpette eussent trompé l'univers. Ils se revirent encore, mais ce fut pour la dernière fois. A La Haye, des rendez-vous nocturnes ne sont pas si doux qu'à Venise ou à Séville : Pimpette s'enrhuma ; bon gré mal gré, il lui fallut rester au lit. Voltaire n'avait plus que deux jours à passer en Hollande, il écrivit lettre sur lettre ; mais il lui fallut partir sans dire adieu à la divine Olympe. Le lundi au soir, 16 décembre 1713, il écrivit avant de monter en voiture :

« Adieu, mon adorable : si on pouvait écrire des baisers, je vous en enverrais une infinité par le courrier ; au lieu de vous baiser les mains, je baise vos précieuses lettres, où je lis ma félicité. » Trois jours après, il écrivait du fond d'un yacht qui le conduisait de Rotterdam à Gand : « Nous avons un beau temps et un bon vent, et par-dessus cela de bon vin, de bons pâtés, de bons jambons et de bons lits. Nous ne sommes que nous deux, M. de M*** et moi, dans un grand yacht ; il s'occupe à écrire, à manger, à boire et à dormir, et moi à penser à vous ; je ne bois pas et je vous jure que je ne m'aperçois pas que je suis dans la compagnie d'un bon pâté et d'un homme d'esprit. Ma chère Pimpette me manque ; mais je me flatte qu'elle ne me manquera pas toujours, puisque je ne voyage que pour vous faire voyager vous-même. »

Dans la lettre suivante, Voltaire raconte son arrivée à Paris, où il débarqua la veille de Noël : « A peine suis-je arrivé à Paris, que j'ai appris que M. L*** avait écrit à mon père contre moi une lettre sanglante ; qu'il lui avait envoyé les lettres que madame votre mère lui avait écrites, et qu'enfin mon père a une lettre de cachet pour me faire enfermer. Je n'ose me montrer. J'ai fait parler à mon père ; tout ce qu'on a pu obtenir de lui a été de me faire embarquer pour les îles ; mais on n'a pu le faire changer de résolution sur son testament qu'il a fait, dans lequel il me déshérite. Ce n'est pas tout : depuis plus de trois semaines je n'ai point reçu de vos nouvelles ; je ne sais si vous vivez et si vous ne vivez point bien malheureusement ; je crains que vous ne m'ayez écrit à l'adresse de mon père, et que votre lettre n'ait été ouverte par lui. »

Voltaire caressa beaucoup ses amis les jésuites pour les déterminer à enlever sa maîtresse à la religion protestante, c'est-à-dire à l'arracher de la Hollande pour le bon plaisir du poëte amoureux. Il dressa si bien ses batteries, il mit si à propos tout son monde en campagne, qu'il s'en fallut de bien peu que ce dessein tout catholique ne réussît. Il continue à écrire : « Si vous avez assez d'inhumanité pour me faire perdre le fruit de tous mes malheurs et pour vous obstiner à rester en Hollande, je vous promets bien sûrement que je me tuerai à la première nouvelle que j'en aurai. Je me suis mis, perdant la tête, en pension chez un procureur, afin d'apprendre le métier de robin auquel mon père me destine ; me voilà fixé à Paris pour longtemps ; vous n'avez qu'un moyen pour y venir, car est-il possible que j'y vive sans vous? L'évêque d'Évreux, en Normandie, est votre cousin ; écrivez-lui ; insistez surtout sur l'article de religion ; dites-lui que le roi souhaite la conversion des huguenots, et que, étant ministre du Seigneur et votre parent, il doit, par toutes sortes de raisons, favoriser votre retour.

Écrivez-moi à M. de Saint-Fort, chez M° Alain, procureur au Châtelet, près les degrés de la place Maubert. »

Enfin nous arrivons à la catastrophe. Vous croyez peut-être que Pimpette se convertit à la religion catholique pour les beaux yeux d'Arouet? Hélas! Pimpette était femme; Arouet était loin : le dirai-je? elle trouva plus simple de s'en faire conter par un autre. Ce n'était point le poëte que la belle avait aimé, c'était le page de l'ambassadeur de France ; or le page qui succéda à Voltaire chez le marquis de Châteauneuf lui succéda dans le cœur de Pimpette. La pauvre madame du Noyer eut bientôt à enregistrer parmi ses *Lettres galantes* celles de cet autre page à sa fille.

De page en page, mademoiselle Olympe du Noyer finit par trouver un homme. Le baron de Vinterfeld paya les dettes d'amour de Voltaire. Il est vrai que bientôt Voltaire paya les dettes d'argent du baron de Vinterfeld. Au bout de quelques années, il déjeunait avec mademoiselle de Livry quand on annonça madame la baronne de Vinterfeld. « C'est Pimpette! » s'écrie-t-il. Et il lui saute au cou avec une soudaine renaissance d'amour. Il parut si follement heureux que mademoiselle de Livry lui demanda une pièce de vingt-quatre sous pour se faire conduire chez elle par des porteurs, disant qu'elle n'avait que faire devant de telles embrassades. Mais Olympe du Noyer de s'écrier : « N'est-ce que cela, madame ? Apprenez donc que je suis mariée ! »

Et elle conta que son mari avait joué au jeu du système et qu'il n'avait plus rien. Voltaire donna une poignée d'or et jeta une planche de salut sur ce naufrage.

Je ne retrouve plus Olympe du Noyer dans la vie de Voltaire, si ce n'est par cette lettre qu'il écrit au comte d'Argental des neiges de Berlin, le 22 février 1751 : « O destinée ! ô neiges ! ô maladies ! ô absence ! Comment vous portez-vous, mes anges ? Sans la santé tout est amertume. Le roi de Prusse m'a donné la jouissance d'une maison charmante ; mais, tout Salomon qu'il est, il ne me guérira pas. Tous les rois de la terre ne peuvent rendre un malingre heureux. Il faut que je vous parle d'une autre anicroche. André, cet échappé du système, s'avise, au bout de trente ans, un jour avant la prescription, de faire revivre un billet que je lui fis étant jeune homme pour des billets de banque qu'il me donna dans la décadence du système, et que je voulus faire en vain passer au *visa*, en faveur de madame de Vinterfeld, qui était alors sans argent. Ces billets de banque d'André étaient des feuilles de chêne. Il m'avait dit depuis qu'il avait brûlé mon billet avec toutes les paperasses de ce temps-là ; aujourd'hui, il le retrouve pendant mon absence, il le vend à un procureur, et fait saisir tout mon bien. Ne trouvez-vous pas l'action honnête? Je crois que je serai obligé de le payer et de le déshonorer, attendu que mon billet est pur et simple, et qu'il n'y a pas moyen de plaider contre sa signature et contre un procureur.. »

Mais paye-t-on jamais trop cher les belles dettes de la jeunesse?

III

LA DUCHESSE DE VILLARS.

Le maréchal de Villars était un héros de roman plutôt qu'un héros du grand siècle. Mais la maréchale était plus romanesque encore. Elle se prit d'une vraie passion pour Voltaire, peut-être parce qu'elle l'avait vu à une représentation d'*OEdipe* paraître sur la scène, et porter irrespectueusement la queue du grand prêtre, se moquant ainsi de lui et du public, comme il a fait toute sa vie.

Elle demanda quel était ce jeune homme qui voulait faire tomber la pièce. Apprenant que c'était l'auteur lui-même, elle l'appela dans sa loge, et lui donna sa main à baiser. « Voilà, dit le duc de Richelieu à Voltaire en le présentant, deux beaux yeux auxquels vous avez fait répandre bien des larmes. — Ils s'en vengeront sur d'autres, » répondit Voltaire. » Les beaux yeux se vengèrent sur lui.

Voltaire, pour cette belle action, bien plutôt que pour avoir écrit *OEdipe*, fut présenté à la duchesse, qui lui fit porter la queue de sa robe, mais qui ne lui permit pas de la trop relever.

On a quelques notes à peine sur la passion de Voltaire pour la maréchale de Villars, « la seule femme qui l'ait emporté sur l'amour du travail. » Il écrit, en 1716, à la marquise de Mimeure, sa confidente : « On a su me déterrer dans mon ermitage pour me prier d'aller à Villars; mais on ne m'y fera point perdre mon repos. Je porte à présent un manteau de philosophe dont je ne me déferai pour rien au monde. Je vais demain à Villars : je regrette infiniment la campagne que je quitte, et ne crains guère celle où je vais. Vous vous moquez de ma présomption, madame, et vous me croyez d'autant plus faible que je me crois raisonnable. Nous verrons qui aura raison de nous deux. Je vous réponds, par avance, que si je remporte la victoire, je n'en serai pas fort enorgueilli. Je vous remercie beaucoup de ce que vous m'avez envoyé pour mon œil; c'est actuellement le seul remède dont j'ai besoin, car soyez bien sûre que je suis guéri pour jamais du mal que vous craignez pour moi : vous me faites sentir que l'amitié est d'un prix plus estimable mille fois que l'amour. Il me semble même que je ne suis pas du tout fait pour les passions. Je trouve qu'il y a en moi du ridicule à aimer, et j'en trouverais encore davantage dans celles qui m'aimeraient. Voilà qui est fait; j'y renonce pour la vie. » Il avait vingt-deux ans !

Il est amoureux, mais il dit aux autres qu'il ne l'est pas; il se le dit à lui-même « pour tromper sa faim. » La belle maréchale de Villars joue de l'éventail comme Célimène; elle promet par son sourire toutes les fêtes de l'amour; elle cache dans son sein les brûlantes épîtres de Voltaire; mais quand Voltaire veut aller où sont ses épîtres, on lui dit qu'il n'y a pas de place.

Il a beau dire, à lui comme aux autres, qu'il n'est point amoureux : il passe ses nuits, le railleur Voltaire, à rêver sous les arbres du parc de Villars ou sous les fenêtres de la maréchale. Ces vers ne disent-ils pas tout haut combien il l'aime?

> Divinité, que le ciel fit pour plaire,
> Vous qu'il orna des charmes les plus doux,
> Vous que l'Amour prend toujours pour sa mère,
> Quoiqu'il sait bien que Mars est votre époux :
> Qu'avec regret je me vois loin de vous!
> Et quand Sully quittera ce rivage,
> Où je devrais, solitaire et sauvage,
> Loin de vos yeux vivre jusqu'au cercueil,
> Qu'avec plaisir, peut être trop peu sage,
> J'irai chez vous, sur les bords de l'Arcueil,
> Vous adresser mes vœux et mon hommage!
> C'est là que je dirai tout ce que vos beautés
> Inspirent de tendresse à ma muse éperdue;
> Les arbres de Villars en seront enchantés,
> Mais vous n'en serez point émue.
> N'importe, c'est assez pour moi de votre vue.

La belle duchesse *que l'Amour prenait pour sa*

mère, consentait bien à se pencher au bras de Voltaire pour courir avec lui sous les ramées ténébreuses ; mais Voltaire avait beau supplier, c'était toujours la forêt de Diane.

Toutefois, plus d'un commentateur a osé mettre en doute la vertu de la maréchale en lisant ces quatre vers de Voltaire :

> Alors que vous m'aimiez, mes vers furent aimables,
> Je chantais dignement vos grâces, vos vertus ;
> Cet ouvrage naquit dans ces temps favorables,
> Il eût été parfait, mais vous ne m'aimez plus.

Voltaire avait vingt-deux ans ; il était célèbre ; un portrait de Largillière nous le représente plein de grâce et d'esprit : bouche moqueuse, profil spirituel, airs de gentilhomme, front lumineux, main fine ornée d'une fine manchette. En vérité, la duchesse était bien vertueuse : résister à Voltaire sous la régence ! Pendant plus d'une année, Voltaire ne vécut que pour elle. « Elle m'a fait perdre bien du temps, » disait-il plus tard. C'était de l'ingratitude ! Aimer,—quand on a vingt-deux ans,—est-ce du temps perdu ? Gœthe aussi disait en ressouvenir de Frédérique : « Elle m'a fait perdre les deux plus belles années de ma vie. » Et Frédérique morte lui avait donné la Marguerite de Faust ! deux mille ans d'immortalité !

IV

MADEMOISELLE DE CORSEMBLEU.

On se rappelle que le Régent avait exilé Voltaire. Quand le poëte partit pour l'exil, comme tout allait mal pour lui et qu'il jugeait que tout allait mal pour les autres, il s'écria avec colère : « Il faut croire que le royaume des cieux est tombé en régence. » Lui-même allait tomber sous la régence de mademoiselle de Corsembleu.

Le duc de Béthune le conduisit au château de Sully, où Chaulieu, Lafare et Chapelle avaient naguère ouvert gaiement les séances de leur académie païenne.

Voltaire était seul. Au lieu de chanter le pampre qui court en guirlandes sur les flancs de Vénus, il composa mélancoliquement une tragédie, *Artémire*. Mais voilà sa solitude qui va se peupler : il rencontre un jour en promenade une voisine de campagne, mademoiselle de Corsembleu. « Vous êtes fort belle, lui dit-il, mais vous portez un nom de comédie.—Je ne porte pas un nom de comédie, mais je voudrais jouer la tragédie. » Il lui donne à apprendre le rôle d'Artémire; il en devient amoureux et ne voit pas qu'elle joue mal.

La pièce s'achève, la passion commence à peine;

il revient à Paris deux fois fou. Il va droit au Théâtre-Français, la tragédie d'une main et la tragédienne de l'autre. On reçoit du même coup sa pièce et sa maîtresse.

Le 15 février 1720, le beau Paris, le Paris lettré et curieux fut appelé à voir ce qu'on appelait le miracle de l'amour. On annonçait tout à la fois un chef-d'œuvre et une grande actrice. Déjà on ne jurait que par Corsembleu.

Mais mademoiselle de Corsembleu n'eut pas le génie de sauver une pièce qui manquait de génie. Voltaire fut deux fois sifflé : sifflé pour son esprit et sifflé pour son cœur.

Mademoiselle de Corsembleu ne voulut pas prendre sa revanche. Elle repartit pour son pays, entraînant Voltaire, qui, d'ailleurs, ne se fit pas prier pour aller oublier dans la solitude de Sully cette mésaventure tragico-amoureuse. Il aimait mieux encore être exilé par le Régent que par le parterre du Théâtre-Français.

Voltaire prit sa revanche; mais que devint mademoiselle de Corsembleu ? Artémire se vengea-t-elle sur quelque gentillâtre de sa province, ou passa-t-elle ses jours attristés dans quelque couvent de filles repenties ?

V

MADEMOISELLE AURORE DE LIVRY.

C'est une comédie. La scène se passe à Paris, rue Cloche-Percé,—Paris, une ville du temps passé qui n'existe plus aujourd'hui. — Il y a en scène un peintre et un poëte. Le peintre est un grand portraitiste, il se nomme Largillière; le poëte est un grand prosateur, il se nomme Voltaire. Le peintre fait le portrait du poëte; Voltaire pose mal, mais il conte si bien, que le peintre déclare qu'on n'a jamais mieux posé. Que conte Voltaire? L'histoire de la célèbre représentation d'*OEdipe*. « Eh bien ! vous avez eu là une belle idée ! s'écrie Largillière. Comment, quand toute une salle est émue jusqu'aux larmes et jusqu'à la terreur, quand le plus beau monde de Versailles et de Paris est là, qui dans son admiration voudrait presser dans ses bras l'auteur d'un chef-d'œuvre, voilà que M. de Voltaire, ne prenant pas son triomphe au sérieux, s'avise d'entrer en scène comme un enfant gâté du public et de porter la queue du grand prêtre tout en riant aux éclats de la scène la plus tragique d'*OEdipe* ! — Croyez-moi, monsieur de Largillière, ç'a été là le seul trait de génie de ma pièce.—Alors faites des comédies.—J'ai commencé la comédie du XVIIIᵉ siècle et je la finirai, si les trois Parques me le permettent.— Je m'en rapporte à vous. Il y a deux manières de comprendre le génie : avoir une foi sérieuse ou ne croire à rien. Vous rappelez-vous la fable où le statuaire tremble devant le dieu qu'il vient de faire ? —Oui, mon cher. Moi, je fais des dieux, mais je m'en moque.—Posez donc mieux, M. de Voltaire. Pour moi, je fais des hommes et je ne m'en moque pas. Il est vrai que jusqu'ici je n'ai jamais peint que des hommes de génie, y compris Ninon de Lenclos.

Voltaire se récria :—Moi, un homme de génie ! Pourquoi ? Est-ce pour la rime ? J'ai un bien mauvais dictionnaire de rimes. Est-ce pour l'idée ? Je n'ai pas encore pensé. Un faiseur de tragédies n'est qu'un maître mosaïste qui a l'art de placer à propos des urnes, des lampes, des poignards, des songes, des imprécations et des monologues. Non, non. Tant que je ferai des tragédies, je ne prendrai au sérieux ni l'auteur ni la pièce. Pourquoi Platon bannissait-il les poëtes de sa République ? C'est que les poëtes sont des espèces de fous à idées fixes qui, se vouant à un seul but, sont incapables d'atteindre aux autres. Dieu nous a créés avec mille facultés diverses qu'il est de notre devoir de mettre en œuvre. L'homme parfait est celui qui est tout à la fois poëte, amoureux, homme d'État, savant, mondain ; en un mot, sachant tous les chemins de la vie. L'homme de génie est l'homme universel; l'homme à idée fixe est une bête de génie. Aussi, madame de la Sablière avait-elle raison de dire, en parlant de La Fontaine, de ses chiens et de ses chats : « J'ai laissé toutes mes bêtes à la maison. » — Eh bien! moi, je ne crois pas à l'universalité, dit Largillière : celui qui veut arriver à tout n'arrive à rien. Moi aussi, quand j'avais vingt ans, je voulais devenir un peintre d'histoire, un portraitiste, un peintre de genre. J'ai eu peur de devenir un peintre d'enseignes.—Que de peintres d'enseignes dans la littérature, s'écria Voltaire!—Je me suis contenté, continua Largillière, de faire des parodies de la figure humaine.—Il fallait bien que la France eût son Van Dyck.—Ce qui me charme aujourd'hui en faisant le portrait de M. de Voltaire, c'est que je peins un homme qui sera et non un homme qui a été; car jusqu'ici je n'ai peint que des rides, comme si le génie ne comptait qu'avec les années.—Nous réformerons cela. Ah! si je m'appelais Zeuxis, Van Dyck ou Largillière, j'aimerais mieux peindre une belle fille qu'un homme de génie.—Les belles filles ne posent jamais; comme les oiseaux d'avril elles battent des ailes et s'envolent.—Tout justement en voilà une.

Ici la scène se complique d'un troisième personnage. Une jeune fille belle comme la Jeunesse et jeune comme la Beauté s'était montrée au seuil de la porte.—M. de Voltaire, murmura-t-elle d'une voix timide.—C'est moi, répondit Voltaire en se levant comme un point d'admiration.

La jeune fille regarda Largillière et dit d'une voix plus émue.—Je désire parler à M. de Voltaire.— Je ne m'y oppose pas, dit sournoisement le peintre émerveillé de cette vision, à ce point qu'il défigura presque son portrait d'un coup de pinceau irréfléchi.

Mais Voltaire lui-même va vous dire ce roman.

Au palais de Lunéville, où il était venu avec la marquise du Chastelet, il surprit un matin la marquise de Boufflers tout éplorée sous les vieux ormes du parc.—Voilà des larmes de Madeleine, dit-il à madame de Boufflers avec son impertinence accoutumée.—Je ne vous répondrai pas, dit la marquise, parce que vous n'avez jamais aimé.

Voltaire se récria et fit une pirouette.—Je n'ai jamais aimé! Ah! madame la marquise, ceci est une injure; quiconque a eu vingt ans sous le soleil a senti battre son cœur sur un cœur qui battait; il n'y a que le diable dont sainte Thérèse ait pu dire : *Le malheureux, il n'a jamais aimé!* —Je sais cela, dit madame de Boufflers en essuyant ses beaux yeux avec une rose fraîchement cueillie; mais voulez-vous, monsieur de Voltaire, que je vous confie un secret?

Voltaire s'approcha de la marquise en souriant. —Ce secret, poursuivit-elle, c'est que vous êtes le diable! — Je sais bien, dit Voltaire, sans s'émouvoir du secret, que tous les hommes comme moi ont le démon; le démon, c'est l'esprit; c'est le génie, c'est la folie, si vous voulez; mais croyez bien, madame, que plus on a le démon, plus on a le dieu. Le dieu, qui peut le nier? c'est l'amour. Pour moi j'ai aimé quatre fois avec passion. Ne savez-vous donc pas mes aventures? Ne me suis-je pas déguisé en sœur grise, en abbé, en mousquetaire, pour tromper les sentinelles?—Oui, vous avez aimé Pimpette, Adrienne Lecouvreur, mademoiselle de Livry et la marquise du Chastelet.—Vous oubliez la maréchale de Villars, dit Voltaire en portant la main à son cœur. — Oui, vous avez aimé; mais ce sont là des amours de paravent, sans tempêtes et sans larmes, comme celui de Pont-de-Vesle et de madame du Deffant.

Voltaire bondit comme un daim. — Sans tempêtes! sans larmes! mais vous ne savez donc pas que nous ne passons jamais huit jours sans nous battre, madame du Chastelet et moi? mais il y a trois jours, si ce bon M. du Chastelet n'était venu en personne mettre le holà, nous nous serions arraché les yeux. — Je crois à vos frénésies, dit la marquise d'un air moqueur. Mais pourquoi vous battez-vous? Ce n'est pas, comme cela arrive à tant de vrais amoureux, par jalousie et par désespoir; c'est sans doute parce que vous ne pouvez parvenir à vous entendre sur un point de métaphysique. — C'est vrai. Je n'y avais pas songé. Mais, si vous n'avez foi en mes tempêtes amoureuses, vous croirez du moins à mes larmes. Je n'en ai pas versé sur les beaux cheveux de Pimpette; mais comme j'ai pleuré mademoiselle de Livry! Ah! marquise, si vous saviez comme j'aimais celle-là!

Et Voltaire, avec une bouffée de renouveau, conta son histoire avec mademoiselle de Livry :

« J'avais vingt-quatre ans; j'étais déjà célèbre; j'avais oublié Pimpette avec les comédiennes du théâtre et les comédiennes du monde. Je ne croyais ni à Dieu ni au diable, je soupais à fond tous les jours de ma vie sans m'inquiéter si le soleil se lèverait le lendemain. J'étais plongé comme un pourceau dans le bourbier philosophique de mon parrain, l'abbé de Châteauneuf. Ninon de Lenclos, en me léguant sa bibliothèque, ne m'avait légué que de mauvais livres : c'étaient mes articles de foi.

« Un jour que je posais pour Largillière, une jeune fille se présente devant moi. Elle était si belle, que je me levai devant elle sans trouver un mot. Par exemple, elle était vêtue pour l'amour de Dieu : une robe de belle étoffe à ramages, mais fanée depuis longtemps. La pauvre fille ne savait que me dire, moi je ne savais que lui répondre. Je la priai de s'asseoir; elle voulut rester debout. — Monsieur de Voltaire, je venais à vous... Elle était pâle et défaillante; je la pris dans mes bras et l'appuyai sur

mon cœur. Elle s'éloigna de moi sans se courroucer :
— Monsieur de Voltaire, je me destine au théâtre, c'est ma dernière ressource, car je n'ai plus ni père ni mère ; mais avant de débuter il faut que je prenne des leçons. Vous connaissez mademoiselle Lecouvreur? — Mademoiselle Lecouvreur, comme toutes les grandes comédiennes, n'a pris de leçon que de son cœur. Pourtant, si vous voulez, je vous conduirai chez elle. Mais que vous apprendra-t-elle? elle vous apprendra à dire comme elle dit avec sa passion, et non avec la vôtre. Avez-vous aimé? »

« Largillière leva la séance. — La jeune fille rougit et sembla interdite. Je pris mon plus doux sourire et me rapprochai d'elle. — Croyez-moi, mademoiselle, c'est à moi de vous donner des leçons. La préface du théâtre, c'est l'amour.

« Je lui saisis la main et la portai à mes lèvres avec une tendresse un peu brusque. — Vous allez voir, lui dis-je en prenant un air déclamatoire.

« Je m'éloignai de quelques pas, et je revins vers elle en lui disant d'un air passionné des vers de tragédie. Elle prit plaisir au jeu; d'ailleurs la pauvre fille n'avait pas le temps de faire la rebelle; elle n'avait pas soupé la veille et elle portait toute sa fortune sur son dos. Elle avait vendu peu à peu jusqu'à ses hardes, croyant qu'il y a un Dieu pour les orphelins. Elle s'était présentée à la Comédie-Française pour demander à débuter. Un méchant comédien qui me savait l'oracle du lieu eut l'idée d'envoyer vers moi cette pauvre fille. Que vous dirai-je, madame la marquise? elle eut beau s'en défendre, il fallut bien qu'elle prît avec moi une première leçon de déclamation ; leçon éloquente, car c'était mon cœur qui la donnait. — Comment vous nommez-vous? lui demandai-je après lui avoir montré comment on parle d'amour. — Mademoiselle Aurore de Livry. — Un beau nom qui sera redit de bouche en bouche, comme celui de mademoiselle Lecouvreur. — Où demeurez-vous ? — Rue Saint-André-des-Arts, où ma mère est morte, et où je dois plus de quatre-vingts écus. Aussi Dieu sait toutes les insultes qu'il me faut subir faute d'argent. — Je ne vous en donnerai pas, lui dis-je, par une bonne raison : c'est que si je vous en donne, vous aurez pour moi de la reconnaissance et vous n'aurez pas d'amour; mais ma maison est à vous, restez-y; je vous conduirai à la Comédie; après la comédie, nous irons souper follement en belle compagnie; après souper, nous nous aimerons jusqu'au matin. Le jour venu, j'écrirai sur vos genoux quelques vers de tragédie, quelques rimes galantes, jusqu'à l'heure où les oisifs viendront nous prendre pour déjeuner et pour courir Paris, bras dessus bras dessous ou en carrosse.

« Tout autre à ma place fût allé à son secrétaire et eût compté quatre-vingts écus pour les offrir à mademoiselle de Livry : il n'eût recueilli là que de la reconnaissance, une fleur morte, sans parfum. Mademoiselle de Livry me considéra tout de suite comme un amant et non comme un bienfaiteur. Ce ne fut pas sans prières, sans combat et sans larmes. Ah! qu'elle était belle dans sa défense, avec ses cheveux épais, ses yeux si doux, ses joues tour à tour blanches et rouges! Elle m'a avoué depuis que c'était sa vertu seule qui luttait contre moi comme par instinct de la résistance, car elle m'aimait avant de me voir. Comme César, je n'avais eu qu'à me montrer pour être vainqueur. Passez-moi cette jactance d'empereur romain, vous savez que je n'en abuse pas.

« Vous connaissez ma vie, je ne vous raconterai pas mot à mot toutes les phases de ce charmant amour. J'avais jeté avec dédain le manteau des philosophes, je ne voyais plus la sagesse humaine que sous la figure de mademoiselle de Livry. Quels gais soupers! Cet air de mélancolie qu'elle avait à notre première entrevue, elle ne l'avait plus que çà et là, quand je lui laissais le temps de réfléchir; sa passion avait d'ailleurs tous les caractères : tour à tour sereine comme un beau ciel ou emportée comme une cavale enivrée par la course, tour à tour folle et bruyante, pensive et attendrie. La rue Cloche-Percée était pour moi le paradis. Dans ce temps-là je croyais au paradis : je ne crois plus qu'au paradis perdu.

« Ce bonheur-là dura bien six semaines; je n'ai

pas compté; je vivais comme dans un rêve; quand le réveil est venu, je n'ai pas voulu me souvenir. Heureusement que j'ai retrouvé une folie, quand j'ai perdu celle-là.

« Si vous pouviez voir mon portrait, peint alors par Largillière, vous verriez le portrait d'un homme heureux, ou plutôt d'un amant, car les joies de l'amour ne donnent pas cet air de sérénité et de béatitude qu'on voit aux élus du bonheur. Je me rappelle toujours comment Largillière a peint ce portrait; il venait le matin, toujours trop matin, car il nous trouvait couchés. Elle sautait dans la ruelle et lui disait de sa voix fraîche : « Monsieur Largillière, jetez-moi mes pantoufles. » Il lui passait ses mules roses pendant que je courais à ma robe de chambre et à mes peignes. Je posais et je n'y avais pas d'ennui, car à tout instant elle venait se pencher au-dessus de mon fauteuil. Et puis la séance était interrompue par un déjeuner frugal et spirituel, des fruits et du café. Largillière m'aurait bien donné son talent pour ma maîtresse. Il voulait la peindre aussi, pour que son portrait fût accroché en face du mien. Mais l'amour ne donne jamais le temps à un peintre de peindre les deux amants : le portrait de l'un n'est pas fini que déjà l'autre n'est plus là.

« Mademoiselle de Livry emporta mon portrait à peine achevé dans sa chambre de la rue Saint-André-des-Arts, car j'avais fini par payer ce qui était dû.

Vous connaissez le dénoûment : Génonville, mon cher Génonville, était touché de cet amour inattendu qui promettait de ne finir qu'avec nous ; Génonville venait assidûment déjeuner avec nous. Il nous disait qu'on n'avait jamais si bien marié l'esprit et la beauté. Il n'y a sorte d'épithalames qu'il n'ait chanté en notre honneur, jusqu'au jour où il me laissa la liberté de lui chanter un épithalame à lui-même, car il m'enleva ma maîtresse.

« Je dois dire que j'avais eu le tort de me laisser marquer par la petite vérole et que je ne portais pas alors le masque de l'amour. Je me rappelle que ce fut en pleurant que j'écrivis ces vers, n'osant encore montrer ma figure :

>Mais, ciel ! quel souvenir vient ici me surprendre !
>Cette aimable beauté qui m'a donné sa foi,
>Qui m'a juré toujours une amitié si tendre,
>Daignera-t-elle encor jeter les yeux sur moi ?
>Hélas ! en descendant sur le sombre rivage,
>Dans mon cœur expirant je portais son image ;
>Son amour, ses vertus, ses grâces, ses appas,
>Les plaisirs que cent fois j'ai goûtés dans ses bras,
>A ces derniers moments flattaient encor mon âme ;
>Je brûlais, en mourant, d'une immortelle flamme ;
>Grands dieux ! me faudra-t-il regretter le trépas !

>O toi dont la délicatesse,
>Par un sentiment fort humain,
>Aima mieux ravir ma maîtresse
>Que de la tenir de ma main !

« N'ayez jamais la petite vérole. Les cruels! ils m'ont dit : *Nous partons en avant pour aller à la comédie*. Et ils ne sont pas revenus. Mon meilleur ami! ma plus chère passion! J'étais furieux et je voulais tirer l'épée ; mais la perfide m'écrivit pour me demander ses pantoufles,—tout son bien!—Je me mis à rire ; mais je croyais rire encore que j'avais les yeux baignés de larmes, car dans sa lettre elle me disait des choses si tendres, si folles, si cruelles et si charmantes? Par exemple, je me rappelle ceci : *Ah! mon cher amoureux! je vous adorerai jusqu'à la mort, car un autre, c'est vous encore! Figurez-vous que je suis morte, et faites mon épitaphe : Ci-gît qui a bien aimé son amant!—Si M. de Génonville m'a enlevée, c'est que nous avons pensé tous les deux que, si je restais plus longtemps avec vous, vous ne feriez plus jamais rien. Je vous laisse aux neuf Muses. Adieu!—*Ah! ce n'étaient pas les neuf Muses qu'il me fallait, c'était la dixième. J'ai couru après la fugitive, décidé à tout ; ne pouvant la retrouver, je me suis enfermé chez moi avec mon désespoir. J'ai fini par me retrouver moi-même. Croyez-vous à mes larmes amoureuses maintenant*? »

---

* Voltaire ne prit pas longtemps sa passion au sérieux ; il écrivait en même temps, dans son Epître au duc de Sully :

> Quant à mon ami Génonville,
> Et toujours le même style
> Et toujours la même gaieté.

Ainsi parla Voltaire, où à peu près. La marquise de Boufflers lui dit qu'elle ne doutait pas qu'un amant trahi ne prît un véritable amour.

Mais ceci n'est pas la fin de l'histoire. Que devint mademoiselle Aurore de Livry? Génonville ne la captiva pas bien longtemps; elle avait la passion de la comédie; elle aimait les enlèvements. Un mauvais comédien, bâtard de Baron, l'enleva à Génonville et la conduisit en Angleterre dans une troupe recueillie un peu partout. Cette troupe de hasard débarqua dans un café ayant pour enseigne l'*Écu de France*. Après six semaines d'attente, les comédiens et les comédiennes montrèrent enfin leur talent et leur figure sur un méchant théâtre de la Cité. Mademoiselle de Livry, qui jouait mal les rôles de la Lecouvreur, fut seule applaudie; mais elle ne put sauver la troupe du naufrage : elle demeura au cabaret pour répondre de la dette de ses compagnons. Comme elle était belle et charmante, l'hôtelier ne voulut point se venger sur elle de tous

> Je sais que, par déloyauté,
> Le fripon naguère a tâté
> De la maîtresse tant jolie
> Dont j'étais si fort entêté.
> Il rit de cette perfidie,
> Et j'aurais pu m'en courroucer :
> Mais je sais qu'il faut se passer
> Des bagatelles dans la vie.

Et ce vers célèbre qui, alors, frappait juste si souvent :

> Nous nous aimions tous trois, que nous étions heureux!

les mauvais tours que lui avaient joués ces comédiens sans feu ni lieu, sans foi ni loi. Loin de lui faire des reproches, il lui dit qu'elle pouvait demeurer dans son café, sans s'inquiéter de sa nourriture ni de son logement, ajoutant qu'il serait trop heureux d'avoir une si belle fille pour enseigne. Les belles filles sont comme les hirondelles : elles portent bonheur à la maison.

Le café était partagé en deux salles bien distinctes : d'un côté, la bière, la pipe et les gens de rien ; de l'autre côté, le café, la tabatière et les gens de bonne compagnie, tous Français pour la plupart. Mademoiselle de Livry ne se montrait ni d'un côté ni de l'autre. Elle vivait avec beaucoup de réserve dans une chambre en haut, attendant la fortune. Ça et là cependant elle traversait le café avec la légèreté d'une fée, au retour de la promenade ou de la messe, « car elle avait toutes les faiblesses, même celle du confessional. »

L'hôtelier, quand elle passait ainsi avec tant de grâce adorable, ne manquait pas de dire à ses habitués qu'il avait sous son toit la perle des belles filles. Parmi ses habitués se trouvait d'aventure le marquis de Gouvernet, qui jusque-là avait dépensé ses revenus pour les fleurs rares. On a parlé de sa fureur pour les tulipes ; celle qu'il appelait *Madame de Parabère* avait coûté mille pistoles. Ce maître fou serait allé au Pérou pour y cueillir une rose bleue. Dès qu'il vit mademoiselle de Livry, il sembla oublier sa passion pour les fleurs. Cependant la première fois qu'il essaya de lui parler, ce fut avec un bouquet qui lui avait bien coûté cinquante écus. Elle prit le bouquet malgré elle, comme si le diable eût conduit sa main. Le marquis demanda à monter chez elle, elle lui refusa sa porte tout net; il insista, elle résista; il n'était pas homme à abandonner le siége, lui qui avait montré tant de vaillance et tant d'acharnement pour les plus belles tulipes de Harlem.—Je veux aller chez elle, dit-il un matin à l'hôtelier.—Cela ne se peut pas, dit cet homme, qui connaissait la fierté et la vertu de mademoiselle de Livry (il y a de la vertu partout).—Il faut bien que cela se puisse, dit le marquis. Qu'on m'apporte chez elle mon chocolat et mes gazettes.

L'hôtelier n'osa point répliquer. Le marquis monta l'escalier de l'air d'un homme qui ne s'arrêtera pas en chemin; l'hôtelier le suivit avec une tasse de chocolat, la *Gazette de Hollande*, l'*Année littéraire* et le *Mercure de France*. La clef était sur la porte, le marquis ouvrit et entra gaiement, comme si c'était la chose du monde la plus simple.—Eh! mon Dieu! s'écria mademoiselle de Livry, qui entre ainsi chez moi avec tant de fracas?—C'est un homme, dit le marquis. Il n'y a pas de quoi vous recommander à Dieu.

Et, s'adressant à l'hôtelier:—Eh bien! mettez

donc tout cela sur la table, car j'ai faim. Madame, asseyez-vous, car vous voyez que je m'assieds moi-même. — Monsieur, dit mademoiselle de Livry, vous devriez être debout et vous en aller, car je ne reçois pas la visite d'un inconnu. — Mais je suis très-connu : on m'appelle le marquis de Gouvernet, j'ai couru le monde, je ne suis pas méchant, je n'ai jamais coupé la tête qu'à des roses ou à des tulipes, et encore en ai-je souffert chaque fois que cela m'est arrivé. Aimez-vous les tulipes, mademoiselle? Mais il s'agit bien de tulipes quand le chocolat est servi ! Prenez-vous du chocolat avec moi ou sans moi? Comme vous voudrez. — Cet homme m'assassine, dit mademoiselle de Livry en regardant l'hôtelier. Elle finit par prendre son parti et par s'asseoir elle-même. — Voulez-vous me lire les gazettes ? poursuivit le marquis, ou plutôt voulez-vous travailler en tapisserie avec vos mains de fée ? — Mademoiselle, dit tout bas à la comédienne l'hôtelier d'un air respectueux, c'est un original; mais ne vous offensez pas, car c'est un excellent homme : il a donné cent guinées à ma fille le jour de son mariage. Cependant le marquis de Gouvernet avait ouvert son journal et avait bu quelques gorgées de chocolat, sans plus de façon que s'il se fût trouvé chez lui. Mademoiselle de Livry se remit à sa tapisserie. — Parlons rondement, dit le marquis; vous êtes pauvre. — Puisque je n'ai besoin de rien, dit mademoi-

10

selle de Livry, c'est que je ne suis pas pauvre.—Ce sont là des phrases : je sais bien qu'on ne mange pas l'argent, comme l'a prouvé le roi Midas; mais, toutefois, sans argent on peut mourir de faim. — Ce n'est jamais par là que je mourrai.—Ne soyez pas si fière, mademoiselle; je sais votre vertu, je vois votre beauté, j'ai le droit de vous parler franc. Eh bien! ce brave hôtelier a beau faire, vous manquez de tout, et, par dignité, il vous arrive souvent de vous dérober un repas.—C'est par ordre du médecin, dit mademoiselle de Livry en rougissant.—Que le diable vous emporte! murmura le marquis de Gouvernet en essuyant deux larmes. Ne voyez-vous pas que je pleure comme un enfant? Écoutez, j'ai de quoi nourrir cinquante belles filles comme vous; voulez-vous que je vous donne ma clef? vous ferez la charité vous-même.

Mademoiselle de Livry repoussa hautement cette proposition. Toutefois elle ne voulait pas tenir le siége jusqu'à la famine. Elle signa un traité d'alliance. — Je vous épouse, lui dit le marquis à la troisième entrevue. — C'est une folie, dit-elle avec attendrissement. — Tant mieux, reprit-il, c'est que je suis encore dans l'âge de faire des folies. — Oui, mais je vous empêcherai bien de faire celle-là; un homme de votre condition ne peut pas épouser une fille sans dot. — Vous avez raison. Mais vous aurez une dot, car j'ai pris tout à l'heure deux billets

de loterie sur l'État; vous allez en choisir un.
—Je veux bien, ne fût-ce que pour faire des papillotes.

Le billet de loterie gagna vingt mille livres sterling. Voilà un beau sujet de comédie! Mais cette comédie, Voltaire l'a commencée *. Mademoiselle de Livry eut une dot et devint marquise de Gouvernet.

Le bruit de cette aventure se répandit à Paris et à Versailles, dans les salons et dans les coulisses; les princesses de la cour et celles du théâtre ne tarissaient pas sur ce roman. Voltaire écoutait en silence, toujours triste quand il songeait qu'en perdant mademoiselle de Livry il avait perdu sa jeunesse elle-même. Il se consolait un peu dans l'espérance de la revoir. « Elle n'a pu m'oublier, se disait-il; dès que ses beaux yeux s'arrêteront sur moi, elle me tendra la main, et je me jetterai dans ses bras. » Elle s'installa avec beaucoup de tapage rue Saint-Dominique, où M. de Gouvernet avait un hôtel fastueux, mais surtout un jardin des *Mille et une Nuits*. Aussi la marquise fut-elle surnommée la sultane des Fleurs dès son retour à Paris.

La Henriade venait d'être imprimée. Voltaire lui en envoya un exemplaire sur papier de Hollande, avec un bout de billet où il lui rappelait que tous

---

* *L'Écossaise.* — Lindam (mademoiselle de Livry). Freeport (le marquis de Gouvernet).

les vers amoureux répandus autour de Gabrielle, il les avait écrits sous son inspiration et sur ses genoux. La marquise, qui prenait au sérieux son titre d'épouse, ne répondit pas. Peut-être lut-elle les vers amoureux de la *Henriade* : il y avait de quoi perdre à jamais Voltaire dans son esprit romanesque.

Je ne saurais peindre la fureur de Voltaire. Il fut un peu désarmé en apprenant par madame de Fontaine-Martel que la marquise de Gouvernet avait dégagé son portrait, car elle l'avait mis en gage chez Gersaint, au pont Notre-Dame, à son départ pour Londres.

Voltaire reprit courage dans son ancienne passion et alla bravement à l'hôtel de Gouvernet. — Votre nom? lui demanda un suisse arrogant, taillé en Hercule et tout frappé en or.—Monsieur de Voltaire.—Eh bien! que monsieur s'inscrive, et demain je lui donnerai une réponse, car le nom de *monsieur de Voltaire*, qui n'est pas connu ici, ne se trouve pas sur la liste de madame la marquise.

Ce que c'est que la gloire! Voltaire, en ce temps-là, était reçu à bras ouverts dans les meilleures maisons; il était le commensal des ducs et des princes; aussi l'arrogance du suisse de madame la marquise de Gouvernet ne l'humilia pas et le fit mourir de rire. Rentré chez lui, comme il était encore en belle humeur, il prit un chiffon de papier et il écrivit au courant de la plume cette adorable épître à la marquise :

LES *VOUS* ET LES *TU*.

 Philis, qu'est devenu ce temps
Où, dans un fiacre promenée,
Sans laquais, sans ajustements,
De tes grâces seules ornée,
Contente d'un mauvais soupé,
Que tu changeais en ambroisie,
Tu te livrais, dans ta folie,
A l'amant heureux et trompé
Qui t'avait consacré sa vie?
Non, madame, tous ces tapis
Qu'a tissus la Savonnerie,
Ceux que les Persans ont ourdis,
Et toute votre orfévrerie,
Et ces plats si chers que Germain
A gravés de sa main divine,
Et ces cabinets où Martin
A surpassé l'art de la Chine,
Vos vases japonais et blancs,
Toutes ces fragiles merveilles,
Ces deux lustres de diamants
Qui pendent à vos deux oreilles;
Ces riches carcans, ces colliers
Et cette pompe enchanteresse
Ne valent pas un des baisers
Que tu donnais dans ta jeunesse.
Le ciel ne te donnait alors,
Pour tout rang et pour tous trésors,
Que les agréments de ton âge :
Deux beaux seins que le tendre Amour,

De ses mains arrondit un jour ;
Un cœur simple, un esprit volage,
Un flanc, j'y pense encor Philis,
Sur qui j'ai vu briller des lis
Jaloux de ceux de ton visage.
Avec tant d'attraits précieux,
Hélas ! qui n'eût été friponne ?
Tu le fus, qu'Amour me pardonne,
Tu sais que je t'en aimais mieux.
Ah ! madame ! que votre vie,
D'honneur aujourd'hui si remplie,
Diffère de ces doux instants !
Ce large suisse à cheveux blancs,
Qui ment sans cesse à votre porte,
Philis, est l'image du Temps :
On dirait qu'il chasse l'escorte
Des Amours, des Jeux et des Ris ;
Sous vos magnifiques lambris,
Ces enfants tremblent de paraître.
Hélas ! je les ai vus jadis
Entrer chez toi par la fenêtre,
Et se jouer dans ton taudis *.

---

* « Cette épître a été adressée à mademoiselle de Livry, alors madame la marquise de Gouvernet. C'est d'elle que parle M. de Voltaire dans son épître à M. de Génonville, dans l'épître adressée à ses mânes, et dans celles à M. le duc de Sully et à M. de Gervasi. Le suisse de madame la marquise de Gouvernet ayant refusé la porte à M. de Voltaire, que mademoiselle de Livry n'avait point accoutumé à un tel accueil, il lui envoya cette épître. Lorsqu'il revint à Paris, en 1778, il vit chez elle madame de Gouvernet, âgée, comme lui, de plus de quatre-vingts ans. C'est en revenant de cette visite qu'il disait : « Ah ! mes amis, je viens de passer d'un bord du Cocyte à l'autre. » Dans le temps de sa liaison avec mademoiselle de Livry, M. de Voltaire lui avait donné son portrait, peint par Largillière. » *Note de l'édition Beaumarchais.*

A cette épître elle répondit par ces quatre vers :

> Quand Hébé, la blonde déesse
> Qui verse à boire aux amoureux,
> Met au tombeau notre jeunesse,
> L'Amour ne descend plus des cieux.

Elle écrivait l'épitaphe de son cœur ; Voltaire consola le sien en chantant :

> Fertur et abducto Lyrnesside tristis Achilles,
> Hæmonia curas attenuasse lyra.

Le poëte ne revit plus qu'une fois mademoiselle de Livry ; ce fut peu de jours avant sa mort : il se fit poudrer, il prit trois ou quatre tasses de café, il monta en carrosse et donna l'ordre au cocher du marquis de Villette de le conduire à l'hôtel de Gouvernet.

Cette fois les portes s'ouvrirent à deux battants : la marquise avait été prévenue ; d'ailleurs, elle pouvait le recevoir sans conséquence : elle était veuve et elle avait plus de quatre-vingts ans.

Voltaire, tout essoufflé, lui prit la main et la baisa : — Voilà tout ce que nous pouvons faire aujourd'hui, marquise, dit-il en hochant la tête. Elle n'en pouvait revenir de le voir si cassé et si vieux. — Ah ! mon ami Voltaire, lui dit-elle avec un sourire mélancolique, qu'avons-nous fait de nos vingt ans ? Ce jeune fou et cette jeune folle qui s'aimaient si gaiement rue Cloche-Perce ou rue Saint-André-des-Arts, ce n'est plus vous, ce n'est plus moi. — C'est vrai, dit Voltaire, on meurt tous les vingt ans, on meurt tous les jours jusqu'à l'heure suprême où le corps n'est plus qu'un linceul qui recouvre des os. Bien heureux ceux qui ont vécu ! Là-dessus, marquise, vous n'avez point à vous plaindre, ni moi non plus. — Moi, grâce à Dieu ! ma vie a été un roman facile à lire; mais la vôtre, quelle lutte éloquente et désespérée ! Vous avez repris la guerre des Titans. — Oui, oui, j'ai déchaîné Prométhée : j'en ai encore les mains toutes sanglantes. C'est égal, maintenant que j'ai tracé mon sillon d'angoisses, j'ai oublié le labeur et les larmes pour ne plus me souvenir que des roses qui ont fleuri sous mes pieds. Ah ! Philis, quelle fraîcheur printanière sur tes joues de vingt ans ! Je n'ai jamais cultivé de pêches à Ferney sans en baiser une tous les ans en ton honneur. Ah ! madame, les vanités du monde vous ont-elles jamais redonné ces belles heures filées d'amour et de temps perdu que nous dépensions il y a plus d'un demi-siècle ? — Hélas ! dit la marquise, je donnerais bien mon hôtel, mes fermes de Beauce et de Bretagne, mes diamants et mes carrosses, avec mon suisse par-dessus le marché, pour vivre encore une heure de notre belle vie. — Et moi, dit Voltaire en s'animant, je donnerais mes tragédies et mon poëme épique, mes histoires et mes contes, toute ma gloire passée, tous mes droits à la postérité, avec mon fauteuil à l'Académie par dessus le marché, pour vous prendre encore un seul des baisers du bon temps.

Trouvèrent-ils un dernier baiser sur leurs lèvres mortes ?

La marquise était devenue dévote. Un prêtre qui vivait à sa table, et qui l'endormait le soir avec des oraisons, vint brusquement se jeter entre les vieux amoureux.

Quand Voltaire fut parti, ce prêtre épouvanta la marquise en lui disant qu'elle venait d'accueillir l'Antechrist dans sa maison. Elle voulut faire pénitence pour ce retour vers des joies condamnées. Elle avait toujours gardé le portrait de Voltaire; le lendemain un grand laquais porta ce portrait à madame de Villette, avec un billet où madame de Gouvernet priait Voltaire d'offrir à sa nièce « cette figure trop longtemps aimée. » Madame de Gouvernet voulait cacher ses craintes de l'Antechrist sous un air de bonne grâce *.

Le 30 mai 1778, M. de Voltaire rendit son âme

---

* Ce portrait de Voltaire à vingt-quatre ans, peint par Largillière, est connu par quelques copies médiocres, témoin celle du Comité de lecture à la Comédie-Française, ou détestables, témoin celle du Musée de Versailles, à la salle des Académiciens. L'original est aujourd'hui au château de Villette, dans une galerie d'illustres personnages des XVIIe et XVIIIe siècles.

à Dieu, et le lendemain mademoiselle de Livry, marquise de Gouvernet, s'en alla chez les morts. On peut dire qu'ils ont fait le voyage ensemble. Pendant que la dépouille du philosophe frappait vainement à toutes les portes des églises, la maîtresse de Voltaire était enterrée en grande pompe à Saint-Germain-des-Prés.

Se sont-ils revus là-haut?

VI

MADEMOISELLE LECOUVREUR.

Dans l'amour de Voltaire pour Adrienne Lecouvreur, il y eut beaucoup de haine, comme dans tous les amours. Voltaire, quoique assez voltairien, ne pardonnait pas à la comédienne de lui ouvrir la porte de l'escalier dérobé, quand elle entendait le carrosse de milord Peterborough ou du maréchal de Saxe. Voltaire, qui a toujours tranché du souverain, voulait qu'on l'aimât comme un grand seigneur et non comme un poëte. Je crois même que cette conquête lui coûta plus qu'un rôle et plus qu'une épître.

C'est en vain qu'on cherche dans ses lettres les souvenirs de cette passion. A l'inverse des poëtes, ce que Voltaire oublie le plus, c'est sa jeunesse. En cherchant bien, je retrouve ces quelques lignes, datées des fêtes de Fontainebleau : « Mademoiselle Lecouvreur réussit ici à merveille. Elle a enterré la Duclos. La reine lui a donné hautement la préférence. Elle oublie, au milieu de ses triomphes, qu'elle me hait*. »

Traduction libre : Elle me hait tant qu'elle m'aime !

Si on cherche dans les vers, on trouve d'abord ce billet :

> L'Amour honnête est allé chez sa mère,
> D'où rarement il descend ici-bas.
> Belle Chloé, ce n'est que sur vos pas
> Qu'il vient encor. Chloé, pour vous entendre,
> Du haut des cieux j'ai vu ce dieu descendre
> Sur le théâtre; il vole parmi nous
> Quand sous le nom de Phèdre ou de Monime
> Vous partagez entre Racine et vous
> De notre encens le tribut légitime.
> Si vous voulez que cet enfant jaloux
> De ces beaux lieux désormais ne s'envole,
> Convertissons ceux qui devant l'idole
> De son rival ont fléchi les genoux :
> Il vous créa la prêtresse du temple;

---

* On a douté de cet amour du poëte et de la comédienne, mais il est écrit en toutes lettres. Le 1er mai 1731, Voltaire écrit à Thiriot à propos des vers que j'ai déjà cités : « Ces vers m'ont été dictés par l'indignation, par la tendresse et par la pitié. » Le 1er juin : « Ces vers remplis de la juste douleur que je ressens encore de sa perte et d'une indignation peut-être trop vive sur son enterrement, mais indignation pardonnable à un homme qui a été son admirateur, son ami, son amant. »

A l'hérétique il faut prêcher d'exemple :
Prêchez donc vite, et venez dès ce jour
Sacrifier au véritable amour.

Adrienne Lecouvreur ne manqua pas, sans doute, de se rendre à un si beau dessein.

Adrienne Lecouvreur eut pour maîtres Dumarsais et Voltaire : Dumarsais comme ami, Voltaire comme amant. Je crois que Voltaire lui donna encore de meilleures leçons que Dumarsais. Si l'amour est un grand maître, c'est surtout au théâtre.

Voici d'autres vers amoureux de Voltaire à la comédienne, qui renferment le dernier mot de ses leçons :

Quel est ce dieu de qui l'art enchanteur
Vous a donné votre gloire suprême ?
Hier l'Amour me l'a conté lui-même.
On me dira que l'Amour est menteur.
Hélas! je sais qu'il faut qu'on s'en défie :
Qui mieux que moi connaît sa perfidie ?
Qui souffre plus de sa déloyauté ?
Je ne croirai cet enfant de ma vie ;
Mais cette fois il a dit vérité.
Ce même Amour, Vénus et Melpomène,
Loin de Paris faisaient voyage un jour ;
Ces dieux charmants vinrent dans un séjour
Où vos attraits éclataient sur la scène ;
Chacun des trois avec étonnement
Vit cette grâce et simple et naturelle
Qui faisait lors votre unique ornement.
« Ah! dirent-ils, cette jeune mortelle

Mérite bien que, sans retardement,
Nous répandions tous nos trésors sur elle. »
Ce qu'un dieu veut se fait dans le moment.
Tout aussitôt la tragique déesse
Vous inspira le goût, le sentiment,
Le pathétique et la délicatesse.
« Moi, dit Vénus, je lui fais un présent
Plus précieux, et c'est le don de plaire.
Elle accroîtra l'empire de Cythère;
A son aspect tout cœur sera troublé,
Tous les esprits viendront lui rendre hommage.
— Moi, dit l'Amour, je ferai davantage.
Je veux qu'elle aime. » A peine eut-il parlé,
Que dans l'instant vous devîntes parfaite;
Sans aucun soin, sans étude, sans fard,
Des passions vous fûtes l'interprète,
Oh! de l'Amour adorable sujette,
N'oubliez pas le secret de votre art!

La comédienne ne perdit jamais ce secret[*]. Elle joua mieux encore l'amour que la tragédie. Elle est restée célèbre par ses passions tout autant que par son grand jeu. Elle est morte jeune, d'ailleurs; c'est encore une bonne fortune pour la postérité. Il n'y a que les philosophes, comme son ami Voltaire, qui aient le droit de vivre leur siècle. Les poëtes et les comédiennes portent mal leur couronne de cheveux blancs. Le vieillard de Téos ne serait admis en France que dans les jours du carnaval.

Adrienne Lecouvreur mourut peut-être dans les bras de Voltaire, mais à coup sûr bien loin de

---

[*] L'Amour fut dans ses yeux, et parla par sa voix.

lui, car elle avait les yeux fixés sur un buste de Maurice de Saxe, à qui elle débitait à tort et à travers des tirades tragiques*.

Après sa mort, il lui arriva ce qui arriva plus tard à Voltaire. Elle qui avait légué cent mille livres aux pauvres, lui qui avait bâti une église, ils furent tous les deux proscrits du cimetière. Si l'on peut retrouver Voltaire au Panthéon, on ne sait où aller prier pour sa chère comédienne. Pourtant, si on démolissait les maisons qui sont à l'angle de la rue de Bourgogne et de la rue de Grenelle, on retrouverait peut-être les cendres de celle-là qui a fait tressaillir dans leurs tombeaux les pâles héroïnes de Voltaire.

Adrienne Lecouvreur a passé sa vie à aimer : du comédien Legrand au chevalier de Rohan, du chevalier de Rohan au poëte Voltaire, du poëte Voltaire à lord Peterborough, de lord Peterborough au maréchal de Saxe, sans compter celui-ci qui fut père de sa première fille, sans parler de celui-là qui fut

---

* Mademoiselle Rachel, qui a été à la fois mademoiselle Rachel et Adrienne Lecouvreur, a consacré avec MM. Scribe et Legouvé cette page dramatique et romanesque, où la maîtresse de Maurice de Saxe insulta publiquement sa rivale, la duchesse de Bouillon, en lui jetant à la figure les vers de Phèdre :

>   Je sais mes perfidies,
> OEnone, et ne suis point de ces femmes hardies
> Qui, goûtant dans le crime une tranquille paix,
> Ont su se faire un front qui ne rougit jamais.

père de la seconde ; car, si on cherchait bien, on trouverait, à ce qu'il paraît, beaucoup de descendants de l'illustre comédienne : par exemple, le mathématicien Francœur.

Ce n'était pas précisément le théâtre qui l'avait enrichie. Il y a une fable antique qui raconte que Jupiter, conseillant l'Amour, lui disait : « Quand tu auras usé tes flèches dans ton voyage, il te restera encore une ressource pour aveugler les femmes : tu leur jetteras à pleines mains la poussière d'or qui est dans ton carquois. »

Mademoiselle Lecouvreur ne s'était pas montrée dédaigneuse pour la poudre d'or. Elle pouvait dire, comme Marion Delorme : « Je prends quand je n'ai rien à donner, c'est-à-dire quand elle ne pouvait donner que le masque de l'amour ; mais au moins c'était un masque charmant. Milord Peterborough lui disait : « Allons, madame, qu'on me montre beaucoup d'amour et beaucoup d'esprit ! » Et elle montrait beaucoup d'esprit et beaucoup d'amour ; mais son cœur ne battait que lorsque milord était parti.

Le XVIIIe siècle est l'époque où l'esprit français, dégagé de l'esprit gaulois et de l'esprit d'imitation, rayonne du plus vif éclat, de Voltaire à Rivarol, du régent à Diderot, de Fontenelle à Chamfort, de Saint-Simon à Beaumarchais. Voilà des Français pur sang qui ne doivent rien aux Grecs ni aux Romains, qui se sont dépouillés de la perruque de Louis XIV pour reposer leur front sur le sein de quelque femme trois fois femme,—ni précieuse, ni ridicule,—faite pour aimer et non pour prêcher. Les femmes de ces belles saisons étaient pétries de pâte d'amour. Adrienne Lecouvreur appartient, par son génie comme par son cœur, à ces belles furies de la passion, à ces souriantes mélancolies du sentiment, qui font de la femme un être de raison dans la folie, ou un être de folie dans la raison.

VII

MADAME DU CHASTELET.

Il y a au musée de Bordeaux un joli portrait de la marquise du Chastelet, par Marianne Loir. La belle Émilie, tant calomniée dans le bureau d'esprit de madame du Deffant, est bien celle que Voltaire a aimée en prose et en vers.

> Vous êtes belle, ainsi donc la moitié
> Du genre humain sera votre ennemie ;
> Vous possédez un sublime génie :
> On vous craindra ; votre tendre amitié
> Est confiante, et vous serez trahie.

C'est Voltaire qui a été trahi.

La Tour, qui a peint Voltaire, a peint aussi la marquise du Chastelet. Madame du Deffant, un peintre qui *dévisageait* tout le monde, ne l'a pas montrée sous les mêmes couleurs de pêche et de framboise. « Représentez-vous, disait-elle dans son salon, une maîtresse d'école, sans hanches, la poitrine étroite, avec une petite mappemonde perdue dans l'espace, de gros bras trop courts pour ses passions, des pieds de grue, une tête d'oiseau de nuit, le nez pointu, deux petits yeux vert de mer et vert de terre, le teint noir et rouge, la bouche plate et les dents clair-semées. Voilà donc la figure de la belle Émilie, sans parler de l'encadrement : pompons, poudre, pierreries de six sous. Vous savez qu'elle veut être belle en dépit de la nature et de la fortune, car elle n'a pas toujours une chemise sur le dos. — Allons, allons, dit madame Geoffrin, nous pénétrons dans la vie privée. Madame du Chastelet a tout ce qu'il faut : un mari, un amant, un philosophe, un mathématicien, un poëte, et non moins de chemises. — Madame du Chastelet, continua Pont de Veyle pour finir le portrait, est une maîtresse d'école ; mais elle enseigne à lire à l'Amour. »

Voltaire avait connu la marquise du Chastelet toute petite fille chez son père, le baron de Breteuil. Quand il devint un grand homme, elle devint une grande dame. Elle avait son tabouret à la cour ; elle avait surtout les priviléges de la beauté et de l'esprit. L'étoile cherche l'étoile, la flamme cherche la flamme. Quand la marquise du Chastelet revit Voltaire, elle eut l'art de cacher sa science ; quand Voltaire revit la marquise du Chastelet, il eut l'esprit d'être plus amoureux que poëte. Durant tout un hiver, ils se rencontrèrent tous les jours comme s'ils ne se cherchaient pas. Ils avaient toujours oublié de se dire quelque chose. Un soir, Voltaire rappela à la jeune femme qu'il avait fait sauter la jeune fille sur ses genoux ; ce soir-là, « elle voulut, comme autrefois, sauter sur les genoux de M. de Voltaire. »

Le beau monde de Versailles et de Paris s'émut un peu de voir la belle marquise quitter sa place au jeu de la reine et à l'église pour se damner avec Voltaire. Mais Voltaire la consola par ces vers :

> La jeune Églé, de pompons couronnée,
> Devant un prêtre à minuit amenée,
> Va dire un *oui*, d'un air tout ingénu,
> A son mari qu'elle n'a jamais vu.
> Le lendemain en triomphe on la mène
> Au Cours, au bal, chez Bourbon, chez la Reine ;
> Le lendemain, sans trop savoir comment,
> Dans tout Paris on lui donne un amant.
> Roi la chansonne, et son nom par la ville
> Court ajusté sur l'air d'un vaudeville.
> Églé s'en meurt ; ses cris sont superflus.
> Consolez-vous, Églé, d'un tel outrage ;
> Vous pleurerez, hélas ! bien davantage,
> Lorsque de vous on ne parlera plus.

Et nommez-moi la beauté, je vous prie,
De qui l'honneur fut toujours à couvert.
Lisez-moi Bayle, à l'article *Schomberg*;
Vous y verrez que la Vierge Marie
Des chansonniers comme une autre a souffert.
Jérusalem a connu la satire :
Persans, Chinois, baptisés, circoncis,
Prennent ses lois; la terre est son empire;
Mais, croyez-moi, son trône est à Paris.
Là, tous les soirs, la troupe vagabonde
D'un peuple oisif, appelé le beau monde,
Va promener de réduit en réduit
L'inquiétude et l'ennui qui la suit.
Là sont en foule antiques mijaurées,
Jeunes oisons, et bégueules titrées,
Disant des riens d'un ton de perroquet,
Lorgnant des sots et trichant au piquet.

Pour Voltaire il ne trichait qu'au jeu de l'amour. Le château de Cirey ne fut pas tout à fait le paradis terrestre, comme l'appelait Voltaire. « J'ai le bonheur d'être dans un paradis terrestre où il y a une Ève et où je n'ai pas le désavantage d'être Adam. » Madame du Chastelet, qui déjà savait le latin, se mit à apprendre trois ou quatre langues vivantes. Elle traduisit Newton, analysa Leibnitz, et concourut pour le prix de l'Académie des sciences. Voltaire ne voulut pas rester en arrière ; il se fit savant, presque aussi savant que sa maîtresse. L'Académie des sciences avait proposé pour sujet de prix *la nature et la propagation du feu*. Voltaire et madame du Chastelet voulurent être du concours : ils furent vaincus par Euler ; mais leurs pièces furent insérées dans le recueil des prix. Ils reparurent bientôt devant l'Académie comme adversaires dans la dispute sur *la mesure des forces vives*. Voltaire défendait Newton contre Leibnitz, madame du Chastelet Leibnitz contre Newton. L'Académie donna raison à Voltaire, mais Voltaire donna raison à madame du Chastelet.

N'est-ce pas un curieux spectacle que ces deux amants, qui ne trouvent rien de plus beau que de se disputer sur des points de physique et de métaphysique, quand le ciel leur sourit et leur parle d'amour par la voix des roses et des oiseaux ? Ce n'était pas Daphnis et Chloé, ni Roméo et Juliette, ni Jean-Jacques et madame de Warens. Leur amour éclatait le plus souvent en bourrasques ; dans leur jalousie ou leur colère, ils allaient, le dirai-je ? jusqu'à se battre, — comme se battent les amants. Voltaire, tout Voltaire qu'il fût, finissait toujours par succomber ; la bourrasque passée, les amants pleuraient comme des enfants taquins. M. du Chastelet survenait et les raccommodait avec effusion. Un jour que madame du Chastelet cachait ses larmes, il lui dit : « Ce n'est pas d'aujourd'hui que Voltaire nous trompe. » Un peu plus tard, il devait dire à Voltaire : « Ce n'est pas d'aujourd'hui que ma femme nous trompe. »

Dans les jardins de Cirey, c'était toujours le ciel de Newton qui éclairait ces philosophes du Portique. Voici des vers improvisés au clair de la lune :

> Astre brillant et doux, favorable aux amants,
> Porte ici tous les traits de ta douce lumière :
> Tu ne peux éclairer, dans ta vaste carrière,
> Deux cœurs plus amoureux, plus tendres, plus constants.

Et le mari ? le mari avait sa part dans les vers. Madame du Chastelet, qui écrit par la plume de Voltaire au roi de Prusse, daigne se souvenir de M. du Chastelet :

> Pour moi, nymphe de ces coteaux,
> Et des prés si verts et si beaux,
> Enrichis de l'eau qui les baise ;
> Pour mon mari, ne vous déplaise,
> Je reste parmi mes roseaux.
> Mais vous, du séjour du tonnerre
> Ne pourriez-vous descendre un peu ?
> C'est bien la peine d'être dieu
> Quand on ne vient pas sur la terre !

Voltaire, qui disait si poétiquement que l'amour était l'étoffe de la nature brodée par l'imagination, aimait madame du Chastelet avec l'amour en moins, comme Platon aimait Aspasie. C'était l'hyménée des esprits : la bête n'y trouvait pas son compte ; ce qui n'empêchait pas le roi de Prusse de comparer Voltaire à Renaud enchaîné à la ceinture d'Armide.

Mais Voltaire, à peu près revenu des passions profanes,—lui qui avait plusieurs âmes et la moitié d'un corps, — abritait ce galant adultère sous le manteau de la philosophie. Ce fut alors que voyant peu à peu l'amour prendre la figure de l'amitié, il laissa tomber de son cœur ce chef-d'œuvre digne de l'antique, que dis-je? ce chef-d'œuvre qui n'a son pareil ni chez les anciens ni chez les modernes, excepté chez Voltaire lui-même, quand il chanta *les Vous et les Tu* :

> Si vous voulez que j'aime encore,
> Rendez-moi l'âge des amours;
> Au crépuscule de mes jours
> Rejoignez, s'il se peut, l'aurore.
>
> Des beaux lieux où le dieu du vin
> Avec l'Amour tient son empire,
> Le Temps, qui me prend par la main,
> M'avertit que je me retire.
>
> De son inflexible rigueur
> Tirons au moins quelque avantage.
> Qui n'a pas l'esprit de son âge,
> De son âge a tout le malheur.
>
> Laissons à la belle jeunesse
> Ses folâtres emportements :
> Nous ne vivons que deux moments,
> Qu'il en soit un pour la sagesse.
>
> Quoi! pour toujours vous me fuyez,
> Tendresse, illusion, folie,

Dons du ciel qui me consoliez
Des amertumes de la vie!

On meurt deux fois, je le vois bien;
Cesser d'aimer et d'être aimable,
C'est une mort insupportable;
Cesser de vivre, ce n'est rien.

Ainsi je déplorais la perte
Des erreurs de mes premiers ans;
Et mon âme, aux désirs ouverte,
Regrettait ses égarements.

Du ciel alors daignant descendre,
L'Amitié vint à mon secours :
Elle était peut-être aussi tendre,
Mais moins vive que les amours.

Touché de sa beauté nouvelle,
Et de sa lumière éclairé,
Je la suivis; mais je pleurai
De ne pouvoir plus suivre qu'elle.

Cependant madame du Chastelet, quelque tendre que fût l'amitié, trouva que l'amour valait mieux. Le mathématicien Clairault fut sans doute de cette opinion, car un soir Voltaire, la voyant enfermée pour prendre une leçon de mathématiques, donna à la porte un si violent coup de pied—ce fantôme de Voltaire—qu'il la jeta hors de ses gonds. La scène fut terrible : l'amant trahi foudroya le maître et l'écolière; après quoi, comme sa passion n'avait plus que des bouffées, il partit d'un éclat de rire et courut continuer son *Essai sur la nature et la propagation du feu.*

Il avait bien juré de ne plus chasser sur les terres de M. du Chastelet; mais le lendemain, madame du Chastelet lui apparut sous les ramées amoureuses du parc. Elle fut éloquente à lui parler de son amour et à lui dire que son histoire avec Clairault n'était qu'un roman de hasard : le vent avait fermé la porte et avait soulevé sa robe, voilà tout. Voltaire, qui ne croyait à rien, crut à cela. Ah! le beau livre à faire sous ce titre : *De la Crédulité des hommes en matière des femmes.* Toutefois, Voltaire désira enseigner lui-même les mathématiques, ne voulant pas risquer une seconde fois les hasards du vent.

Mais le poëte Voltaire comptait alors sans le poëte Saint-Lambert. Saint-Lambert rimait les *Saisons* et débitait des madrigaux à la marquise de Boufflers, la reine de la main gauche de ce roi sans royaume, Stanislas, qui avait donné sa fille à un royaume sans roi. Stanislas, tout en fumant sa pipe, veillait de près sur la vertu de sa maîtresse. Heureusement pour lui, la marquise du Chastelet vint avec son mari et son amant jouer la comédie à la cour. Sans doute que Voltaire n'était pas assez fort en mathématiques, puisqu'un jour, entrant à l'improviste dans la chambre de madame du Chastelet, il trouva Saint-Lambert — à ses pieds. — Il faisait encore du vent ce jour-là, mais on avait oublié de pousser le verrou.

Voltaire ne fut pas moins foudroyant pour le poëte que pour le mathématicien. « Chut! lui dit madame du Chastelet; M. du Chastelet va vous entendre. — C'est vrai, dit-il avec son rire railleur et amer : il y a un mari responsable, je m'en lave les mains. » Et il s'en alla commander des chevaux de poste. La marquise donna contre-ordre et monta à la chambre de Voltaire. Elle le trouva couché et malade. Elle pleura, il la battit. « Mais non, dit-il tout à coup : quand je vous battais, je vous aimais. La bataille était l'amorce de la volupté, — c'est fini entre vous et moi; allez trouver ceux qui sont jeunes. » Il fut magnanime, il pardonna. Saint-Lambert, qui avait répondu vertement à ses apostrophes, vint à son tour s'incliner devant cette majesté du génie et cette majesté de la douleur. « J'ai tout oublié, mon enfant, s'écria Voltaire en se jetant dans ses bras ; c'est moi qui ai eu tort, car je ne suis plus de ce monde; c'est vous qui êtes jeune, c'est vous qui êtes beau, c'est vous qui êtes vaillant; mais une autre fois, tirez les verrous. » Madame du Chastelet aurait pu lui répondre : « Avec vous cela ne sert à rien. »

Du reste, comme un vrai mari qu'il était presque à Lunéville, Voltaire avait enseigné à Saint-Lambert la route semée de roses qui conduisait à madame du Chastelet :

Mais je vois venir sur le soir,

> Du plus haut de son aphélie,
> Notre astronomique Émélie,
> Avec un vieux tablier noir,
> Et la main d'encre encore salie ;
> Elle a laissé là son compas,
> Et ses calculs, et sa lunette ;
> Elle reprend tous ses appas :
> Porte-lui vite à sa toilette
> Ces fleurs qui naissent sur ses pas,
> Et chante-lui sur ta musette
> Ces beaux airs que l'amour répète,
> Et que Newton ne connut pas.

Mais Saint-Lambert n'avait pas eu besoin d'être conseillé par Voltaire.

Et pourtant la marquise du Chastelet avait beaucoup aimé Voltaire. J'en prends à témoin Voisenon qui confessait les femmes, mais point au confessionnal. Il écrivait de la marquise du Chastelet : « Elle n'avait rien de caché pour moi ; je restais souvent tête à tête avec elle jusqu'à cinq heures du matin. Quand elle disait qu'elle était détachée de Voltaire, je ne répondais rien ; je tirais un des huit volumes (de la correspondance manuscrite de Voltaire avec elle), et je lisais quelques lettres. Je remarquais ses yeux humides de larmes ; je refermais le livre en lui disant : « Vous n'êtes pas guérie. » La dernière année de sa vie, je fis la même épreuve : elle les critiquait ; je fus convaincu que la cure était faite. Elle me confia que Saint-Lambert avait été son médecin*. »

Elle paya cet amour de sa vie. Elle donna un enfant à M. du Chastelet — ou à Voltaire — ou à Saint-Lambert. Elle poussa la philosophie jusqu'au bout. Voltaire écrit de Lunéville, au comte d'Argental : « Madame du Chastelet, cette nuit, en griffonnant son Newton, s'est sentie mal à son aise ; elle a appelé une femme de chambre, qui n'a eu que le temps de tendre son tablier et de recevoir une petite fille, qu'on a portée dans son berceau. La mère a arrangé ses papiers, s'est mise au lit, et tout cela dort comme un ciron à l'heure que je vous parle. » Le même jour, Voltaire écrit ainsi à l'abbé de Voisenon : « Mon cher abbé Greluchon (ce sobriquet n'est-il pas tout un portrait de Voisenon?) saura que cette nuit, madame du Chastelet, étant à son secrétaire selon sa louable coutume, a dit : « Mais je sens quelque chose ! » Ce quelque chose était une petite fille, qui est venue au monde sur-le-champ. On l'a mise sur un livre de géométrie qui s'est trouvé là, et la mère est allée se coucher. »

Il se repentit, six jours après, d'avoir pris ce ton

---

* Madame du Chastelet avait quarante-deux ans ; le soleil des beaux jours allait se coucher pour elle : comment ne pas chercher un peu de lumière encore quand le dernier rayon s'affaiblit et s'éteint? Comment ne pas saluer le rivage quand on prend la pleine mer, le jour de l'exil? — Ainsi parlent toutes les pécheresses.

des contes de Voltaire : madame du Chastelet mourut. Il la pleura de toutes ses larmes, quoiqu'une bague à secret, où le portrait de Saint-Lambert avait remplacé le sien, qui avait remplacé celui du duc de Richelieu, qui avait remplacé... lui eût tout appris. Ce bon M. du Chastelet était présent à cette découverte, pleurant comme Voltaire de toutes ses larmes. « Monsieur le marquis, lui dit le poëte, voilà une chose dont nous ne devons nous vanter ni l'un ni l'autre. »

Il y avait vingt ans que Voltaire vivait avec madame du Chastelet dans la philosophie de l'amour ou dans l'amour de la philosophie. Ils avaient approfondi ensemble tous les systèmes; ils avaient chanté les atomes crochus; ils avaient voyagé dans le même tourbillon. En un mot, ils s'étaient inquiétés de tout, hormis du lendemain.

Le lendemain, Voltaire pleurait, et la marquise du Chastelet, couchée sur un brancard couvert de fleurs, était exposée dans la salle de spectacle où quelques jours auparavant elle jouait la comédie.

Comédie de la vie, comédie de la mort, Voltaire ne savait que la première.

Voltaire, inconsolable, voulut consoler M. du Chastelet. C'est le dernier trait de la comédie.

« Mon cher Voisenon, quel jour malheureux ! J'irai verser dans votre sein des larmes qui ne tariront jamais. Je n'abandonne pas M. du Chastelet. Je reverrai donc ce château, où j'espérais mourir dans les bras de votre amie. » A Cirey, il écrit à M. d'Argental que le château est devenu pour lui un horrible désert. Cependant les lieux qu'elle habitait lui sont chers; il aura une sombre joie à retrouver les traces de son séjour à Paris. Il s'écrie qu'il n'a pas perdu une maîtresse, mais une moitié de lui-même, une âme sœur de la sienne. Il revient à Paris pâle comme un trappiste. Est-ce bien là Voltaire qui riait toujours? On le plaint, on se moque de lui. Mais combien pleurera-t-il de temps? Un peu moins de six semaines !

Saint-Lambert pleura quinze jours; le mari seul ne se consola pas.

VIII

MADEMOISELLE QUINZE ANS.

Je ne veux pas m'égarer plus longtemps dans les *juvenilia* du roi Voltaire. Par exemple, j'ai oublié de conter son aventure avec la Duclos, qu'il chansonna cavalièrement. Quand mademoiselle Gaussin lui rappela Adrienne Lecouvreur, il voulut retrouver en elle sa tragédienne et sa maîtresse; mais déjà la marquise du Chastelet l'enchaînait à sa ceinture, qui n'était pourtant pas la ceinture de Vénus. Mademoiselle Gaussin emporta dans les coulisses le dernier rêve amoureux de Voltaire devenu sage. Mademoiselle Clairon, qui le caressa beaucoup, fut bien plutôt pour lui la muse que la femme. Il joua la tragédie avec elle, mais ne joua pas au jeu de l'amour.

Est-ce bien la peine d'indiquer que Voltaire fut en galanterie à Londres avec quelques ladies et quelques filles perdues? Il fut surtout amoureux de Laura Harley, une Desdémone de boutique qui avait pour mari milord Othello. Voltaire lui écrivit des vers anglais :

<pre>
Voulez-vous de vos yeux connaître le pouvoir,
Regardez donc les miens, qui ne font que vous voir.
</pre>

Je traduis mal. Sans doute, Voltaire traduisit mieux en français Laura Harley, car le mari se fâcha tout haut : il y eut scandale, presque prise de corps, peut-être un duel à la boxe.

Voltaire a supprimé de ses œuvres les premiers vers de son conte du *Cadenas*. Il les a supprimés, parce que c'était une des pages les plus vives de l'histoire de ses vingt ans. Quelle était cette belle vertu si bien murée? On a cité plusieurs grands noms que je ne veux pas répéter ici, non pas pour la dame, mais pour le mari.

J'ai dit que la jeunesse de Voltaire avait fini avec madame du Chastelet. Mais toute belle saison a son été de la Saint-Martin. Voltaire secoua aux Délices et à Ferney les parfums attiédis, mais doux encore, du regain des passions. Collini rappelle qu'à Colmar Voltaire avait une cuisinière — le temps des duchesses était passé—fort belle et fort réjouie, qui lui donnait des distractions. Voltaire ne buvait que quand elle lui versait à boire, comme si elle dût laisser tomber avec le vin son air de jeunesse et son sourire de vingt ans. Collini n'osa pas questionner Voltaire, mais il demanda vingt fois à Babette pourquoi elle venait si souvent dans le cabinet du philosophe. « C'est pour apprendre à lire, » répondait la cuisinière. Et puis elle riait de son beau rire, et s'en allait en se moquant de Collini.

A Ferney, on a accusé Voltaire d'avoir été l'amant de sa nièce. On a voulu à toute force en trouver la preuve dans Voltaire lui-même : « Chez nous autres remués de barbares, on peut épouser sa nièce, moyennant la taxe ordinaire, qui va, je crois, jusqu'à quarante mille petits écus, en comptant les menus frais. J'ai toujours entendu dire qu'il n'en avait coûté que quatre-vingt mille francs à M. de Montmartel. J'en connais qui ont couché avec leurs nièces à meilleur marché. » Et plus loin on applique à Voltaire et à sa nièce ces mots de Collini : « Je me souviens toujours du poëte qui couchait avec sa servante. Il disait que c'était une licence poétique. »

Madame Denis n'était pas embéguinée dans sa

vertu. Quand le marquis Ximenès venait aux Délices, elle lui disait nettement que ce n'était pas assez d'admirer l'oncle tout le jour, qu'il fallait aimer la nièce toute la nuit. On peut inscrire à son compte plus d'une aventure avec les Ximenès de passage; mais que voulez-vous que madame Denis fît de Voltaire, et que voulez-vous que Voltaire fît de madame Denis? Ils étaient trop vieux tous les deux, et tous les deux cherchaient à rejoindre le couchant à l'aurore.

Quand Voltaire eut quatre-vingts ans, une aube amoureuse vint encore dorer son front. Une dame de Genève s'était jetée à ses genoux avec enthousiasme. Elle était jeune par la beauté; elle était belle par la jeunesse. Il voulut la relever : elle tomba dans ses bras. Pendant une seconde, il eut vingt ans. Mais une seconde après il se réveilla de ce dernier rêve. « J'ai cent ans. », dit-il à la jeune femme*.

> Quelquefois un peu de verdure
> Rit sous les glaçons de nos champs;
> Elle console la nature,
> Mais elle sèche en peu de temps.
>
> Un oiseau peut se faire entendre
> Après la saison des beaux jours,

---

* Cela s'appelle, au Théâtre-Français, *la Comédie à Ferney*, une jolie comédie qui n'a que le tort de n'être pas jouée plus souvent.

Mais sa voix n'a plus rien de tendre,
Il ne chante plus ses amours.

Je veux dans mes derniers adieux,
Disait Tibulle à son amante,
Attacher mes yeux sur tes yeux,
Te presser de ma main mourante.

Mais quand on sent qu'on va passer,
Quand l'âme fuit avec la vie,
A-t-on des yeux pour voir Délie,
Et des mains pour la caresser?

Voltaire aima jusqu'au dernier jour la compagnie des femmes; c'était un philosophe qui n'aurait pu vivre avec des philosophes. Sa cousine, madame de Florian, était venue habiter Ferney; elle avait une jeune sœur, mademoiselle de Saussure, qui riait toujours. Voltaire l'appelait mademoiselle *Quinze ans*. Elle n'était pas si jeune que cela, mais elle n'était pas majeure. C'était pour lui comme un bouquet de jeunesse qui parfumait son cabinet de travail; car elle venait à toute-heure « pêcher aux romans. » Oh! la jeunesse, le beau poëme de la vie qui chante en nous jusqu'au dernier jour! On vit pour être jeune, et on ne consent à vieillir qu'en se retournant vers sa jeunesse.

Mademoiselle *Quinze ans* ne riait pas trop de voir Voltaire métamorphosé en Anacréon par ses magies. Elle le couronnait de roses cueillies par elle, et ne s'offensait pas de sentir des lèvres de quatre-vingts ans chercher ses dix-huit ans dans sa belle chevelure qui sentait la forêt.

Voici comment Grimm conte cette histoire romanesque, qui fut tout un jour la gazette de Paris :
« Il a couru d'étranges bruits sur la conduite du seigneur patriarche pendant le mois dernier. On assurait qu'il avait eu plusieurs faiblesses à la suite des efforts qu'il avait faits pour faire sa cour à une jolie demoiselle de Genève, qui venait le voir travailler dans son cabinet; et que madame Denis avait jugé nécessaire de rompre ces tête-à-tête après le troisième évanouissement survenu au seigneur patriarche. Le fait est que Voltaire a eu quelques faiblesses dans le courant de décembre; que la nouvelle madame de Florian, Génevoise, a une parente, mademoiselle de Saussure, qui venait de temps en temps à Ferney. Cette mademoiselle de Saussure passe pour une petite personne fort éveillée; elle amusait quelquefois M. de Voltaire dans son cabinet; mais quelle apparence qu'elle ait voulu attenter à la chasteté d'un Joseph de quatre-vingts ans? »

Aux esprits sévères qui s'étonnent de voir l'historien s'attarder avec quelque complaisance dans ces Décamérons du roi Voltaire, dans ces demi-jours voluptueux, sous ces ramées baignées d'ombre et de lumière, où le merle railleur alterne par son sifflement avec la strophe vibrante du rossignol, dans ces palais de papier peint où Adrienne Lecouvreur.

confond les colères de Phèdre avec ses colères à elle-même, dans ce château enchanté où l'amour se console de vieillir dans les bras de la science, je répondrai que c'est par la passion qu'on voit le mieux les hommes. La sagesse de Salomon n'a-t-elle pas dit que celui-là qui connaissait la femme aimée connaissait celui qu'elle aimait? C'est à la femme qu'il faut arracher le mot de l'énigme. *Dis-moi qui tu aimes, je te dirai qui tu es.* C'est en traversant le jeune homme qu'on voit le grand homme. Le cœur donne le secret de l'esprit. Le poëme de la jeunesse d'Homère ne nous expliquerait-il pas mieux que tous les commentateurs l'Iliade d'Andromaque et d'Hélène? Quel beau livre perdu : *La jeunesse d'Homère!*

V

VOLTAIRE A LA COUR

Voltaire à la cour! Est-ce bien là notre Voltaire d'hier, notre Voltaire de demain? C'est toujours Voltaire avec son esprit qui rit de tout, même de la grandeur de Louis XV, même de la vertu de madame de Pompadour. Il disait quelquefois comme Piron : « Puisque les titres sont connus, je prends mon rang, » et, ce jour-là, il passait le premier. Il ne tenait qu'à lui de briller à la cour ; il ne lui fallait pour cela qu'un peu moins de génie. Le cardinal de Bernis lui montrait le chemin.

Pourquoi allait-il à la cour? Pour ne pas aller à la Bastille et dire la vérité? Il voulait s'appuyer sur Louis XV pour soulever la France.

Ce fut un événement pour Versailles que Voltaire à la cour. Jusque-là on y avait vu les poëtes plus ou moins prosternés. Voltaire, qui s'appuyait sur la fortune et sur la renommée, marchait la tête haute, en homme qui connaît sa force. « Les rois sont toujours les demi-dieux, lui dit madame de Pompadour, qui voulait le métamorphoser en courtisan. — Madame la marquise, répondit Voltaire, c'est un poëte qui a créé les demi-dieux*. »

Voltaire qui avait soupé avec les maîtresses du régent, avec la maîtresse du cardinal Dubois, avec toutes les coquines qui jouaient de l'éventail et du sceptre, soupa avec les maîtresses de Louis XV, à la Muette avec madame de Mailly, à Choisy avec

---

* Ce fut une autre marquise premier ministre qui avait fait la fortune de Voltaire.

Faut-il rappeler ici que sous Louis XV enfant, le duc de Bourbon s'imagina gouverner la France avec la marquise de Prie, cette figure d'ange qui masquait une âme de démon ? Mais on ne gouverne pas une grande nation quand on n'a ni génie, ni honneur, ni caractère. Le duc de Bourbon n'était qu'un joueur de Bourse, qui s'était enrichi des chimères de Law ; la marquise de Prie n'était qu'une catin à l'enchère. Elle avait commencé par se vendre. Elle vendait la faveur du premier ministre ; elle vendait la faveur du roi ; elle ne désespérait pas de vendre un jour la France à l'étranger. C'était Messaline s'accouplant à l'idole d'or.

Elle reconnaissait bien plus la royauté de Voltaire que la royauté de Louis XV. Elle savait que celui des deux qui devait donner l'immortalité, c'était le roi poëte, et non le roi fainéant. Aussi, cette louve insatiable qui montrait ses dents à tous les festins que servait la France ruinée, cette belle impudique qui prenait des deux mains dans toutes les mains, elle fit un peu la fortune de Voltaire. Il est vrai que cela ne lui coûtait pas une obole.

madame de Châteauroux, à Étioles avec madame de Pompadour. Mais il ne soupait que les jours où le roi ne soupait pas. Le roi ne voulait pas se rencontrer avec Voltaire, comme s'il eût craint que cette autre royauté ne fît pâlir la sienne.

Le souper d'Étioles est consacré par de mauvais vers à madame de Pompadour, où le poëte compare le roi au vin de Tokai. Pour se consoler de n'avoir pas soupé avec le roi, il combat cette opinion de Dufresny, qui dit dans une chanson que les rois ne se font la guerre que parce qu'ils ne boivent jamais ensemble. « Dufresny se trompe, écrit Voltaire. François Ier avait soupé avec Charles-Quint, et vous savez ce qui s'en suivit. Vous trouverez, en remontant plus haut, qu'Auguste avait fait cent soupers avec Antoine. Non, madame, ce n'est point le souper qui fait l'amitié. »

Madame de Pompadour avait accueilli Voltaire en femme d'esprit qui aime les livres ouverts. Voltaire devint pour une saison son maître en l'art de penser. De la galanterie il passa avec elle à la politique; il fut dépêché en ambassade vers le roi de Prusse; il écrivit pour la paix à l'impératrice de Russie; il fut sur le point de trahir les secrets de ses amis les Anglais.

Le premier ministre et le second ministre, madame de Pompadour et le marquis d'Argenson étaient pour lui. Avec de si hauts protecteurs, où ne devait-il pas arriver? Il arriva tout essoufflé à une place de gentilhomme de la chambre et à un brevet d'historiographe de France!

Voltaire fut alors courtisan à toute heure, le jour et la nuit, en prose et en vers. S'il voyait la maîtresse du roi jouant du crayon, comme elle jouait du sceptre et de l'éventail, il lui disait :

> Pompadour, ton crayon divin
> Devrait dessiner ton visage :
> Jamais une plus belle main
> N'aurait fait un plus bel ouvrage.

S'il entrait à sa toilette, il se croyait encore obligé à quatrain*. La marquise ayant joué *Alzire*

---

* Voltaire, après des madrigaux et des cajoleries sans nombre, chanta avec beaucoup de sans-façon dans *la Pucelle* :

> .... cette heureuse grisette
> Que la nature, ainsi que l'art, forma
> Pour le sérail ou bien pour l'Opéra.
> Sa vive allure est un vrai port de reine,
> Ses yeux fripons s'arment de majesté,
> Sa voix a pris le ton de souveraine,
> Et sur son rang son esprit s'est monté......

Cependant il demeura toujours son ami : ainsi, au moment où la marquise n'était plus aimée du roi ni respectée des courtisans, Marmontel la plaignait beaucoup à Ferney. « Elle n'est plus aimée, dit Marmontel. — Eh bien ! s'écria Voltaire, qu'elle vienne ici jouer avec nous la tragédie ; je lui ferai des rôles, et des rôles de reine. Elle est belle, elle doit connaître le jeu des passions.—Elle connaît aussi, répliqua Marmontel, les profondes douleurs et les larmes.—Tant mieux ! c'est là ce qu'il nous faut. — Puisqu'elle vous convient, laissez faire ; si le théâtre de Versailles lui manque, je lui dirai que le vôtre l'attend. »

au théâtre des petits appartements, il s'imagina qu'il devait se jeter à ses pieds. Madame de Pompadour le rappela à l'ordre, en lui disant que sa place n'était pas à ses pieds, mais à l'Académie. « Je l'avais oublié, dit Voltaire. Mais il me manque une voix pour être élu. — Laquelle? — La vôtre. — Je vous la donne. » Et le poëte fut élu. Pourquoi Voltaire ne demanda-t-il pas le chapeau de cardinal?

Voltaire, qui avait déjà frappé deux fois à la porte de l'Académie sans que l'Académie ouvrît la porte, fut donc enfin nommé tout d'une voix. Il lui avait fallu, comme Montesquieu, désavouer plus d'une page de ses œuvres. L'Académie, d'ailleurs, n'était pas encore voltairienne. Mais le fut-elle jamais? Montesquieu, l'ami de Voltaire, comme Voltaire fut l'ami de Montesquieu, — les beaux génies se rencontrent souvent, mais ne s'aiment pas toujours; — Montesquieu, dis-je, peignait jusqu'à un certain point l'opinion des académiciens quand il écrivait : « Il serait honteux pour l'Académie que Voltaire en fût, et il lui sera quelque jour honteux qu'il n'en ait pas été*. »

---

* Voyez comme cet académicien parlait de l'Académie, avant d'être de l'Académie :

« Dans votre Académie, pourquoi ne recevez-vous pas l'abbé Pellegrin? est-ce que Danchet serait trop jaloux? Vous savez qu'il y a vingt ans que je vous ai dit que je ne serais jamais d'aucune Académie. Je ne veux tenir à rien dans ce monde, qu'à mon plai-

Voltaire comprit bien cette sympathie douteuse ; il avait dit : « J'ennuierai le public d'une longue harangue, ce sera le chant du cygne. » Voltaire se croyait toujours en train de mourir. Ce chant du cygne fut pour les oreilles académiques une impertinence débitée d'un ton cavalier. Ce n'était pas l'Académie qui recevait Voltaire, c'était Voltaire qui recevait l'Académie. Le roi entrait d'un pied dédaigneux, quoique avec force révérences, dans sa nouvelle province.

Il habitait tour à tour Versailles et Paris.

A la mort de madame du Chastelet, il s'en était revenu habiter son hôtel avec M. du Chastelet. Mais le marquis, voulant vivre seul, avait cédé sa place à Voltaire, après lui avoir vendu les meubles de la marquise.

---

sir ; et puis, je remarque que telles Académies étouffent toujours le génie au lieu de l'exciter. Nous n'avons pas un grand peintre depuis que nous avons une Académie de peinture ; pas un grand philosophe formé par l'Académie des sciences. Je ne dirai rien de la Française. La raison de cette stérilité dans des terrains si bien cultivés est, ce me semble, que chaque académicien, en considérant ses confrères, les trouve très-petits, pour peu qu'il ait de raison, et se trouve très-grand en comparaison, pour peu qu'il ait d'amour-propre. Danchet se trouve supérieur à Mallet, et en voilà assez pour lui ; il se croit au comble de la perfection. Le petit Coypel trouve qu'il vaut mieux que De Troy le jeune, et il pense être un Raphaël. Homère et Platon n'étaient, je crois, d'aucune Académie. Cicéron n'en était point, ni Virgile non plus. Adieu, mon cher abbé ; quoique vous soyez académicien, je vous aime et vous estime de tout mon cœur. Vous êtes digne de ne l'être pas. »

Ce fut dans cet hôtel que Voisenon dit un jour au poëte : « Eh bien, vous voilà chez vous ! — Non, dit Voltaire, je suis toujours chez elle. » Et il montra la table, le lit, le fauteuil. « Tout, dit Voisenon, jusqu'au paravent ! » Voltaire, essuyant de vraies larmes, conta à son abbé que dans sa douleur il faisait bâtir un théâtre : « Un théâtre dont vous serez le grand prêtre, mon cher Voisenon. »

Le Kain, qui a écrit sur Voltaire, car tout le monde a écrit sur Voltaire, nous le représente fidèlement à cette époque. C'est un point de vue trop négligé par ses historiens. Voltaire avait vu jouer Le Kain à l'hôtel de Clermont-Tonnerre, dans la mauvaise comédie du *Mauvais Riche;* il avait prié l'auteur de lui amener son comédien. « Ce que je ne pourrais peindre, c'est ce qui se passa dans mon âme à la vue de cet homme dont les yeux étincelaient de feu, d'imagination et de génie. En lui adressant la parole, je me sentis pénétré de respect, d'enthousiasme, d'admiration et de crainte : j'éprouvais à la fois toutes ces sensations, lorsque M. de Voltaire eut la bonté de mettre fin à mon embarras, en ouvrant ses deux bras, et en remerciant Dieu d'avoir créé un être qui l'avait ému et attendri avec d'aussi mauvais vers. Après ma part d'une douzaine de tasses de chocolat mélangé avec du café (seule nourriture de M. de Voltaire depuis cinq heures du matin jusqu'à trois heures après midi), je lui dis, avec une fermeté intrépide, que je ne connaissais d'autre bonheur sur la terre que de jouer la comédie. Il consentit à me recueillir chez lui comme son pensionnaire, et à faire bâtir au-dessus de son logement un petit théâtre, où il eut la bonté de me faire jouer avec ses nièces et toute ma société. Il ne voyait qu'avec un déplaisir horrible qu'il nous en avait coûté jusqu'alors beaucoup d'argent pour amuser le public et nos amis. M. de Voltaire m'a non-seulement aidé de ses conseils pendant plus de six mois, mais il m'a nourri pendant ce temps; et depuis que je suis au théâtre, je puis prouver avoir été gratifié par lui de plus de deux mille écus. Il me nomme aujourd'hui son grand acteur, son Garrick, son enfant chéri : ce sont des titres que je ne dois qu'à ses bontés pour moi; mais ceux que j'adopte au fond de mon cœur sont ceux d'un élève respectueux et pénétré de reconnaissance. ».

Ici Le Kain essaya de peindre Voltaire d'après nature. Mais j'aime mieux Voltaire au théâtre : c'est là que Le Kain le voit bien. « On répétait *Brutus*, et la mollesse de Sarrasin dans son invocation au dieu Mars, le peu de fermeté, de grandeur et de majesté qu'il mettait dans tout le premier acte, impatienta tellement M. de Voltaire, qu'il lui dit avec une ironie sanglante : « Monsieur, songez donc que vous êtes Brutus, le plus ferme de tous le consuls romains, et qu'il ne faut point parler au dieu Mars

comme si vous disiez : Ah! bonne Vierge, faites-
moi gagner un lot de cent francs à la loterie! » En
toute chose Voltaire était bon maître*.

Tout le monde sollicita son entrée au théâtre de
Voltaire, mais la salle était trop petite, et souvent
plus d'un grand nom restait à la porte ou dans l'escalier. On soupait après le spectacle, et Voltaire ne
savait plus s'il était plus grand seigneur que grand
poëte. Il peignit alors avec sa vivacité de tons le
monde où il vivait :

Après dîné, l'indolente Glycère
Sort pour sortir, sans avoir rien à faire.

---

* Le Kain visita Voltaire aux Délices : « Étant aux Délices, je devins le dépositaire de *l'Orphelin de la Chine*, que l'auteur avait fait d'abord en trois actes, et qu'il nommait ses magots. C'est en conférant avec lui sur cet ouvrage, d'un caractère noble et d'un genre aussi neuf, qu'il me dit : « Mon ami, vous avez les inflexions de la voix naturellement douces, gardez-vous bien d'en laisser échapper quelques-unes dans le rôle de Gengis. Il faut bien vous mettre dans la tête que j'ai voulu peindre un tigre qui, en caressant sa femelle, lui enfonce ses griffes dans les reins. »
Le Kain rappelle aussi qu'à la troisième représentation de *Mé-rope*, « M. de Voltaire fut frappé d'un défaut de dialogue dans les rôles de Polyphonte et d'Erox. De retour chez madame la marquise du Chastelet, où il avait soupé, il rectifia ce qui lui avait paru vicieux dans cette scène du premier acte, fit un paquet de ses corrections, et donna ordre à son domestique de les porter chez le sieur Paulin, homme très-estimable, mais acteur très-médiocre, et qu'il élevait, disait-il, à la brochette, pour jouer les tyrans. Le domestique fit observer à son maître qu'il était plus de minuit, et qu'à cette heure il lui était impossible de réveiller M. Paulin. « Va, va, lui répliqua l'auteur de *Mérope*, les tyrans ne « dorment jamais. »

Chez son amie au grand trot elle va,
Monte avec joie, et s'en repent déjà,
L'embrasse, et bâille; et puis lui dit : « Madame,
« J'apporte ici tout l'ennui de mon âme;
« Joignez un peu votre inutilité
« A ce fardeau de mon oisiveté. »
Si ce ne sont ses paroles expresses,
C'en est le sens. Quelques feintes caresses,
Quelques propos sur le jeu, sur le temps,
Sur un sermon, sur le prix des rubans,
Ont épuisé leurs âmes excédées.
Elles chantaient déjà, faute d'idées;
Dans le néant leur cœur est absorbé,
Quand dans la chambre entre monsieur l'abbé.
D'autres oiseaux de différent plumage,
Divers de goût, d'instinct et de ramage,
En sautillant font entendre à la fois
Le gazouillis de leurs confuses voix.

Voici l'heure des cartes; on joue pour reposer son esprit.

Monsieur l'abbé vous entame une histoire
Qu'il ne croit point et qu'il veut faire croire.
On l'interrompt par un propos du jour
Qu'un autre conte interrompt à son tour :
Des froids bons mots, des équivoques fades,
Des quolibets et des turlupinades,
Un rire faux, que l'on prend pour gaieté,
Font le brillant de cette société.
C'est donc ainsi, troupe absurde et frivole,
Que nous usons de ce temps qui s'envole!
C'est donc ainsi que nous perdons des jours
Longs pour les sots, pour qui pense si courts!
Mais que ferai-je? où fuir loin de moi-même?
Il faut du monde; on le condamne, on l'aime.

Olivier Goldsmith, qui vint à Paris vers ce temps-là, parle de Voltaire avec admiration. Selon lui, personne n'était capable de rivaliser avec ce charmant, profond et lumineux esprit. Il le met en scène avec Diderot* et Fontenelle. Voltaire laissa d'abord ses deux amis s'escrimer gaiement. Fontenelle, quoique presque centenaire, mit bientôt Diderot en déroute. Voltaire souriait et semblait dire : Vous n'avez raison ni l'un ni l'autre, mais je ne veux pas avoir raison sur vous. Tout à coup la verve l'entraîne, le voilà parti sans le vouloir, et Olivier Goldsmith, quand il raconte cette soirée, est tout émerveillé encore d'avoir ouï Voltaire, trois heures durant, sans qu'il cessât une minute d'être éloquent de toutes les éloquences. Tour à tour railleur, attendri, imprévu, savant, hardi.

Ce fut l'année où Voltaire vit venir à lui ce poëte limousin qui a rimé des tragédies, conté des contes moraux et écrit des mémoires « pour servir à l'instruction de ses enfants. » Marmontel était un peu bonhomme, un peu poëte, un peu pédant ; total : un esprit à mi-jour. Voltaire n'avait pas deviné juste en lui ouvrant ses bras, ou plutôt il avait compris que c'était là un bon capitaine pour ses batailles

---

* Olivier Goldsmith avait beaucoup d'imagination. Voltaire ne vit qu'une seule fois Diderot, quand Voltaire allait mourir, quand Diderot avait un pied dans la tombe. Sans doute le romancier anglais a pris Duclos pour Diderot.

littéraires et philosophiques. En effet, quoique Marmontel fût lourdement armé, il ne s'escrimait pas dans les luttes voltairiennes sans quelque bravoure. Il ne craignait pas, lui aussi, de signer des livres qui devaient être brûlés par la main du bourreau. Voltaire le reconnut pour son fils. A la première entrevue, il lui ouvre les bras et lui dit : « S'il vous faut de l'argent, parlez ; je ne veux pas que vous ayez d'autre créancier que Voltaire. » Marmontel prit Voltaire au mot. Comme les temps sont changés, l'auteur de *Zaïre* conseilla au Limousin de rimer une tragédie pour faire fortune ; mais il ne se crut pas quitte en donnant ce conseil. « Peu de jours après, dit Marmontel dans ses Mémoires, Voltaire, arrivant de Fontainebleau, me remplit mon chapeau d'écus. Quelques ennemis de Voltaire auraient voulu que pour cela je me fusse brouillé avec lui. »

Si Voltaire n'ouvrait pas sa bourse aux jeunes poëtes, on disait qu'il était avare ; mais en revanche, on ne lui pardonnait pas de faire du bien, quelle que fût sa bonne grâce à le faire. Marmontel daigna lui pardonner. Il ne tomba jamais dans cette ingratitude qui était, il y a cent ans comme aujourd'hui, l'indépendance du cœur. Toutefois, s'il parle de lui dans ses Mémoires, c'est plutôt la vérité qui le domine que la reconnaissance.

Cependant, comme Crébillon le tragique était mieux fêté que Voltaire le tragique, celui-ci paria de refaire toutes les pièces de l'autre en six semaines. Voltaire triompha-t-il dans cette lutte? pourrait-on croire qu'il n'eût pas d'autre but en écrivant *Oreste, Sémiramis* et *Rome sauvée**? Le beau dessein! Écrire trois tragédies pour donner tort à Fréron et à Louis XV, pour se donner tort à soi-même!

Le roi de Prusse et la duchesse du Maine le vengeaient des injustices de la cour de France et de la république des lettres. Le roi de Prusse lui écrivait : « Je vous respecte comme mon maître en

---

* Selon Condorcet : « L'énergie républicaine et l'âme des Romains ont passé tout entières dans le poëte. Voltaire avait un petit théâtre où il essayait ses pièces. Il y joua souvent le rôle de Cicéron. Jamais l'illusion ne fut plus complète : il avait l'air de créer son rôle en le récitant. La duchesse du Maine aimait le bel esprit, les arts, la galanterie; elle donnait dans son palais une idée de ces plaisirs ingénieux et brillants qui avaient embelli la cour de Louis XIV, et ennobli ses faiblesses. Elle aimait Cicéron; et c'étoit pour le venger des outrages de Crébillon qu'elle excita Voltaire à faire *Rome sauvée*. » Mais un peu plus loin, Condorcet donne la vraie raison : « Voltaire se lassait d'entendre tous les gens du monde, et la plupart des gens de lettres, lui préférer Crébillon, moins par sentiment que pour le punir de l'universalité de ses talents. Cette opinion de la supériorité de Crébillon était soutenue avec tant de passion que depuis, dans le discours préliminaire de l'*Encyclopédie*, M. d'Alembert eut besoin de courage pour accorder l'égalité à l'auteur d'*Alzire* et de *Mérope*, et n'osa porter plus loin la justice. Enfin Voltaire voulut se venger, et forcer le public à le mettre à sa véritable place, en donnant *Sémiramis, Oreste* et *Rome sauvée*, trois sujets que Crébillon avait traités. » Voltaire eût été bien mieux vengé en faisant un conte de plus et trois tragédies de moins.

éloquence. Je vous aime comme un ami vertueux. »
Il était fêté à Sceaux comme un prince du sang.
Lui qui frappait monnaie ou plutôt qui frappait des
médailles en écrivant des petits vers plus durables
que le bronze, il a laissé ceux-ci sur son séjour à la
cour de la duchesse du Maine :

> J'ai la chambre de Saint-Aulaire
> Sans en avoir les agréments;
> Peut-être à quatre-vingt-dix ans
> J'aurai le cœur de sa bergère :
> Il faut tout attendre du temps.

A Versailles, il en coûta cher à la poésie de Voltaire pour s'être fait courtisan avant de se faire roi. C'est Voltaire courtisan qui a écrit ce ballet de *la Princesse de Navarre* que Montcrif eût fait meilleur. C'est Voltaire courtisan qui rima—et quelles rimes! —*la Bataille de Fontenoy*, cette poétique bataille où le poëte avait eu le tort de ne pas aller pour faire bravement son métier d'historiographe de France*. C'est Voltaire courtisan qui, parodiant le poëme de Métastase, écrivait ce *Temple de la Gloire* qui est le temple de la Folie, où le roi Louis XV est métamorphosé en Trajan et où les Romains de Versailles lui

---

* Le seul historien de cette bataille est encore aujourd'hui le valet de chambre du maréchal de Richelieu, qui a écrit sur le vif dans la fumée de la poudre, la main tachée de sang, au milieu des blessés qui mouraient en criant victoire, avec le sourire des jours de fête. O vanité des historiens!

chantent à tue-tête qu'il est né pour la gloire et pour l'amour.

Ce fut après la représentation du *Temple de la Gloire* que Voltaire voulut être le familier du roi comme il avait été le familier des princes. Quand Louis XV passa dans la haie des courtisans, le poëte le voulut arrêter au passage par cette apostrophe hyperbolique : « Trajan est-il content? » Le roi, un homme d'esprit qui n'aimait pas les gens d'esprit, Voltaire moins que les autres, passa sans répondre en se drapant dans sa dignité.

Le gentilhomme Voltaire se trouva trop gentilhomme comme cela. Il se promit de redevenir libre*. Oui, quand il s'aperçut que plus il s'approchait du roi, plus il s'éloignait de soi-même, il comprit qu'en se donnant à la cour de Versailles il perdait sa royauté à Paris. L'opinion publique lui avait donné la couronne de l'esprit humain ; un pas de plus dans les petits appartements, et madame de Pompadour jetait cette couronne aux pieds de Louis XV.

Si Louis XV eût compris la royauté, au lieu de faire de Voltaire un gentilhomme ordinaire de sa

---

* M. de Chateaubriand se trompe ou nous veut tromper, en disant que, pour une charge à la cour, Voltaire eût abandonné ses idées. S'il eût été un vrai courtisan, il ne se fût point offensé du silence du roi, il eût continué à brûler de l'encens, quelque figure que le dieu eût montrée. Voltaire était né libre ; il faut interpréter ses contradictions avec l'esprit du xviiie siècle.

chambre, un historiographe en prose et en vers, il lui eût donné un ministère,—le ministère de l'abbé de Bernis;—et la France n'aurait pas subi la guerre humiliante de Sept ans.

Enfin à la cour, Voltaire se retrouva Voltaire! Il s'était imaginé qu'en abdiquant sa personnalité si glorieuse pour s'enfermer dans la nuée des courtisans, il désespérait ses ennemis littéraires,—presque toute la littérature, parce qu'il n'avait guère que des ennemis dans cette province de son royaume;—il s'était imaginé qu'en assistant au petit lever du roi, et en passant de là dans la ruelle de madame de Pompadour, il deviendrait peu à peu le dispensateur des faveurs littéraires, et qu'il donnerait à Louis XV la vraie maîtresse des rois : l'humanité. Mais Louis XV n'aimait pas Voltaire, dont on lui parlait trop. Madame de Pompadour, jalouse de Voltaire par pressentiment, ne donnait qu'à sa main droite le pouvoir qui tombait de sa main gauche. Le ministre d'Argenson, que le poëte croyait dominer parce qu'il devait être pour lui la voix plus ou moins sévère de l'histoire, jugeait un peu Voltaire à la Saint-Simon. Par exemple, Voltaire lui demanda une place à l'Académie des sciences et une place à l'Académie des inscriptions, non pas pour la gloire d'être un peu plus académicien, mais pour étendre son pouvoir dans la république des lettres. D'Argenson, qui s'était souvent nourri des idées de

Voltaire, mais qui avait peur de son ambition, le renvoya d'un air dégagé au temple du goût. » Pour l'Académie des sciences, lui dit le ministre, attendez que Fontenelle soit mort.—Il n'a que cent ans, s'écria Voltaire, j'en ai cinquante; je serai mort avant lui.—L'Académie des sciences, passe encore, dit d'Argenson; mais pourquoi seriez-vous de l'Académie des inscriptions?—Pourquoi? dit Voltaire en relevant la tête avec orgueil, parce que j'écrirai mon nom sur tous les monuments de mon siècle.

VI

DU MOUVEMENT DES ESPRITS
A L'AVÉNEMENT DE VOLTAIRE

I

La Bastille ne fut pas la plus mauvaise école où étudia Voltaire. L'injustice conduit à l'amour du bien. La Bastille avait d'excellentes perspectives ouvertes sur le jeune siècle. C'était de là qu'on apprenait à étudier les institutions politiques de la France. « La Bastille, dit Méry, changea Arouet en Voltaire. Ce fut l'inverse de la fable : la souricière accoucha d'une montagne. *Candide* est fils de la Bastille. Le prisonnier adolescent se souviendra toujours de son grabat; il a fait le serment d'Annibal devant des barreaux de fer. Toutes les fois qu'une injustice éclatera sous le soleil, Voltaire se souviendra de son année de prison injuste. Calas,

Sirven, La Barre, tous les criminels innocents auront un implacable défenseur. Voltaire, comme Hercule, a étouffé des serpents au berceau, il continuera le jeu jusqu'à la tombe. Dans sa généreuse ardeur contre l'injustice, il sera quelquefois injuste lui-même! Tant pis! le point de départ est son excuse. Le geôlier de la Bastille le poursuivra jusqu'à l'âge de quatre-vingt-quatre ans; il se nommera tour à tour Fréron, Nonnotte, La Beaumelle, Desfontaines, Guénée, Patouillet, Gilbert. Tant pis! Il était né pour la haute vie de gentilhomme, pour les élégances de la cour de Versailles, pour les sourires des favorites, pour les triomphes du madrigal, les grâces du bel esprit, les suprêmes délicatesses de la distinction ; on a bouleversé ce naturel d'élite par un an de cachot; eh bien! le lion ne pardonnera jamais à ceux qui n'ont pas deviné le lionceau; son hyperbole dépassera même celle de Juvénal; il s'irritera même un jour au point de s'écrier, avec le géant de Sirius : *Je suis tenté de faire un pas et d'écraser cette fourmilière!* au point d'écrire, dans sa haine cyclique contre les superstitions, un poëme de vingt-quatre chants sur l'innocence de Jeanne d'Arc. »

La France attendait son Messie. Louis XIV venait de mourir, emportant tout le prestige de la royauté dans ses funérailles, cette descente de la Courtille de la royauté. Le régent croyait si peu à la royauté, qu'il aimait mieux graver *Daphnis et Chloé* que de monter sur le trône, ce qui ne lui était pas plus difficile. Le grand siècle avait enseveli tous ses grands hommes. La France était veuve.

Mais pour bien juger cette période, ne faut-il pas passer rapidement devant la galerie des hommes qui créaient alors l'esprit public ?

Fénelon venait de mourir, mais ses livres vivaient. Il avait été l'Évangile en action, mais il avait ouvert le portail de l'Église sur la nature. On lui avait dit de faire un roi du duc de Bourgogne, il avait tenté d'en faire un homme. Aussi Louis XIV brûla lui-même de sa main,—ce jour-là, la main du bourreau ! —tous les beaux préceptes de cet autre évangéliste qui disait : « Le roi est l'homme des peuples. Le despotisme des souverains est un attentat sur les droits de la fraternité humaine. »

Madame de Grignan demandait à Bossuet s'il était vrai que Fénelon eût tant d'esprit. « Ah ! madame, répondit l'évêque de Meaux, il en a à faire trembler ! »

Fénelon avait de l'esprit à faire trembler le trône et l'autel. C'était un enthousiaste par le cœur ; mais pour lui, la foi c'était la sagesse. Le premier, il interpréta le texte sacré, au lieu de le traduire mot à mot. Il communia avec le génie anglais, car c'était là que le soleil se levait alors sur le monde. Aussi les Anglais, quoiqu'il ne fût pas de leur Église, le reconnaissaient citoyen de l'humanité. Les Anglais traduisaient *Télémaque;* que dis-je? ils apprenaient le français pour le lire. Quand le duc de Marlborough fit la guerre dans son diocèse, il dit à ses soldats : « Épargnez les terres de M. de Fénelon; c'est un des nôtres. » C'était épargner le bien des pauvres.

Le cœur de l'archevêque de Cambrai, comme celui de Voltaire, saignait à toutes les misères publiques. Ceux qui souffraient étaient de sa famille. Il soulevait d'une main pieuse les chaînes de Prométhée, et trompait la faim des vautours. Il laissait dans la coulisse les foudres de l'Église et ne s'armait que de la grâce divine. Au lieu d'effrayer le pécheur par les châtiments de l'éternité, il le ramenait à Dieu en lui montrant la vertu plus riante que le péché. Un des curés de son diocèse vint lui dire un jour d'un air triomphant qu'il avait aboli la danse des paysans les jours de fête : « Monsieur le curé, vous avez aboli les jours de fête. Ne dansons point; mais permettons à ces pauvres gens de danser. Pourquoi les empêcher un moment d'oublier qu'ils sont malheureux? » Ce qui rappelle ces autres paroles d'un voltairien avant la lettre : « Les pauvres dansent devant l'église; c'est bien : laissons-les secouer leur misère. »

II

Le duc d'Orléans, ce fanfaron des vices, selon la parole de Louis XIV, qui parlait quelquefois comme Saint-Simon écrivait, n'était pas seulement le prince des roués, c'était quelquefois le prince du peuple. Avant de se mettre à table à ces soupers célèbres qui ont scandalisé la France, il se préoccupait de celui qui ne soupait pas.

Avec cela, il aimait les arts et cultivait les sciences. Il s'était mêlé de chimie. Presque toute l'après-dînée il peignait à Versailles et à Marly. Il se connaissait en tableaux. La légèreté de ses mœurs avait déteint sur son intelligence; il était incapable de suite en rien; mais il n'était guère étranger à aucune connaissance de son temps.

Sa curiosité d'esprit était immense. Il y avait en lui du Faust et du don Juan. Il mettait une sorte de courage incrédule à braver le monde invisible. Une idée l'avait tourmenté de bonne heure; c'était de voir le diable et de le faire parler. Il était un de ces faibles esprits-forts qui, — par une contradiction dont s'étonnent seulement ceux qui ne connaissent point la nature humaine, — croient au diable et ne croient point à Dieu.

Il croyait à tout excepté à Dieu. Il croyait au

diable, il croyait au grand œuvre, il croyait que les âmes des morts palpitent, oiseaux invisibles, dans l'air que nous respirons. Il avait au Palais-Royal le plus beau laboratoire de chimie qui fût alors, et y passait des nuits avec Humbert, un médecin qui s'était intitulé médecin par curiosité.

Le régent était un révolutionnaire. Il y avait dans sa nature du Diderot, du Mirabeau et du Danton. Venu un peu plus tard, il eût gravé le frontispice de l'*Encyclopédie*, il eût fondé un club et il fût mort sur l'échafaud. En attendant il gravait les faits et gestes de Daphnis et Chloé. Il aimait les beaux-arts, la peinture surtout. Santerre le peignait lui et madame de Parabère en Adam et Ève. Mais quel enfer que ce paradis! Il fondait le bal de l'Opéra comme un autre aurait fondé une église. Il aimait les femmes, sa femme et les femmes d'autrui. Aujourd'hui madame de Sabran et madame de Phalaris, demain madame de Parabère et madame d'Averne, les aimant toutes, parce qu'il n'en aimait aucune ou plutôt parce qu'il avait mis sa force et sa faiblesse dans l'amour des femmes, sans souci du ciel, mais avec le souci du royaume de France. En effet, quelle que fût l'orgie, il ne perdait pas de vue l'État. En vain les courtisanes titrées lui voulaient-elles parler politique. « L'État, disait-il, ce n'est pas moi, c'est Louis XIV et Louis XV. » Madame de Tencin, qui voulait le régenter un peu à la manière de madame de

Maintenon, fut remise à sa place de simple femme par un mot difficile à écrire. La comtesse de Sabran lui donnait un jour des conseils; il la conduisit galamment devant un miroir de Venise : « Regardez-vous, lui dit-il, est-ce que la Sagesse a jamais pris cette figure-là * ? »

Avec le régent, la maison d'Orléans parut pour la première fois dans l'histoire à la tête des affaires publiques. Elle y montra un caractère inconnu à la branche aînée des Bourbons, le scepticisme, la tolérance, le goût des arts utiles, une certaine sollicitude pour les intérêts matériels, une sorte de parenté morale avec l'Angleterre, l'indifférence en matière de religion, quoique sous le masque des pratiques consacrées; le respect pour le progrès des lumières, mêlé néanmoins de défiance et d'incertitude; la modération en tout, excepté dans la vie privée; de la corruption, sans doute, mais qui, érigée en système, rendait plus facile la tâche du gouvernement. On vit alors des choses que le monde n'avait point encore vues : une princesse du sang, la duchesse de Berry, menant par goût la vie d'une vierge folle; Satan cardinal; les roués soupant tête à tête avec le chef de l'État; toute l'ancienne étiquette de la cour

* Ce qui explique la durée du règne de la marquise de Parabère, c'est qu'elle était bête. « Je ne sais rien et ne veux rien savoir que l'amour. » Il y a un autre mot du régent : « Elle n'a rien inventé, si ce n'est l'amour. »

bouleversée, le fils d'un apothicaire premier ministre, la guerre oubliée et impopulaire, la France vivant en paix avec l'Europe, et cherchant ses alliances dans des pays protestants.

Son impiété était formidable : « Il n'oubliait rien jusqu'aux plus folles lectures, dit Saint-Simon, pour se persuader qu'il n'y a point de Dieu. » Le spectacle de la cour de Louis XIV, envahi, dans les derniers temps par une dévotion claustrale, avait sans doute contribué à pousser le duc d'Orléans dans une voie tout opposée. Il s'était mis à la tête des beaux-esprits qui, pour se distinguer du reste, cherchaient, comme dit Pascal, à faire les emportés.

Les fêtes nocturnes du Palais-Royal étaient des sacriléges, puisqu'elles traduisaient par des tableaux vivants les pages de la Bible. Sous prétexte de danser dans un galant déshabillé, on annonçait la fête du Paradis perdu, l'arrivée de la reine de Saba, le bain de la chaste Suzanne. Madame de Parabère, madame d'Averne, ne dédaignèrent pas d'aller avec des comédiennes comme mademoiselle Desmares ou mademoiselle Duclos pleurer leur virginité sur la montagne, comme les filles de Jephté. Santerre, qui fut le vrai peintre de la régence, vivait pour ainsi dire dans un harem.

Tous les courtisans se qualifiaient de roués. « Nous nous ferions rouer pour lui. » Voilà comment ils expliquaient ce mot. Le régent disait gaiement que l'explication n'était pas grammaticale, et que *roué* voulait dire *bon à rouer*.

Ceux qui furent roués vers ce temps-là valaient-ils beaucoup moins que ceux qui ne le furent pas ?

Parmi les courtisanes, il se trouva une honnête femme, la comédienne Émilie, « la seule, dit Chamfort, qui refusa de l'argent. » C'était l'art pour l'art.

Voltaire vit, comme Saint-Simon, le dépérissement de la France*; mais pendant que le duc et pair

---

* M. le comte de Montalembert, qui a répandu une lumière trop sympathique sur Saint-Simon, a résumé avec éloquence le dépérissement de la France en pleine jeunesse de Voltaire :

« Qu'on se représente ce qu'a vu Saint-Simon : les deux premières nations catholiques du monde, gouvernées sans contrôle et sans résistance, l'une par Dubois, le plus vil des fripons, l'autre par Alberoni, « rebut des bas valets; » et le saint-siége réduit à faire de tous deux des princes de l'Église ! La noblesse, « croupissant dans une mortelle et ruineuse oisiveté » lorsque le danger et la mort ne venaient pas la purifier sur les champs de bataille. Le clergé, atteint lui-même dans ses plus hauts rangs par la corruption, dupe de cette dévotion de cour, sincère chez le maître, commandée chez les valets, et aboutissant sans transition à une éruption de cynisme impie, qui dure cent ans avant de s'éteindre dans le sang des martyrs. Le parlement, comme disait Saint-Simon lui-même, « débellé et tremblant, de longue main accoutumé à la servitude. » La bourgeoisie, pervertie par l'exemple d'en haut, par une longue habitude d'adulation et de servile docilité. La nation presque entière absorbée dans des préoccupations d'antichambre; les institutions ébranlées, les garanties compromises, les droits enlevés à tous ceux qui en avaient, au lieu d'être étendus à tous ceux qui en manquaient; toutes les têtes courbées, tous les cœurs asservis, tous les individus ravalés au

s'enveloppait en montrant ses titres dans le linceul du passé, Voltaire qui croyait que tout était sauvé parce que tout était perdu, leva une torche lumineuse sur les ténèbres de l'avenir.

III

Bayle était mort, mais il n'avait pas fermé son école de scepticisme. Il avait osé être un saint, contre les foudres du pape. Amoureux de la liberté, comme Diogène moins le tonneau, il s'était fait une seconde patrie pour pouvoir parler et écrire sans le privilége du roi. Pauvre, il avait fait du bien, ce qui était le comble de l'impertinence philosophique. Bayle se comparait au Jupiter assemble-nuages d'Homère, disant que sa pensée était de former des doutes. On peut dire qu'il a fondé la philosophie du scepticisme, qui nie et qui affirme, qui ne croit pas à ses affirmations et qui nie pour qu'on lui donne une preuve de plus. Selon lui, les opinions les plus opposées se présentent à l'esprit avec un cortége de vérités. Bayle avait appris à lire dans Amyot et à penser dans Montaigne. Il est parti de

même néant; Saint-Simon, seul, errant de par la cour et le monde, cherchant en vain une âme ou deux pour le comprendre, et réduit à se renfermer chez lui pour y écrire en secret ses colères et ses douleurs immortelles. »

là pour fonder, comme il l'a dit, la république des lettres. Avant Bayle, on avait vu quelques pléiades de poëtes, quelques sectes de philosophes, quelques tribus de théologiens. Il réunit la tribu à la secte, la secte à la pléiade; il en fit tout un peuple répandu aux quatre coins de l'Europe. Il fut le premier journaliste, parce qu'il étendit l'horizon et répandit sur tout ce qu'il touchait les vives lumières de l'esprit. Or il touchait à tout. Ses *Nouvelles de la République des lettres* avaient pour abonnés tous les penseurs de France et de l'étranger; leur action s'étendait jusqu'aux Grandes-Indes : aussi le nom de Bayle était-il mêlé à toutes les controverses littéraires, politiques et religieuses. On l'attendait comme le Verbe de la vérité, mais il arrivait toujours avec le doute; son ciel était couvert de nuages, il fallait qu'on découvrît le soleil.

On a beaucoup vanté ce labeur inouï de Bayle, qui travaillait quatorze heures par jour, penché sur les in-folio et sur lui-même*. Je me permettrai de

---

* Selon Voltaire, Bayle a eu la vertu des grands philosophes. « M. Newton a été aussi vertueux qu'il a été grand philosophe : tel était le grand Galilée; tel notre Descartes; tel a été Bayle, cet esprit si étendu, si sage et si pénétrant, dont les livres, tout diffus qu'ils peuvent être, seront à jamais la bibliothèque des nations. Ses mœurs n'étaient pas moins respectables que son génie. Le désintéressement et l'amour de la paix comme de la vérité étaient son caractère; c'était une âme divine. M. Basnage, son exécuteur testamentaire, m'a parlé de ses vertus les larmes aux yeux. »

Voltaire fut plus éloquent encore pour Bayle contre d'Alembert

dire que ç'a été le tort irréparable de ce grand esprit; je crois fermement que, s'il eût passé sept heures à travailler et sept heures à vivre, son esprit, comme son corps, se fût fortifié sous l'action plus immédiate de Dieu et de la nature. « Je ne perds pas une heure, » disait-il. O philosophie aveugle, qui ne connaît pas les joies contemplatives du temps perdu! On apprend la vie en vivant; apprendre à mourir, c'est encore apprendre à vivre. Je comprends le philosophe inspiré, celui-là qui s'élance dans l'infini sans souci de ses guenilles corporelles; il commence à vivre ici-bas de la vie future; il a entrevu les radieux espaces où Dieu attend son âme immortelle; il frappe avant l'heure aux portes d'or des paradis rêvés. Mais le philosophe qui cherche et qui doute, celui-là qui ne voyage pas avec les ailes de la foi, qui va se brisant le front aux voûtes éternelles pour retomber sur la terre tout épuisé et tout sanglant, celui-là devrait plus souvent fermer les in-folio, abandonner aux brises du soir les hiéroglyphes de son âme, pour étudier, libre de toute tradition, les pages de la vie. Pour quiconque les sait lire, ces pages divines détachées de tout commentaire humain, la vérité resplendit.

qui avait écrit : « Heureux si Bayle avait pu respecter la religion et les mœurs! » Voltaire lut et écrivit : « J'ai vu avec horreur ce que vous dites de Bayle : vous devez faire pénitence toute votre vie de ces deux lignes. »

IV

La Régence fut pour la littérature un temps de repos. Les grandes voix du dernier siècle s'étaient éteintes; les grandes voix du nouveau siècle ne s'élevaient pas encore.

A la parole haute et souveraine de Bossuet avait succédé la parole élégante et dorée de Massillon. Le premier mot de Massillon, après avoir entendu les prédicateurs du dernier siècle, fut : « Si je prêche jamais, je ne prêcherai point comme eux. »

Une profonde connaissance du cœur humain, une langue harmonieuse, une éloquence suave qui effleure le dogme et qui s'attache à la morale, Isocrate en chaire : voilà Massillon, qui est à Bourdaloue ce que Racine fut à Corneille. On s'étonnait de cette peinture vraie des passions, dans un homme voué par état à la retraite. « C'est en me sondant moi-même, répondait-il, que j'ai appris à connaître les autres. » Tout homme a l'humanité en soi.

Massillon était né à Hyères, en Provence. Son éloquence a le parfum de ces tièdes îles de la Méditerranée où croît l'oranger. Il était d'une famille obscure. A dix-sept ans, il entra à l'Oratoire. Dès qu'il eut prêché, son humilité chrétienne s'effraya de ses succès : il craignait, disait-il, le *démon de l'orgueil*.

Pour lui échapper, il alla se cacher dans la solitude effrayante de Sept-Pons. Ce démon l'y poursuivit. Le cardinal de Noailles ayant envoyé à l'abbé de Sept-Pons un mandement qu'il venait de publier, l'abbé chargea Massillon de faire une réponse en son nom. Cette réponse fut une œuvre. On n'attendait rien de semblable de la solitude de Sept-Pons, et le cardinal tint à savoir quelle était cette ruche de miel cachée dans le désert. Il découvrit le véritable auteur de la lettre, le tira de sa thébaïde, le fit venir à Paris, et se chargea de sa réputation et de sa fortune. Massillon vit croître alors à chaque pas le danger qu'il avait redouté. Un de ses confrères lui disait un jour ce qu'il entendait dire à tout le monde de ses succès. « Le diable, répondit-il, me l'a déjà dit plus éloquemment que vous. »

Quand il prêcha le *Petit Carême* à la chapelle de la cour, il plaida la cause de l'humanité contre la ligue toujours ennemie et toujours persistante des courtisans. C'était l'Évangile un jour de fête. La vérité osait pour la première fois parler au cœur du jeune roi : avec moins d'art et moins d'ornements, cette vérité eût paru presque séditieuse.

La philosophie, déjà sur la brèche, s'empara de l'éloquence et des vertus de Massillon comme d'un exemple à opposer aux mœurs licencieuses, à l'ignorance grossière et farouche du clergé : son *Petit Carême* fut surnommé le *Catéchisme des rois*. Voltaire l'avait sur sa table, à côté des tragédies de Racine.

La religion n'était plus acceptée pour Dieu lui-même, mais pour sa morale. Les rois étaient sur le point de n'avoir plus pour confesseur que leur conscience.

V

Fontenelle a ressemblé, selon Voltaire, « à ces terres heureusement situées qui portent toute espèce de fruits. » Quoiqu'il ait cultivé sa terre pendant cent ans, la moisson ne fut pas abondante, si on supprime l'ivraie du bon grain. Et encore, Fontenelle avait appris de bonne heure, quand il publia l'*Histoire des Oracles*, qu'on a tort d'avoir raison en France, ce qui l'empêcha souvent de battre le bon grain. Toutefois, comme l'a dit encore Voltaire : « On l'a regardé comme le premier des hommes dans l'art nouveau de répandre la lumière et les grâces sur les vérités abstraites*. » Le père Le Tellier, qui avait l'oreille du roi parce qu'il lui prêtait la sienne ; le père Le Tellier, qui voulait que son

---

* D'un nouvel univers il ouvrit la barrière ;
Des mondes infinis autour de lui naissants,
Mesurés par ses mains, à son ordre croissants,
A nos yeux étonnés il traça la carrière.
L'ignorant l'entendit, le savant l'admira :
Que voulez-vous de plus ? Il fit un opéra.

royaume fût de ce monde et qui essayait de tuer toutes les influences, déféra l'auteur des *Mondes* comme un athée qui ne croyait pas aux miracles. Heureusement que d'Argenson, alors lieutenant de police, n'y croyait pas non plus et qu'il sauva Fontenelle de la persécution.

Il ne croyait ni au passé ni à l'avenir. Il ne voulait marcher ni en avant ni en arrière, parce que la passion ne l'emportait pas. Toutefois, il avait beau dire à chaque victoire de l'esprit nouveau : « Je m'en lave les mains, » il avait travaillé pour l'esprit nouveau. Il n'écrivait guère, mais il parlait beaucoup. Lorsque la vérité sortait de ses mains, elle était plus dangereuse qu'en tombant de la main du premier venu, parce qu'elle avait un tour charmant de fille bien née qui lui donnait ses entrées dans le monde.

L'abbé de Saint-Pierre, son ami, aurait bien dû lui emprunter ses airs mondains pour habiller ses rêveries. Avec Fontenelle, la diète européenne et la paix perpétuelle auraient eu plus de partisans et moins de rieurs. « C'est le rêve d'un bon citoyen, » disait le cardinal Dubois, qui n'était pas un bon citoyen.

Mais les utopies de l'abbé de Saint-Pierre tombèrent dans de meilleures mains. Voltaire les dépouilla de tout ce qu'elles avaient de chimérique, et mit en lumière tout ce qu'elles avaient de généreux.

Fontenelle avait eu les mains pleines de vérités, et il les avait ouvertes *, témoin l'*Histoire des Oracles*. Mais un ministre plus Normand que Fonnelle le nomma censeur royal, et le philosophe ferma ses mains. Bien plus, il ferma les mains des autres. « Mais, lui dit un philosophe, vous avez écrit l'*Histoire des Oracles* et vous me refusez votre approbation. — Monsieur, répondit Fontenelle, si j'avais été censeur quand j'ai écrit l'*Histoire des Oracles*, je me fusse bien gardé de lui donner mon approbation. »

Il ne faudrait pas oublier parmi ces précurseurs de la philosophie voltairienne *ces messieurs de l'Entré-sol*, ces hardis causeurs qui mettaient sur la nappe Dieu et le roi, ces enfants terribles du pays des idées, qui cassèrent les vitres des fenêtres où Voltaire devait s'accouder **.

VI

Trois cardinaux ont régné en France : Richelieu, Mazarin, Fleury. Ces trois hommes d'Église ont été

---

* Un écrivain qui a, comme Fontenelle, osé être spirituel quoique savant, paradoxal quoique philosophe, M. Flourens, pour appeler la science par son nom, a dit avant moi, dans son livre sur Fontenelle, que l'auteur des *Mondes* avait ouvert ses mains. « Voltaire, ajoute M. Flourens, l'appelle *le discret Fontenelle*. Fallait-il qu'il fût aussi indiscret que Voltaire ? »

** Un historien sans le vouloir, Édouard Thierry, a mieux qu'au-

trois hommes d'État. Avec moins de génie que les deux premiers, Fleury eut l'art de suffire aux circonstances; sans recourir à la hache comme Richelieu, ni aux intrigues comme Mazarin, il continua d'isoler la royauté en abaissant la noblesse.

Le cardinal de Fleury craignait ce qu'il appelait un ministère historique. Il ne dédaignait pas la renommée future, mais il ne voulait pas que ses contemporains écrivissent sur lui. Il disait que quand il était content de lui, la France entière devait être contente; mais il aimait le silence et répétait souvent cet apophthegme de l'IMITATION : *Ama nesciri*.

Dans son horreur du bruit, il ne voulait autour de lui pour gouverner que de simples commis. Il craignait les novateurs, disant que toute nouvelle idée renferme une tempête, ne comprenant pas que la tempête forme le torrent qui fertilise. Il croyait que Law avait ruiné la France, Law qui avait été le torrent fécond éparpillant des parcelles d'or là où l'or n'était jamais venu.

L'historien doit d'ailleurs des sympathies à ce premier ministre qui ne croyait travailler que pour le peuple; qui lisait l'Évangile plus souvent que Machiavel, et qui disait avec l'abbé de Saint-Pierre que les vrais soldats sont ceux qui cultivent la terre.

cun historien de profession raconté l'histoire de l'Entre-sol, qui, selon lui, fut pour l'Académie des sciences morales et politiques ce que la maison de Conrart avait été pour l'Académie française.

Mais s'il eut raison pour le peuple, il eut tort pour le pouvoir ; car à force d'éloigner du trône tous les hommes qui, par leur génie, par leur caractère, par leur hardiesse, créaient l'opinion publique en France, l'opinion publique se déplaça et ne prit plus son mot d'ordre à Versailles. Le cardinal de Fleury avait compté sans Voltaire.

Déjà l'esprit public ne descendait plus de Versailles sur Paris, c'était Paris qui allait gouverner Versailles.

VII

Lesage et Piron, pauvres tous les deux, devaient bientôt élever très-haut la dignité des hommes de pensée, parce qu'ils avaient la pauvreté castillane. Vauvenargues allait proclamer la dignité humaine, Montesquieu cherchait déjà les titres de l'humanité.

Quand parurent les *Lettres persanes*, ce fut un événement. Jamais l'esprit, jamais la vérité se montrant à nu ne firent un pareil scandale. Il sembla que pour la première fois toutes les bases de l'antique société se remuaient. Ce livre était une critique ; il avait par le forme tout l'attrait d'un roman, dans un temps où l'on ne demandait guère au roman que des épisodes et une peinture de mœurs avec très-peu d'action ; mais sous un masque de frivolité, il était aisé de reconnaître un penseur, un homme profondément versé dans la science du gouvernement, dans l'étude des institutions et dans l'esprit des lois. Le succès fut inimaginable. « Les *Lettres persanes*, raconte l'auteur lui-même, eurent d'abord un débit si prodigieux que les libraires mirent tout en usage pour en avoir des suites. Ils allèrent tirer par la manche tous ceux qu'ils rencontraient : Monsieur, disaient-ils, faites-moi des *Lettres persanes*. »

Cet ouvrage était bien un fruit du temps. A la longue et sévère compression du grand siècle avait succédé un goût fiévreux pour la liberté de tout dire et de tout écrire. Les mœurs tournaient à l'Orient et l'amour au harem. On était, comme on dit maintenant, dans une période de réaction contre le règne de Louis XIV. Le sarcasme religieux qui éclate dans ces lettres flattait le penchant du nouveau siècle à l'incrédulité. « Les libertins entretiennent ici un nombre infini de filles de joie, et les dévots un nombre innombrable de dervis. S'il y a un Dieu, il faut nécessairement qu'il soit juste ; car s'il ne l'était pas, il serait le plus mauvais et le plus imparfait des êtres. Toutes ces pensées m'animent contre les docteurs qui représentent Dieu comme un être qui fait un exercice tyrannique de sa puissance; qui le font agir d'une manière dont nous ne voudrions pas agir nous-même de peur de l'offenser. »

Les événements religieux de la fin du dernier règne étaient couverts de ridicule par Montesquieu.

« Il y a deux ans que le pape envoya au roi un grand écrit, qu'il appela la constitution, et voulut obliger, sous de grandes peines, ce prince et ses sujets de croire tout ce qui y était contenu. Il réussit à l'égard du prince, qui se soumit aussitôt et donna l'exemple à ses sujets; mais quelques-uns d'entre eux se révoltèrent et dirent qu'ils ne voulaient rien croire de tout ce qui était dans cet écrit. Ce sont les femmes qui ont été les motrices de toute cette révolte qui divise toute la cour, tout le royaume et toutes les familles. Cette constitution leur défend de lire la Bible, que tous les chrétiens disent avoir été apportée du ciel; c'est leur Alcoran. »

Les académies, les corps savants, ne trouvent pas plus grâce aux yeux de l'auteur des *Lettres* que les casuistes, les chartreux, les capucins et les autres ordres religieux. « J'ai ouï parler d'une espèce de tribunal qu'on appelle l'Académie française. Il n'y en a point de moins respecté dans le monde ; car on dit qu'aussitôt qu'il a décidé, le peuple casse ses arrêts et lui impose des lois qu'il est obligé de suivre. »

Les mœurs, les intrigues, les manœuvres du temps y sont dévoilées avec une connaissance impitoyable du cœur de l'homme ou du cœur de la femme. « Crois-tu, Ibben, qu'une femme s'avise d'être la maîtresse d'un ministre pour coucher avec lui? Quelle idée! C'est pour lui présenter cinq ou six placets tous les matins, et la bonté de leur nature paraît dans l'empressement qu'elles ont de faire du bien à une infinité de gens malheureux qui leur procurent cent mille livres de rente. »

On peut dire de ces lettres ce que l'auteur dit lui-même des jolies femmes, « dont le rôle a plus de gravité qu'on ne pense. » Sous cette plaisanterie fine et délicate se placent un grand fond de bon sens, une science magistrale, une philosophie audacieuse. Quelquefois ce léger crayon a des traits qu'envierait le burin de Tacite : « Le règne du feu roi a été si longtemps, que la fin en avait fait oublier le commencement. »

Montesquieu avait parlé ainsi de Louis XIV : « Il n'y a pas d'exemple dans l'histoire d'un monarque qui ait autant régné. Il n'est occupé qu'à faire parler de lui; il aime les trophées et les victoires, mais il craint autant de voir un bon général à la tête de ses troupes qu'il aurait sujet de le craindre à la tête d'une armée ennemie. Il aime à gratifier ceux qui le servent; mais il paye aussi libéralement l'oisiveté des courtisans que les campagnes laborieuses de ses capitaines. Souvent il préfère un homme qui le déshabille, ou qui lui donne la serviette quand il se met à table, à un autre qui lui prend des villes ou qui lui gagne des batailles. »

Il ne faut pas chercher dans ces jugements pleins de hauteur et de dédain une histoire de Louis XIV, mais l'opinion des Français de la Régence sur un règne fini avant sa fin.

Les peuples étaient las du soleil couchant, et ils se tournaient vers le soleil levant avec la curiosité affectueuse de l'oiseau qui se réveille dans son nid de mousse. « J'ai vu le jeune monarque. Sa vie est bien précieuse à ses sujets; elle ne l'est pas moins à l'Europe par les troubles que sa mort pourrait produire. Mais les rois sont comme les dieux, et pendant qu'ils vivent on doit les croire immortels. »

Par les *Lettres persanes* la voie de la critique religieuse était tracée; après le régent, la terreur respectueuse qui défendait le trône de Louis XIV contre les jugements de l'opinion publique était évanouie; après l'abbé Dubois et l'abbé de Tencin, les lumières et les vertus qui protégeaient l'Église contre les entreprises de la raison humaine s'étaient obscurcies pour jamais; ainsi, de tous les côtés, tombaient les barrières : la liberté de penser commençait à se montrer à la porte du Louvre. Il ne fallait plus qu'un roi pour achever la royauté du droit divin. Louis XV monta sur le trône.

VII

LE SACRE DE VOLTAIRE

Ce fut au Théâtre-Français, à la représentation de *Mérope*, que Voltaire comprit pour la première fois sa royauté.

Il était dans la loge de la maréchale de Villars, assis entre elle et sa belle-fille, la duchesse de Villars. Le parterre se tourna vers lui pour l'acclamer. Tous les spectateurs auraient voulu se jeter dans ses bras. « Eh bien ! dit un enthousiaste, que madame la duchesse de Villars l'embrasse pour tout le monde. » La maréchale de Villars—celle-là que Voltaire avait adorée—se leva pour embrasser le poëte. « Non, non ! la plus jeune ! » s'écria-t-on de tous les points de la salle.

Voltaire aurait pu lui dire, à cette amoureuse rebelle : *Il est trop tard.*

La jeune duchesse, très-émue, tout à la fois pâlissante et rougissante, se leva à son tour et embrassa Voltaire avec une grâce aristocratique, mais avec une bonne grâce plébéienne.

Voltaire n'était pas allé à Versailles pour être un courtisan, mais pour se faire consacrer dans la royauté de l'esprit. A Versailles, l'esprit n'avait pas ses coudées franches, ou plutôt c'était un étranger qui ne passait que par la porte de l'amour à l'heure du souper. Voltaire n'était plus amoureux et ne soupait plus. Non-seulement on ne reconnaissait pas son esprit, mais on parlait devant lui à toute heure du génie de Crébillon. Il avait voulu être gentilhomme de la chambre du roi; on ne voulait plus lui accorder un autre titre, hormis celui d'historiographe quand le roi gagnait une bataille; mais l'épée du roi laissait trop de loisirs à la plume de l'historiographe.

Il voyait donc peu à peu, cet homme qui vivait de lumière, la nuit tomber sur ses œuvres. Renié à Paris par tous les gazetiers, dépaysé à Versailles, il partit, un jour de bravade, pour se faire sacrer roi de l'esprit français par son frère le roi de Prusse.

Il était déjà allé en Prusse comme ambassadeur[*],

---

[*] « La maison d'Autriche renaissait de sa cendre. La France était pressée par elle et par l'Angleterre. Il ne nous restait alors d'autre ressource que dans le roi de Prusse, qui nous avait entraînés dans la guerre, et qui nous avait abandonnés au besoin.

et son ambassade, on le sait avait réussi.

Mais l'ambassadeur Voltaire n'avait pas même été remercié. Cette fois il allait traiter de puissance à puissance. Le roi de Prusse lui écrivait comme à son pareil. « Il est ici une petite communauté qui érige des autels au dieu invisible ; mais prenez-y bien garde, des hérétiques élèveront sûrement quelques autels à

On imagina de m'envoyer secrètement chez ce monarque pour sonder ses intentions, pour voir s'il ne serait pas d'humeur à prévenir les orages qui devaient tomber tôt ou tard de Vienne sur lui, après être tombés sur nous, et s'il ne voudrait pas nous prêter cent mille hommes dans l'occasion pour mieux assurer sa Silésie. Cette idée était tombée dans la tête de M. de Richelieu et de madame de Châteauroux. Le roi l'adopta ; et M. Amelot, ministre des affaires étrangères, mais ministre très-subalterne, fut chargé seulement de presser mon départ. Il fallait un prétexte. Je pris celui de ma querelle avec l'ancien évêque de Mirepoix. Le roi approuva cet expédient. J'écrivis au roi de Prusse que je ne pouvais plus tenir aux persécutions de ce théatin, et que j'allais me réfugier auprès d'un roi philosophe, loin des tracasseries d'un bigot. Comme ce prélat signait toujours : l'anc. évêq. de Mirepoix, en abrégé, et que son écriture était assez incorrecte, on lisait, l'âne évêq. de Mirepoix, au lieu de l'ancien : ce fut un sujet de plaisanteries ; et jamais négociation ne fut plus gaie. Le roi de Prusse, qui n'y allait pas de main morte quand il fallait frapper sur les moines et sur les prélats de cour, me répondit avec un déluge de railleries sur l'âne de Mirepoix, et me pressa de venir. J'eus grand' soin de faire lire mes lettres et les réponses. L'évêque en fut informé. Il alla se plaindre à Louis XV de ce que je le faisais, disait-il, passer pour un sot dans les cours étrangères. Le roi lui répondit que c'était une chose dont on était convenu, et qu'il ne fallait pas qu'il y prît garde. »

* Voici ce qu'il en dit lui-même dans ses commentaires, qui ne sont pas tout à fait les Commentaires de César : « Au milieu des fêtes, des opéras, des soupers, le roi trouvait bon que M. de Vol-

Baal, si notre dieu ne se montre bientôt*. Vous serez reçu comme le Virgile de ce siècle, et le gentilhomme ordinaire de Louis XV cédera, s'il lui plaît, le pas au grand poëte. Adieu; les coursiers rapides d'Achille puissent-ils vous conduire, les chemins montueux s'aplanir devant vous! Puissent les auberges d'Allemagne se transformer en palais pour vous rece-

taire lui parlât de tout; et il entremêlait souvent des questions sur la France et sur l'Autriche, à propos de l'*Énéide* et de Tite-Live. La conversation s'animait quelquefois; le roi s'échauffait, et disait que, tant que notre cour frapperait à toutes les portes pour obtenir la paix, il ne s'aviserait pas de se battre pour elle. M. de Voltaire envoyait de sa chambre à l'appartement du roi ses réflexions sur un papier à mi-marge. Le roi répondait sur une colonne à ces hardiesses. M. de Voltaire a encore ce papier où il disait au roi : « Doutez-vous que la maison d'Autriche ne vous « redemande la Silésie à la première occasion? » Voilà la réponse en marge :

Il seront reçus biribi,
A la façon de barbari,
Mon ami.

« Cette négociation d'une espèce nouvelle finit par un discours que le roi tint à M. de Voltaire dans un de ses mouvements de vivacité contre le roi d'Angleterre, son cher oncle. Ces deux rois ne s'aimaient pas. Celui de Prusse disait : « George est l'oncle de « Frédéric, mais George ne l'est pas du roi de Prusse. » Enfin il dit : « Que la France déclare la guerre à l'Angleterre, et je marche. »

* « Madame de Pompadour m'a écrit que *mes amis avaient fait ce qu'ils avaient pu pour lui faire croire que je n'avais quitté la France que parce que j'étais au désespoir qu'elle protégeât Crébillon.* Ce serait bien là une autre folie, dont assurément je suis incapable. J'ai quitté la France parce que j'ai trouvé ailleurs plus de considération et de liberté. Madame de Pompadour peut, tant qu'elle voudra, protéger de mauvais poëtes, de mauvais musiciens et de mauvais peintres, sans que je m'en mette en peine. »

voir! Les vents d'Éole puissent-ils se renfermer dans les outres d'Ulysse, le pluvieux Orion disparaître, et nos nymphes potagères se changer en déesses, pour que votre voyage et votre réception soient dignes de l'auteur de *la Henriade!* »

Déjà, le roi de Prusse, en vrai disciple de Voltaire, rimait pour son maître de ces galantes épîtres qu'il aurait pu adresser tout aussi bien à sa maîtresse. Il lui rappelle l'histoire de Jupiter et de Danaé.

> Ah! si, dans sa gloire éternelle,
> Ce dieu si galant s'attendrit
> Sur les appas d'une mortelle
> Stupide, sans talents, mais belle,
> Qu'aurait-il fait pour votre esprit?
> Pour rendre son ciel plus aimable,
> Près d'Apollon, près de Bacchus,
> Il vous aurait mis à sa table,
> Pour moitié vous donnant Vénus.
> Son fils, enfant plein de malice,
> Et dont l'arc est si dangereux,
> Vous aurait blessé par caprice;
> Mais dans ce séjour de délice,
> Ses traits ne font que des heureux.
> Hébé vous eût offert un verre
> Rempli du plus exquis nectar;
> Mais vous le connaissez, Voltaire,
> Vous en avez bu votre part :
> C'était le lait de votre mère.

Cette image si bien trouvée de l'éternelle jeunesse de Voltaire n'est-elle pas d'un poëte?

Voilà donc Voltaire parti. Il passe par Compiègne, pour obtenir la bénédiction de madame de Pompadour. On le laisse aller sans trop y regarder. Dès qu'il aura passé la frontière, on s'irritera. Le roi dira un jour en s'éveillant : « Mais s'ils s'en vont tous, Paris sera bientôt à Berlin.—Sire, rassurez-vous, le roi des poëtes est parti, mais le poëte Roy est toujours à Paris. » Ainsi parlait le duc de Richelieu, qui savait qu'un concetti avait plutôt raison devant Louis XV qu'un trait de génie.

Frédéric accueille Voltaire comme le roi son frère; c'était le roi des philosophes et des poëtes. Voltaire trouve à Potsdam un appartement qui touche à celui de Frédéric, la clef de chambellan, la croix du Mérite, vingt mille livres de pension, enfin une table et un carrosse pour lui, à la seule charge de corriger les vers du roi. Il s'imagine qu'il va trouver la liberté dans une cour et un ami dans un roi. Les rois sont toujours rois, même les rois philosophes. Il raconte son voyage au comte d'Argental : « Mes divins anges, je vous salue du ciel de Berlin. J'ai passé par le purgatoire pour y arriver. Une méprise m'a retenu quinze jours à Clèves, et ni la duchesse de Clèves ni le duc de Nemours n'étaient plus dans le château. Enfin me voici dans ce séjour embelli par les arts et ennobli par la gloire. Cent cinquante mille soldats victorieux; point de procureurs; opéra, comédie, philosophie, poésie, un héros philosophe et poëte, grandeur et grâces, grenadiers et muses, trompettes et violons, repas de Platon, société et liberté ! Qui le croirait ? Je suis tout honteux d'avoir ici l'appartement de M. le maréchal de Saxe. On a voulu mettre l'historien dans la chambre du héros.

> A de pareils honneurs je n'ai point dû m'attendre ;
> Timide, embarrassé, j'ose à peine en jouir.
> Quinte-Curce lui-même aurait-il pu dormir,
> S'il eût osé coucher dans le lit d'Alexandre* ?

C'est surtout à madame Denis qu'il dit la vérité. « J'ai peu de temps à vivre. Peut-être est-il plus doux de mourir à sa mode à Potsdam que de la façon d'un habitué de paroisse à Paris. » Et plus loin, il indique ses aspirations vers l'Italie. « J'irai,

---

* Son enthousiasme le rajeunit ; il s'amuse de tout. « J'avoue que les Prussiens ne font pas de meilleures tragédies que nous ; mais vous aurez bien de la peine à donner, pour les couches de madame la dauphine, un spectacle aussi noble et aussi galant que celui qu'on prépare à Berlin. Un carrousel composé de quatre quadrilles nombreuses, carthaginoises, persanes, grecques et romaines, conduites par quatre princes à la clarté de vingt mille lampions qui changeront la nuit en jour ; les prix distribués par une belle princesse ; une foule d'étrangers qui accourent à ce spectacle, tout cela n'est-il pas le temps brillant de Louis XIV qui renaît sur les bords de la Sprée ? C'était sous le feu roi la demeure de Pharasmane ; une place d'armes ; la marche du régiment des gardes pour toute musique ; des revues pour tout spectacle ; la liste des soldats pour bibliothèque. Aujourd'hui c'est le palais d'Auguste. »

sur la fin de cette automne, faire mon pèlerinage d'Italie, voir Saint-Pierre de Rome, le pape et la Vénus de Médicis. J'ai toujours sur le cœur de mourir sans voir l'Italie*. Et dans une autre lettre « Le tumulte des fêtes est passé; mon âme en est plus à son aise. Je ne suis pas fâché de me trouver auprès d'un roi qui n'a ni cour, ni conseil. Il est vrai que Potsdam est habité par des moustaches et des bonnets de grenadier ; mais, Dieu merci ! je ne les vois point. Je travaille paisiblement dans mon appartement au son du tambour. Je me suis retranché les dîners du roi ; il y a trop de généraux et trop de princes. Je ne pouvais m'accoutumer à être toujours vis-à-vis d'un roi en cérémonie et à parler en public. Je soupe avec lui et en plus petite compagnie. On m'a cédé en bonne forme au roi de Prusse. Mon mariage est donc fait ; sera-t-il heureux ? je n'en sais rien. Je n'ai pas pu m'empêcher de dire *oui*. Il fallait bien finir par ce mariage, après des coquetteries de tant d'années. Le cœur m'a palpité à l'autel. »

Madame de Pompadour lui avait dit à son dé-

---

* Ce qu'il avait aussi sur le cœur, c'était les vers du roi de Prusse à d'Arnaud :

> Vous pouvez égaler Voltaire.
> Déjà l'Apollon de la France
> S'achemine à sa décadence ;
> Venez briller à votre tour.
> Ainsi le couchant d'un beau jour
> Promet une plus belle aurore.

part : « Allez donc ingrat, allez donc nous oublier avec votre Achille tudesque ! » Une fois arrivé, Voltaire écrit sans façon à Cotillon II, comme il écrirait à mademoiselle Gaussin, qu'Achille dit bien des choses galantes à Vénus point tudesque.

Voltaire a écrit en quelques pages l'histoire de cette royauté étrange qui n'avait ni cour, ni conseil, ni culte. « C'était la première fois qu'un roi gouvernait sans femmes et sans prêtres. On soupait dans une petite salle, dont le plus singulier ornement était un tableau dont il avait donné le dessin à Pêne, son peintre, l'un de nos meilleurs coloristes. C'était une belle priapée. On voyait des jeunes gens embrassant des femmes, des nymphes sous des satyres, des amours qui jouaient au jeu des Encolpes; quelques personnes qui se pâmaient en regardant ces combats, des tourterelles qui se baisaient, des boucs sautant sur des chèvres, et des beliers sur des brebis. » Et Voltaire parle des repas encore plus philosophiques. Il dit que celui qui aurait écouté les professions de foi des convives en regardant les peintures se fût imaginé entendre les sept sages de la Grèce dans un lupanar. « Jamais on ne parla en aucun lieu du monde avec tant de liberté de toutes les superstitions des hommes, et jamais elles ne furent traitées avec plus de plaisanterie et de mépris. Dieu était respecté, mais tous ceux qui avaient trompé les hommes en son nom n'étaient pas épargnés. »

Le poëte s'étonna d'être à la fois chambellan du roi de Prusse et gentilhomme ordinaire du roi de France. « Me voilà donc à présent à deux maîtres. Celui qui a dit qu'on ne pouvait servir deux maîtres à la fois avait assurément raison ; aussi, pour ne point le contredire, je n'en sers aucun. Ma fonction à Berlin est de ne rien faire, comme à Versailles. Je finirai ici ce *Siècle de Louis XIV*, que peut-être je n'aurais jamais fini à Paris. Les pierres dont j'élevais ce monument à l'honneur de ma patrie auraient servi à m'écraser. Un mot hardi eût paru une licence effrénée ; on aurait interprété les choses les plus innocentes avec cette charité qui empoisonne tout. Voyez ce qui est arrivé à Duclos après son *Histoire de Louis XI*. S'il est mon successeur en historiographerie, comme on le dit, je lui conseille de n'écrire que quand il fera, comme moi, un petit voyage hors de France. »

Et ainsi tout en écrivant l'histoire du siècle de Louis XIV et en corrigeant les rimes du Louis XIV de l'Allemagne, Voltaire vivait gaiement, sans être heureux, avec ces aimables païens de cette académie d'athées que le roi de Prusse avait instituée sans y mettre de Prussiens. Car il est à remarquer que si le vers célèbre avait raison,

C'est du Nord aujourd'hui que nous vient la lumière,

ceux qui portaient le flambeau ne l'avaient pas allumé

par là. Les soupers du roi de Prusse auraient bien rappelé les soupers du régent, si l'amour fût venu s'y accouder au dessert; mais l'amour était tout transi dans la quadrature du cercle de Maupertuis, dans la philosophie de Frédéric, dans la science de Kœnig, dans les cinquante-cinq ans de Voltaire. La Métrie le cajolait quelquefois sous la figure de quelque fille de chambre haute en couleur et robuste en appas. Mais le plus souvent La Métrie, qui buvait comme une outre, cuvait son vin sur la table après avoir jeté son feu d'artifice; car au premier service nul ne pouvait lutter avec la gaieté de son esprit. Voltaire s'en disait ébloui, mais c'étaient des éclairs dans le ciel nocturne. La Métrie allait sans savoir son chemin. Il publiait un livre impie et s'étonnait qu'on ne comparât pas l'auteur à Épictète. Il était tour à tour lecteur et médecin du roi de Prusse. « Dieu me garde de le prendre pour mon médecin, dit Voltaire, il me donnerait du sublimé corrosif au lieu de rhubarbe, très-innocemment, et puis se mettrait à rire. Cet étrange médecin est lecteur du roi; et ce qu'il y a de bon, c'est qu'il lui lit à présent l'*Histoire de l'Église*. Il en passe des centaines de pages, et il y a des endroits où le monarque et le lecteur sont prêts à étouffer de rire. »

La Métrie dit un jour à Voltaire d'un air distrait : « Le roi, notre maître, ne tiendra pas toujours pour nous table ouverte; ne vous y fiez pas ; car hier, comme on s'étonnait devant lui de votre faveur, il nous a dit négligemment : « Oh! quand on a sucé le jus de l'orange, on jette l'écorce! » Voilà Voltaire qui se donne au diable. « La Métrie! que me dites-vous là ?—Mon cher Voltaire, pourquoi sommes-nous ici ? Obtenez ma grâce de M. de Richelieu, c'est trop souper à la cour d'Apollon; je n'aime pas les muses du Nord. Et La Métrie se met à pleurer.—Quoi ! vous aussi ? s'écrie Voltaire, tout le monde pleure donc ?—Oui, je pleure, dit La Métrie. Dans mes préfaces, je me félicite d'être près d'un grand roi qui me lit ses beaux vers, mais la vérité, c'est que je voudrais retourner en France, à pied, sans argent, fût-ce pour y mourir bientôt. » Et, là-dessus, La Métrie prend son chapeau et s'en va en chantant.

O philosophe ! pensa Voltaire en le voyant partir, tu ne travailles pas pour le lendemain, toi ! Pour moi, si je suis repoussé de la Prusse, j'irai en Russie, j'irai en Chine, j'irai au Vatican. Il faudra que le pape me donne raison : j'ai allumé le flambeau de la vérité, je souffrirai toutes les douleurs pour que la lumière ne s'éteigne pas. Je comptais sur un dernier ami, je ne compterai plus que sur moi, car moi, je ne me trahirai pas !

Le soir, il va, comme de coutume, au souper du roi. Au lieu d'un petit souper, c'est un grand souper. Frédéric place Voltaire auprès de lui entre deux princesses qui, selon l'expression du roi, ont voulu ce soir-là être du banquet de Platon. On soupe, on parle, on rit, Voltaire oublie l'orange, le nuage s'envole de son front, le pli de la rose est effacé. Il prend la parole, il n'a jamais eu plus d'esprit. Une thèse philosophique est mise sur la nappe entre deux bouteilles de vin de Champagne. On demande l'opinion du roi. Frédéric ne répond pas. Pourquoi ne répond-il pas? « Le roi, dit-il, ce n'est pas moi, c'est Voltaire. Quand je commande cent mille hommes, je suis le roi, mais quand je soupe avec Voltaire, c'est lui qui est le roi. Il est la lumière, je ne suis que la force. — Et moi, dit gaiement Voltaire, moi qui voulais aller me faire sacrer par le pape *! »

Ce La Métrie, cet homme où il y avait un fou brouillé avec un sage; ce beau convive qui avait prédit à Voltaire que le roi serait bientôt un tyran, fut le premier dont on chanta l'oraison funèbre. Et cependant il était le plus jeune. Voici comment Voltaire raconte l'épopée tragi-comique de sa mort : « La Métrie, cette folle imagination, vient de prendre le parti de mourir. Notre médecin est crevé à la fleur de l'âge, brillant, frais, alerte, respirant la santé et la joie, et se flattant d'enterrer tous ses malades et tous les médecins. Une indigestion l'a

* Un autre jour, le roi disait en pleine Académie : « Je ne chercherai pas à étendre mes conquêtes du côté de la France; j'ai pris Voltaire à Louis XV, cela vaut mieux qu'une province. »

emporté. Je ne reviens point de mon étonnement. Milord Tirconel envoie prier La Métrie de venir le voir pour le guérir ou pour l'amuser. Le roi a bien de la peine à lâcher son lecteur qui le fait rire, et avec qui il joue. La Métrie part, arrive chez son malade, le temps que madame Tirconel se met à table; il mange et boit, et parle, il rit plus que tous les convives; quand il en a jusqu'au menton, on apporte un pâté d'aigle déguisé en faisan, qu'on avait envoyé du Nord, bien farci de mauvais lard, de hachis de porc et de gingembre; mon homme mange tout le pâté, et meurt le lendemain chez milord Tirconel, assisté de deux médecins dont il s'était moqué. Voilà une grande époque dans l'histoire des gourmands. Les chênes tombent et les roseaux demeurent. C'était le plus fou des hommes, mais c'était le plus ingénu. Le roi s'est fait informer très-exactement de la manière dont il était mort; s'il avait passé par toutes les formes catholiques, s'il avait eu quelque édification; enfin il a été bien éclairci que ce gourmand était mort en philosophe. *J'en suis bien aise pour le repos de son âme*, nous a dit le roi. Nous nous sommes mis à rire et lui aussi. »

Cependant Frédéric, qui ne riait pas toujours, prononça gravement en son Académie l'éloge de cet homme qui n'avait cru qu'à son estomac. Cet éloge chagrina Voltaire, parce qu'il diminuait de beaucoup le prix des éloges du roi. « Il m'appelle divin, mais il appelle La Métrie un sage. C'est bien la peine de mourir en buvant la ciguë, si on est surnommé Socrate pour être mort d'un pâté d'anguilles! »

On chantait aux soupers de Frédéric, mais ce n'était plus la philosophie de la chanson, c'était la chanson de la philosophie. Le roi, par exemple, mettait sur la nappe des vers comme ceux-ci :

> O mes amis, d'où viens-je? Où suis-je? Où vais-je?
> Je n'en sais rien. Montagne dit : Que sais-je?
> Et sur ce point, tout docteur consulté
> En peut bien dire autant sans vanité.
> Mais, après tout, pourquoi donc le saurais-je?

Voltaire applaudissait, mais il songeait avec quelque mélancolie qu'autrefois, quand il doutait de l'existence de Dieu, la marquise du Chastelet, quoique femme savante, avait encore assez d'amour dans le cœur pour lui prouver, plus éloquemment que Frédéric, que Dieu était là.

La philosophie vivait un peu par curiosité. « Les jours de gala à Berlin, c'était un très-beau spectacle pour les hommes vains, c'est-à-dire pour presque tout le monde, de voir le roi à table, entouré de vingt princes de l'Empire, servi dans la plus belle vaisselle de l'Europe, et trente beaux pages et autant de jeunes heiduques superbement parés, portant de grands plats d'or massif. La Barbarini dansait alors sur son théâtre; c'est elle qui depuis épousa le fils de son chancelier. Le roi avait fait enlever à Venise cette danseuse. Il en était un peu amoureux, parce qu'elle avait les jambes d'un homme. Ce qui était incompréhensible, c'est qu'il lui donnait trente-deux mille livres d'appointements. Son poëte italien, à qui il faisait mettre en vers les opéras dont lui-même faisait toujours le plan, n'avait que douze cents livres de gages; mais aussi il faut considérer qu'il ne dansait pas. En un mot, la Barbarini touchait à elle seule plus que trois ministres d'État ensemble.»

Voltaire continuait son train de vie, écrivant *le Siècle de Louis XIV*, donnant au roi de Prusse des leçons d'esthétique et de grammaire, lui apprenant l'art de gouverner les hommes par les armes à feu de l'esprit, habitant un palais peuplé de belles statues, de beaux tableaux et de beaux livres, soit à Berlin, soit à Potsdam, soit à Sans-Souci, invité à toutes les fêtes avec le privilége de ne fâcher personne en restant chez soi, soupant avec la fleur des beaux-esprits sous la présidence de Frédéric, et assaisonnant le rôti de louanges ou de railleries. Mais l'écorce d'orange faisait toujours un peu grimacer Voltaire.

Cependant les beaux esprits de l'Académie de Berlin voulaient bien accepter un maître; mais ils trouvaient que c'était trop de deux. Comme on ne pouvait sacrifier Frédéric, on sacrifia Voltaire. Ce fut Maupertuis qui le premier porta des paroles de guerre. Je ne raconterai pas cette querelle d'Allemands entre Maupertuis, Kœnig, Frédéric et Voltaire. Voltaire prit parti pour Kœnig, c'était le parti du juste et du faible; Frédéric prit parti pour Maupertuis, ce fanfaron de science. Le mal fut irréparable. Voltaire, qui osait tout dire, n'osa parler au roi. « Si la vérité est écartée du trône, c'est surtout lorsqu'un roi se fait auteur. Les coquettes, les rois, les poëtes sont accoutumés à être flattés. Frédéric réunit ces trois couronnes-là. Il n'y a pas moyen que la vérité perce ce triple mur de l'amour-propre. » Et un peu plus loin : « Il faut oublier ce rêve de trois années. Je vois bien qu'on a pressé l'orange, je ne songe qu'à sauver l'écorce. Je vais me faire, pour mon instruction, un petit dictionnaire à l'usage des rois. *Mon ami* signifie *mon esclave. Mon cher ami* veut dire *vous m'êtes plus qu'indifférent. Soupez avec moi ce soir* signifie *je me moquerai de vous ce soir*. Le dictionnaire peut être long; c'est un article à mettre dans l'*Encyclopédie*. Je suis très-affligé et très-malade, et, pour comble, je soupe avec le roi. J'ai besoin d'être aussi philosophe que le vrai Platon chez le vrai Denys. C'est le festin de Damoclès. »

L'épée de Damoclès n'est jamais tombée. Voltaire pouvait rester à la cour de Berlin; Frédéric avait ses mauvais jours, mais il ne se fût jamais donné le tort de proscrire Voltaire.

Mais Voltaire se demanda sérieusement s'il n'était pas à Syracuse trois mille ans plus tôt. Il renvoya au Salomon du Nord pour ses étrennes « les grelots et la marotte » qu'il tenait de lui depuis trois ans; mais Frédéric, tout en faisant brûler par le bourreau la *Défense de Kœnig,* par Voltaire, renvoya au poëte « les brimborions, » en lui écrivant qu'il aimait mieux vivre avec lui, contre qui il avait fait une brochure, qu'avec Maupertuis, pour qui il avait fait une brochure.

Mais Voltaire ne voulait plus vivre ni avec l'un, ni avec l'autre : « Je sais qu'il est difficile de sortir d'ici; mais il y a encore des hippogriffes pour s'échapper de chez madame Alcine. Il est plus facile d'entrer en Prusse que d'en sortir. » Il ne sait comment il partira. Ses manuscrits et ses livres sont déjà hors du royaume, mais sa personne est prise. En vain il demande à aller aux eaux de Plombières, disant qu'il va mourir s'il ne boit pas. Frédéric lui répond : « N'avons-nous pas les eaux de Galatz? »

Enfin Voltaire part sous le nom de M. James Delacour; il ne dit adieu qu'à son ami d'Argens. Mais il a compté sans son maître. Frédéric le fait poursuivre et lui prouve que la force est aux baïonnettes. Voltaire est atteint et convaincu d'avoir emporté tous les trésors d'Apollon, d'Apollon prussien. On l'arrête, on l'emprisonne, on le malmène, sous prétexte qu'il a emporté l'*Œuvre de poéshie du roi mon maître*. Toute cette histoire de la fuite de Voltaire est passée à l'état de légende, je ne sais pourquoi, car on trouverait dans la vie de Voltaire cent pages inconnues beaucoup plus curieuses*.

Frédéric fortifia Voltaire dans l'opinion publique. On le considérait comme traitant désormais de puissance à puissance avec les rois. Pendant qu'il professait la philosophie à Berlin, Paris, naguère si dédaigneux, ouvrait ses mille oreilles, comme si les échos de la sagesse devaient lui revenir. Le mot du roi de Prusse : « J'ai pris Voltaire à Louis XV, cela vaut mieux qu'une province, » disait à la France toute la valeur de Voltaire. Il pouvait donc y ren-

* Voltaire avait retrouvé sa nièce à Francfort, se croyant déjà libre, quand « un bon Allemand, qui n'aimait ni les Français ni leurs vers, vint, le 1er juin, lui redemander les *Œuvres de poéshie du roi son maître*. Notre voyageur répondit que les *Œuvres de poéshie* étaient à Leipsick avec ses autres effets. L'Allemand lui signifia qu'il était consigné à Francfort, et qu'on ne lui permettrait d'en partir que quand les *Œuvres* seraient arrivées. M. de Voltaire lui remit sa clef de chambellan et sa croix, et promit de rendre ce qu'on lui demandait; moyennant quoi le messager lui signa ce billet : « Sitôt le gros ballot de Leipsick sera ici, où est
« l'*Œuvre de poéshie* du roi mon maître, vous pourrez partir où vous
« paraîtra bon. A Francfort, 1er juin 1753. » Le prisonnier signa au bas du billet : *Bon pour l'Œuvre de poéshie du roi votre maître*. Mais quand les vers revinrent, on supposa des lettres de change qui ne venaient point. Les voyageurs furent arrêtés quinze jours au cabaret du *Bouc*. Cela ressemblait à l'aventure de l'évêque de Valence, Cosnac, que M. de Louvois fit arrêter en chemin comme faux monnayeur. » *Commentaire historique.*

trer en triomphe; mais Voltaire ne devait pas alors rentrer en France. Il avait les mains pleines de vérités, et il les ouvrait. C'était de la contrebande qu'on ne laissait pas passer aux frontières. Mais si Voltaire ne passe pas, les vérités passeront.

Le voyage en Prusse fut pour Voltaire une station de plus vers sa couronne immortelle : Frédéric le Grand ne l'avait-il pas sacré roi de l'esprit humain dans l'église philosophique de son palais ?

VIII

LA COUR DE VOLTAIRE

I

Voltaire, qui sentait que son pays n'était plus sa patrie, qui ne voulait pas retourner sous les brumes de l'Angleterre, même pour y trouver le soleil de la raison, qui ne voulait plus se laisser prendre aux caresses dangereuses des tyrans comme Frédéric, ce Marc-Aurèle armé de cent mille baïonnettes, Voltaire, dis-je, ne savait où aller. Il avait soixante ans. Il est bien difficile à cet âge de replanter sa vie sur un sol inconnu : au lieu de planter un arbre, on plante un roseau. Mais qu'importe, si c'est le roseau pensant de Pascal?

Voltaire passa d'abord quelques jours à Mayence, disant que c'était pour sécher ses habits mouillés du naufrage. L'électeur palatin l'appela et l'accueillit par des fêtes; mais Voltaire avait peur des fêtes. Il prit un instant pied à Strasbourg. De Strasbourg il alla à Colmar; de Colmar à l'abbaye de Senones, où il se fit bénédictin avec dom Calmet. Voltaire avait le génie des métamorphoses, parce qu'il avait plus d'un rôle à jouer dans la comédie de la vie, et que de bonne heure il était devenu comédien. Ces rôles divers plaisaient à son esprit mobile. Il aimait le nouveau, l'imprévu, l'impossible. Le bénédictin revint homme du monde pour aller aux eaux de Plombières*; l'homme du monde redevint philosophe pour retourner à Colmar. Il y travailla aux *Annales de l'Empire*, avec le concours de quelques savants en législation allemande. Mais apprenant que sur la place publique de cette ville on avait brûlé peu de temps auparavant des exemplaires du *Dictionnaire* de Bayle, il prit ce pays en aversion et retourna à l'abbaye de Senones.

Il était toujours dépaysé; il ouvrait l'oreille du côté de Paris pour étudier l'opinion. Il jugea que l'heure n'était point venue d'y montrer sa force.

---

* Il écrivait au comte d'Argental : « L'état où je suis ne me laisse guère de sensibilité que pour votre amitié. Ma santé est sans ressource. J'ai perdu mes dents, mes cinq sens, et le sixième s'en va au grand galop. Cette pauvre âme, qui vous aime de tout son cœur, ne tient plus à rien. Je me flatte encore, parce qu'on se flatte toujours, que j'aurai le temps d'aller prendre des eaux chaudes et des bains. Je ne veux pas perdre le fond de la boîte de Pandore. »

Frédéric criait par-dessus le Rhin que Voltaire était venu pour le corriger, mais qu'il avait corrigé Voltaire; la Sorbonne disait encore aux bourreaux de se tenir prêts pour brûler plus d'un livre de l'exilé; la canaille littéraire, plus que jamais ameutée, plus que jamais jalouse, étouffait son nom sous les brochures. Il salua en signe d'adieu sa ville natale.

Il partit pour Lyon, où, grâce à son ami l'archevêque de Tencin et à son ami le maréchal de Richelieu, le pouvoir temporel et le pouvoir spirituel, il espérait vivre à l'abri, sans souci de la cour de Rome et de la cour de Versailles. Mais le cardinal de Tencin, qui avait beaucoup à se faire pardonner, pensa que c'était bien assez de s'occuper de son salut sans s'occuper de celui de Voltaire. Il refusa de le voir. Heureusement que le maréchal de Richelieu, un poëte en action, qui avait tourné à l'amour, au lieu de tourner à la philosophie, ouvrit ses bras à celui qui lui prêtait de l'argent et de l'héroïsme. Les Lyonnais l'accueillirent avec des fanfares de joie; on joua ses pièces au théâtre, on lui donna des sérénades. C'est de ce passage à Lyon que date ce mot célèbre : « Il serait à propos, disait-il au maréchal de Richelieu, que, dans chaque monarchie, il y eût tous les cinquante ans un Cromwell. » Comme Louis XV ne pressentait pas encore le Cromwell qui devait frapper Louis XVI, il continuait à rire des philosophes et à les tenir à distance. Voltaire attendit des temps meilleurs et se réfugia en Suisse. A son arrivée à Genève, les portes étaient fermées ; à peine eut-il dit son nom, que les portes s'ouvrirent à deux battants. Il voulait vivre à Genève, mais le rigorisme des réformes l'effraya autant que le fanatisme des catholiques. Il acheta le beau domaine des *Délices*, aux portes de la ville républicaine où le républicain Jean-Jacques ne voulait pas vivre; car tout est contraste : Jean-Jacques Rousseau, né Spartiate de Genève, va vivre à Paris, et Voltaire, né Athénien de Paris, va vivre à Genève. Voltaire n'en aimait pas plus Genève pour cela. « Vous ne sauriez croire combien cette république

---

* O maison d'Aristippe ô jardins d'Épicure !
Vous qui me présentez dans vos enclos divers
    Ce qui souvent manque à mes vers,
Le mérite de l'art soumis à la nature;
Empire de Pomone et de Flore sa sœur,
    Recevez votre possesseur;
Qu'il soit, ainsi que vous, solitaire et tranquille.
Je ne me vante point d'avoir en cet asile
    Rencontré le parfait bonheur;
Il n'est point retiré dans le fond d'un bocage;
    Il est encor moins chez les rois;
    Il n'est pas même chez le sage :
De cette courte vie il n'est point le partage;
Il faut y renoncer; mais on peut quelquefois
    Embrasser au moins son image.
Liberté, liberté, ton trône est en ces lieux.
La Grèce où tu naquis t'a pour jamais perdue,
    Avec ses sages et ses dieux;
Rome depuis Brutus ne t'a jamais revue.

me fait aimer les monarchies. » Et, partant de là, il va fonder la sienne.

Il y avait soixante ans que Voltaire courait le monde sans s'arrêter jamais. C'était la revanche du Juif errant. Cette fois, il va planter sa tente et s'y reposer. Il touche à cette journée sereine qui s'appelle l'automne de la vie. La grappe s'empourpre sous le pampre encore vert, les bois chantent leur dernière chanson, le soleil a les bons sourires d'un ami qui part pour un voyage. Mais ne vous fiez pas à la sérénité de ce beau ciel; le soleil brûle encore, les nues s'amoncellent à l'horizon, le temps des orages n'est point passé pour Voltaire. C'est en vain qu'il oublie et qu'il veut qu'on l'oublie : il sera roi malgré lui. Les jours où il ne voudra être qu'un agriculteur, comme les Romains désabusés des batailles, les encyclopédistes, qui commencent leur œuvre sous son inspiration, vont l'arracher à sa charrue : « Général, la patrie est en danger ; prends ton épée flamboyante et marche à notre tête ! »

II

Cependant que Louis XV est au Parc-aux-Cerfs, où est le roi ?

Est-il dans cette vieille seigneurie sur le versant des Alpes, un pied en France, un pied sur la république de Genève? Ce bonnet de velours noir sur cette perruque à marteaux, est-ce la couronne de France? Singulier roi en souliers gris poussière, en bas gris de fer, en veste de basin, plus longue que lui. Roi philosophe, il daigne reconnaître Dieu le dimanche. Il se fait beau pour aller à la messe. Saluez-le dans cet habit mordoré, dans cette culotte à la Richelieu, dans cette veste à grandes basques, galonnée et lamée en or à la Bourgogne avec de belles manchettes de fine dentelle, tombant jusqu'au bout des doigts? « Dans cet attirail, n'ai-je pas l'air d'un roi? » disait-il à sa cour. Oui, Voltaire, tu es le roi; parle très-haut de tes terres de Tourney et de Ferney; reçois les ambassades de ton frère Frédéric de Prusse et de ta sœur Catherine de Russie; donne sous ton sceau des titres de gloire à tous les hommes d'épée et à tous les hommes de plume, même à tes ennemis; prête ton argent à fonds perdus à tous ces grands seigneurs, qui jouent de leur reste au jeu de la noblesse. Tu as un prince et un duc parmi tes courtisans; tu as une armée de laboureurs sans parler de ton armée d'encyclopédistes; tu as un théâtre*

---

* A Ferney comme à Paris, Voltaire joua la comédie. On l'a vu souvent se promener dans le parc, vêtu en Arabe, avec une longue barbe, répétant le rôle de Mohabar, ou avec un habit à la grecque, répétant Narbas. On se rappelle que Montesquieu, assistant à une représentation de *l'Orphelin de la Chine*, s'endormit profondément. Voltaire, qui l'aperçut, lui jeta son chapeau à la tête en lui disant : « Croyez-vous être à l'audience? »

où Le Kain et Clairon viennent de loin tout exprès pour te donner la tragédie, quand tu donnes la comédie au monde. »

Mais tu n'es pas le roi par la grâce de Dieu, parce que tu ne connais pas Dieu, pas plus celui de ton église de Ferney que de ton église de l'*Encyclopédie* que tu élèves de la même main, aspirant à la fois au chapeau de cardinal et à l'auréole de l'Antechrist.

Oui, Sa Majesté Voltaire tient sa cour à Ferney et aux Délices. Mais ce n'est point assez pour lui : « Il faut toujours que les philosophes aient deux ou trois trous sous terre contre les chiens qui courent après eux. » Il a acheté la terre de Ferney pour y bâtir une ville; il achète la terre de Tourney pour avoir un pied en France*. Il oublie, dans l'aveuglement de sa gloire, qu'il a les deux pieds sur le monde.

Voltaire, qui ne sent plus le sol trembler sous lui depuis que le sol est à lui, n'a plus que le souci de vivre en roi. « *Que fais-tu là maraud ?* Je réponds : *Je règne et je plains les esclaves.* » C'est la parole

---

* Il écrit au duc de La Vallière : « Je me suis fait un drôle de petit royaume dans mon vallon des Alpes. Je suis le Vieux de la Montagne, à cela près que je n'assassine personne. Madame de Pompadour a favorisé ma petite souveraineté écornée. Savez-vous, monsieur le duc, que j'ai deux lieues de pays qui ne rapportent pas grand'chose, mais qui ne doivent rien à personne? »

d'un roi qui sera quelquefois un tyran. Il est curieux de voir comme il parle de ses vassaux et de ses curés. « J'ai deux curés dont je suis assez content : je ruine l'un et je fais l'aumône à l'autre. Mes vassaux se courbent jusqu'à terre quand ils me rencontrent. Il est vrai que je passe pour semer sur leurs terres des pièces de vingt-quatre sous. »

Il y a les jours de fête où Sa Majesté Voltaire, entourée de sa cour, se montre à son peuple. Il est en habit de gala, presque aussi beau que ses deux grands chambellans, le prince de Ligne et le duc de Richelieu ; presque aussi grave que ses deux courtisans, le président de Montesquieu et le président de Brosses.

Les dames de la cour, madame Denis, qui est du meilleur monde, quoiqu'elle s'appelle madame Denis ; madame de Fontaine, sa seconde nièce ; les dames de Florian, ses cousines ; mademoiselle Corneille, qui est aussi de sa famille, toutes sont des rivières de diamants. Les curés de Voltaire lui font des harangues ; les vassaux le saluent par une décharge de mousqueterie ; les rosières lui présentent des corbeilles de pêches et de raisins tout enrubannées ; les fermiers brisent avec lui le pain de son champ et boivent avec lui le vin de sa vigne.

III

Voltaire fit bâtir sur ses dessins son célèbre château de Ferney. « Vous serez enchanté de mon château. Il est d'ordre dorique, il durera mille ans. Je mets sur la frise : VOLTAIRE FECIT. On me prendra dans la postérité pour un fameux architecte. » C'était un mauvais architecte; mais il n'oublia ni le théâtre, ni le cabinet d'histoire naturelle, ni la bibliothèque*; ni la galerie de tableaux**. Les dépendances du château étaient des plus vastes : fermes, vignobles et bois de plus de mille hectares. Ce palais royal était merveilleusement situé pour la perspective : à l'horizon, des neiges éternelles; au pied des murs, des parterres de roses; çà et là, des bosquets, des vignes en berceaux, des vergers, des cabinets de jasmins, toute la féerie rustique.

L'église de Ferney menaçait ruine au premier vent d'orage. Comme cette église masquait un beau point de vue, Voltaire la fit abattre dans le dessein

---

* La bibliothèque de Voltaire, qui devint celle de la grande Catherine, se composait de six mille volumes très-variés : toutes les ténèbres lumineuses de l'esprit humain.

** La galerie de tableaux renfermait une *Vénus* de Paul Véronèse, une *Flore* du Guide, la *Toilette de Vénus* et les *Amours endormis* de l'Albane, divers portraits, entre autres celui de la marquise de Pompadour peinte par elle-même, d'après La Tour.

d'en réédifier une autre ailleurs. Voici à ce sujet ce qu'il écrit au comte d'Argental : « Comme j'aime passionnément à être le maître, j'ai jeté par terre l'église ; j'ai pris les cloches, l'autel, les confessionnaux, les fonts baptismaux ; j'ai envoyé mes paroissiens entendre la messe à une lieue. Le lieutenant criminel et le procureur du roi sont venus instrumenter. J'ai envoyé promener tout le monde. De quoi se plaint monseigneur l'évêque d'Annecy? Son Dieu et le mien était logé dans une grange, je le logerai dans un temple; le Christ était de bois vermoulu, et je lui en ai fait dorer un comme un empereur. » Cette lettre n'était qu'à moitié impie jusqu'à ces lignes : « Envoyez-moi votre portrait et celui de madame Scaliger, je les mettrai sur mon maître-autel. » L'église faite, il fit inscrire cette impertinence sur le portail : VOLTAIRE A DIEU. Peu de jours après, il prêcha dans l'église sans façon sur une bonne œuvre. Tout cela n'était guère d'un humble catholique ; mais alors Voltaire rachetait beaucoup de ses péchés : il ouvrait ses mains pleines de bienfaits. Il y a toujours eu dans sa vie des heures de rédemption.

Après avoir bâti un château, un théâtre et une église, il bâtit une ville, où il appela tous ceux qui n'avaient pas de place au soleil ailleurs. Il fonda une manufacture de montres dont le commerce s'éleva bientôt à 400,000 livres par an. Il fit dessécher des marais et défricher des terrains stériles, qu'il abandonna au travail des laboureurs. Malgré tous ses bienfaits, il n'était pas en sûreté : les évêques d'alentour demandaient avec insistance au parlement qu'un tel homme fût à jamais banni du territoire. Dans un moment de crise, il communia dans l'église de Ferney, disant qu'il voulait remplir ses devoirs de chrétien, d'officier du roi et de seigneur de la paroisse. L'évêque d'Annecy, ne croyant pas à la bonne foi du poëte, défendit à tous les curés de son diocèse de le confesser, de l'absoudre et de lui donner la communion. Voltaire, ne voulant pas qu'un évêque lui fît la loi, même en matière religieuse, se mit au lit, joua le malade, soutint à son médecin qu'il allait mourir, se fit donner l'absolution par un capucin, communia dans sa chambre, et en fit sur-le-champ dresser procès-verbal par le notaire du lieu. Cette action sacrilége fut regardée comme une lâcheté par les philosophes. Voltaire croyait n'avoir fait qu'une comédie de plus. Pour dénoûment il se fit nommer père temporel des capucins de la province de Gex. Il fut même reçu capucin en personne et prit tous les capucins sous sa protection. Il écrivit alors au duc de Richelieu : « Je voudrais bien, monseigneur, vous donner ma bénédiction avant de mourir. Ce terme vous paraîtra un peu fort, mais il est dans l'exacte vérité. Je suis capucin : notre général qui est à

Rome vient de m'envoyer un diplôme; je m'appelle frère spirituel et père temporel des capucins. »

Voltaire était capable de toutes les contradictions le jour où il se reposait de son œuvre, mais la sagesse reprenait bientôt ses droits et lui disait : « Marche ! »

Pour les philosophes de l'Europe Ferney était devenu la ville sainte, comme la Mecque pour les musulmans; on y allait en pèlerinage. Chaque jour amenait à Voltaire un ami ou un étranger, un bel esprit ou un prince, un homme d'épée, un homme de robe ou un homme d'Église, un peintre comme Vernet, un sculpteur comme Pigale, ou un musicien comme Grétry. Les femmes y venaient en grand nombre dans la belle saison de Paris, de Genève, de partout. On jouait la comédie; on dansait et on soupait. Voltaire, heureux de répandre la joie, apparaissait un instant et s'enfermait pour travailler. Plus que jamais il était parvenu à vivre solitaire et laborieux au milieu du bruit, de l'éclat et des fêtes. Que manquait-il à son bonheur? Quand il tournait ses regards vers l'horizon, vers le ciel — je dirai plutôt vers la postérité, — l'inquiétude dévorait son cœur : « Où vais-je? se demandait-il avec un peu d'effroi. Le passé me répond-il de l'avenir? Reconnaîtra-t-on l'homme qui pleure sous le masque qui rit? » C'était à la fois le rire du sage et le rire du démon.

Mais bientôt il retombait dans le tourbillon des

joies et des peines de ce monde; il faisait de plus belle la guerre à ses ennemis, les critiques et les dévots. Une cruelle guerre : Lefranc de Pompignan tomba sur le champ de bataille, tué par le ridicule; Fréron tomba sur le Théâtre-Français, mais ce jour-là Voltaire tomba avec lui; vingt autres ne se relevèrent que blessés à mort. Mais qu'étaient-ce que ceux-là? Voltaire riait du divin poëte du Calvaire!

Au milieu de cette guerre contre ses ennemis et contre les poésies du christianisme, Voltaire se créait toujours des titres à la reconnaissance de l'humanité. Une jeune fille pauvre, du sang de Corneille, fut recommandée à son cœur : « C'est, dit-il, le devoir d'un vieux soldat de servir la fille de son général. » Il appela à Ferney mademoiselle Corneille, lui fit donner une éducation chrétienne, la dota avec le produit des *Commentaires sur Corneille* et la maria à un gentilhomme des environs, disant qu'il voulait marier deux noblesses *.

IV

J'aime, comme tous les poëtes du temps, à faire mon voyage à Ferney. Les peintres allaient à Rome,

---

* La petite-nièce de Pierre Corneille était une jeune fille, la première venue, qui n'avait pas appris à lire dans les tragédies du grand poëte. « La nièce de Pierre va nous donner un ouvrage de

les poëtes à Ferney. J'arrive dans un cabinet où sont épars des livres de toutes les langues et de toutes les idées. Il y a deux hommes qui travaillent aux destinées ou aux hasards du monde. Voltaire qui dicte, Wagnières qui écrit. Je m'incline devant Voltaire, qui me tend la main sans interrompre sa phrase sitôt faite. « Permettez, dit Wagnières, je crois que vous vous trompez sur les textes. — Allez toujours, dit Voltaire ; je me trompe, mais j'ai raison. La vérité avant tout, l'histoire n'est pas faite, je la fais. » Pendant qu'il parle, je le regarde de la tête aux pieds. Il est dans un curieux équipage ; c'est bien le pendant de Jean-Jacques en Arménien : sa tête de feu emprisonnée dans une perruque gigantesque, une veste garnie de fourrures, une culotte ventre de biche, des sandales aux pieds, des livres plein les mains. Voilà comment Voltaire m'apparaît. Tout en dictant et en caressant les enfants de Wagnières*, il me parle de Paris, d'un grand

sa façon ; c'est un petit enfant. Si c'est une fille, je doute fort qu'elle ressemble à Emélie et à Cornélie ; si c'est un garçon, je serai fort attrapé de le voir ressembler à Cinna : la mère n'a rien du tout des anciens Romains ; elle n'a jamais lu les tragédies de son oncle, mais on peut être aimable sans être une héroïne de tragédie. »

Quand Voltaire se fit le commentateur de Corneille, il dit que c'était un peu pour expier ses tragédies.

* Sur ses vieux jours, Voltaire aimait beaucoup les enfants. Wagnières était devenu père de famille à Ferney : Voltaire caressait ses enfants et voulait qu'ils jouassent à ses pieds. Quand il dictait,

homme qui s'appelle Diderot, d'un polisson qui s'appelle Nonnotte; il me parle de la poésie en homme qui n'a pas pris le temps d'être un rêveur. Je lui parle de sa gloire, je demande la grâce de souscrire pour sa statue. « Hélas, je suis bien nu pour un poëte qui n'est ni jeune ni beau comme Apollon; mais je ne suis pas en peine, ce gueux de Fréron me drapera. — Ce Fréron, lui dis-je, c'est un aveugle. — Lui! c'est encore le seul critique. Il sait tout, ce coquin-là. »

Vient un Genevois qui lui vante son *Histoire de Russie*. Il s'impatiente, la vérité l'emporte sur l'orgueil. « Ne me parlez pas de mon histoire; si vous voulez savoir quelque chose, prenez celle de Lacombe : il n'a reçu ni médailles ni fourrures, celui-là. »

Il me conduit dans son parc. Pendant que j'ad-

---

s'il entendait Wagnières répondre de travers à un de ses marmots tout barbouillé de confitures, il rudoyait Wagnières et prenait le parti des enfants. « Sachez donc qu'il faut toujours leur répondre juste et ne jamais les tromper. » On voit que Voltaire était toujours plus préoccupé de son œuvre que de ses œuvres.

Un catholique, trop catholique, a dit de Voltaire : « Mauvais fils et mauvais père, » car il croit que, comme Jean-Jacques, *il a perdu ses enfants*. Un autre catholique plus sérieux, mais non moins passionné, M. de Bonald, a écrit : « Voltaire, J.-J. Rousseau et d'Alembert ont vécu dans le célibat, ou n'ont pas laissé leur nom dans la société. Ils semblent avoir redouté l'arrêt définitif de la postérité, et avoir voulu n'être jugés que par contumace. »

mire de bonne foi toutes les splendeurs de cette nature grandiose, lui, qui ne communie guère avec la nature, me fait d'une manière originale la satire de toute chose. Il retrouve à chaque pas tout l'esprit de Candide. Au détour d'une allée, nous rencontrons le R. P. Adam, qui n'est pas « le premier homme du monde. » Le bonhomme s'incline et sourit. Il attend avec patience la première larme de repentir du pécheur. « Père Adam, où allez-vous ? — A l'église. — Paresseux ! » Le révérend père ne peut s'empêcher de rire. « Vous oubliez qu'il est l'heure de faire notre partie d'échecs. » Nous retournons au château; nous passons au salon. Voltaire se met à la table de jeu et demande du café. Déjà très-animé, il s'anime encore; le R. P. Adam n'ose profiter de ses avantages, il se laisse gagner avec la plus touchante résignation *.

Cependant madame Denis vient, toute maussade, embrasser son oncle; elle se plaint de l'ennui, car l'ennui couche avec elle. C'est une vieille montre de la manufacture de Ferney qui ne marque plus l'heure de l'amour. Voltaire demande du café. On déjeune, Voltaire ne prend que du café. Viennent les visiteurs, il leur donne audience tout en se mo-

* On sait que Voltaire avait menacé le R. P. Adam de lui jeter sa perruque à marteaux à la face s'il osait le gagner. Un jour, le pauvre père, sûr de faire échec et mat, se leva tout effrayé, s'enfuit par la fenêtre et disparut dans le parc.

quant de leur gravité. Il corrige les compliments outrés d'une façon plaisante. Ainsi un avocat se présente avec toute son éloquence de province. « Je vous salue, lumière du monde, dit-il avec emphase. —Madame Denis, apportez les mouchettes! » s'écrie Voltaire. Après l'heure de la gloire, c'est l'heure des affaires. Viennent les fermiers, les emprunteurs, les locataires de Tourney et de Ferney, tout un monde nourri par Voltaire. Il demande du café, encore du café, toujours du café. Il se montre tour à tour facile et difficile ; il accueille les uns en père de famille, les autres en seigneur de village. Il se promène encore dans le parc, quelquefois une bêche à la main, quelquefois un livre, jamais une fleur*. Les nouvelles de Paris viennent le surprendre ; il pourrait alors se passer de café pour vivre à pleine vie. Il rentre tout agité ; il écrit vingt lettres en moins d'une heure, faisant courir une plume imprudente qui se sauve par l'esprit. Le soir, les hôtes du château, Condorcet, Ximenès, Marmontel, La Harpe, Florian, viennent faire leur cour au roi, en compagnie de quelques dames et de quelques comédiennes.

V

Cependant le roi recevait les ambassadeurs des

---

* Aux premières roses comme aux premières pêches, Voltaire en cueillait une et la baisait en souvenir de mademoiselle de Livry.

grandes puissances. Son ministre des relations extérieures, M. de Grimm, rapporte ainsi l'arrivée à Ferney du prince Koslowski : « Vers la fin du mois dernier, M. le prince Koslowski, dépêché en ambassade extraordinaire par l'impératrice de Russie, accompagné d'un officier des gardes, est arrivé au château de Ferney, et a remis à M. de Voltaire, de la part de Sa Majesté impériale, une boîte ronde d'ivoire à gorge d'or, artistement travaillée et tournée de la propre main de l'impératrice. Cette boîte était enrichie du portrait de Sa Majesté impériale, entouré de superbes diamants. Une pelisse magnifique fut en même temps remise au patriarche, de la part de Sa Majesté, pour le garantir du vent des Alpes. Ces présents étaient accompagnés d'une traduction française du *Code de Catherine II*, et d'une lettre digne et du génie qui l'a dictée et de celui auquel elle était destinée. On prétend que cette ambassade impériale a rajeuni Voltaire de dix ans. M. Hubert, connu par ses découpures, a proposé, il y a quelque temps, à Sa Majesté impériale de faire la vie privée de M. de Voltaire dans une suite de tableaux, et cette proposition ayant été agréée, il est actuellement occupé de ce travail. Il a envoyé à l'impératrice, pour son coup d'essai, le tableau de la réception de l'ambassade impériale au château de Ferney. »

On n'a que trois portraits de Voltaire jeune; on

en a trois cents de Voltaire vieux, sans compter les découpures de Huber, qui représentent le vieux philosophe dans toutes les actions de sa vie : à pied et en carrosse, au lit et à table, écrivant sur un volume de l'*Encyclopédie*, ou donnant le pain bénit à ses paroissiens, dessinant l'architecture du château de l'Antechrist, et posant la première pierre d'une église ; Voltaire à la ferme, Voltaire au salon, Voltaire jouant *Mahomet*, Voltaire partout, Voltaire toujours. Il a été souvent la proie des mauvais peintres. Il se laissait exécuter le plus souvent par charité pour le barbouilleur. Un jour, pourtant, il se trouva si laid dans son portrait et si laid dans la nature ; car ce jour-là, c'était un portrait pris sur le vif, qu'il décréta que les peintres ne seraient plus reçus à Ferney, hormis pour y trouver, comme tous les voyageurs, bonne table et bon gîte. Mais il eut beau faire, le peintre se présentait à madame Denis sous la figure d'un marchand d'étoffes, ou à Voltaire sous la figure d'un bouquiniste. Et d'ailleurs, dans les promenades du poëte, les portraitistes se cachaient derrière les buissons, témoin cette lettre à madame du Bocage : « Il est vrai, madame, qu'un jour, en me promenant dans les tristes campagnes de Berne avec un illustrissime et excellentissime avoyer de la république, on avait aposté le graveur de cette république, qui me dessina. Mais comme les armes de nos seigneurs sont un ours, il ne crut pas pouvoir mieux faire que de me donner la figure de cet animal. Il me dessina ours, me grava ours. »

Le maréchal de Richelieu était de la cour de Ferney : « C'est mon héros et mon débiteur, » disait souvent Voltaire ; mais le maréchal disait de Voltaire : « C'est mon ami*. » Le poëte avait écrit au début : « Mon héros ne sait pas l'orthographe, mais vous verrez qu'il sera de l'Académie avant moi. » Et en effet, cette prédiction s'était bientôt accomplie. Richelieu osa être courtisan à Ferney en regard de Versailles. Voltaire était son contemporain et son compagnon d'aventures. Ils s'étaient rencontrés deux fois sur le chemin de la Bastille ; ils avaient soupé ensemble ; ils avaient aimé les mêmes comédiennes ; ils avaient dominé leur siècle : Voltaire par les hommes, Richelieu par les femmes.

On a peine à croire aujourd'hui au triomphe insolent du duc de Richelieu, ce héros des ruelles, ce demi-dieu des oratoires, ce don Juan des coulisses qui enlevait du même coup la grande coquette, l'amoureuse et l'ingénue par-dessus le marché. En lisant ses hauts faits, on crie au roman ; mais les lettres sont encore là, plus vraies que celles de la *Nouvelle Héloïse*. Par exemple, en 1788, quand on

---

* On dira peut-être que Voltaire n'avait l'amitié de Richelieu qu'à la condition de lui prêter de l'argent. On n'a jamais pour ami celui à qui on prête de l'argent. Le maréchal avait des créanciers sans nombre, qui n'étaient pas pour cela de ses amis.

dépouilla la correspondance du maréchal de Richelieu, on découvrit que le jour de sa réception à l'Académie il avait reçu trois lettres plus ou moins passionnées de mademoiselle de Charolais, de la d'Averne et de madame de Villeroy. Une seule de ces trois lettres avait été décachetée, c'était celle de mademoiselle de Charolais. Les deux autres lettres avaient été mises dans un carton avec cette étiquette impertinente de la main du duc de Richelieu : *Lettres pour le même jour que je n'ai pas eu le temps de lire*[*].

Le maréchal de Richelieu alla plus d'une fois faire sa cour à Voltaire, mais c'était surtout aux femmes qui se trouvaient en pèlerinage à Ferney que le vainqueur de Minorque débitait ses galanteries surannées. Un soir, il dit à Voltaire qu'il y a trop de républicains de Genève à sa table et qu'il désire souper en tête-à-tête avec une jeune royaliste qui arrive de Paris. Voltaire ne veut rien refuser à son héros, parce que son héros est toujours son débiteur. Mais tout en soupant avec les républicains de

---

[*] Voici la lettre de madame de Villeroy : « Je vous fais mes compliments, monsieur l'académicien, sur le discours que vous avez fait hier : j'aurais bien voulu en être témoin, et le cœur me battait à trois heures. Je n'oserais espérer qu'un homme tout occupé des sciences voulût bien coucher ce soir avec une pauvre ignorante comme moi, et qui ne pourra vous dire que tout grossièrement : *Je vous adore.* »

Et il n'avait pas lu cette lettre là !

Genève, il est inquiet de ses royalistes de Paris. Il se lève de table et va pour les surprendre dans leur tête-à-tête. « Je m'y attendais bien, » s'écrie-t-il en rentrant. Le maréchal de Richelieu était à genoux devant la dame, qui lui faisait l'injure de ne pas le prendre au sérieux. « Entre nous, dit Voltaire, je crois que je vous ai sauvé tous les deux d'une grande humiliation. »

Le prince de Ligne fut comme le duc de Richelieu un des courtisans du roi Voltaire, qui avait été le courtisan de son père cinquante ans plus tôt. A son arrivée à Ferney, Voltaire, de peur que sa visite ne fût ennuyeuse, prit médecine à tout hasard afin de se pouvoir dire malade; mais il le reconnut bon prince et le garda quelque temps. « Je voudrais me rappeler, dit le prince de Ligne, les choses sublimes, simples, gaies, aimables, qui partaient sans cesse de lui; mais, en vérité, c'est impossible : je riais ou j'admirais, j'étais toujours dans l'ivresse*. »

* Le prince de Ligne a détaillé Voltaire avec une subtilité toute voltairienne. « On aurait dit qu'il avait quelquefois des tracasseries avec les morts, comme on en a avec les vivants. Sa mobilité les lui faisait aimer, tantôt un peu plus, tantôt un peu moins : par exemple, alors, c'était Fénelon, La Fontaine et Molière, qui étaient dans la plus grande faveur. « Ma nièce, donnons-lui-en, du Molière, dit-il à madame Denis; allons dans le salon, sans façon, recommencer *les Femmes savantes*, que nous venons de jouer. » Il fit Trissotin on ne peut pas plus mal, mais s'amusa beaucoup de ce rôle. Mademoiselle Dupuis, belle-sœur de la Corneille, qui jouait Martine, me plaisait infiniment, et me don-

Cette « ivresse » du prince de Ligne devant l'esprit de Voltaire me rappelle d'autres enthousiasmes princiers.

Si jamais poëte fut reconnu poëte à son aurore, c'est Voltaire. Qui donc, avant lui ou après lui, a trouvé un prince du sang pour lui rimer un compliment comme celui-ci? Ces vers du prince de Conti, après la première représentation d'*OEdipe*, prouvent que Voltaire commença de bonne heure à avoir sa cour :

nait quelquefois des distractions. Lorsque ce grand homme parlait, il n'aimait pas qu'on en eût. Je me souviens qu'un jour où ses belles servantes suisses, nues jusqu'aux épaules à cause de la chaleur, passaient à côté de moi ou m'apportaient de la crème, il s'interrompit, et prenant en colère leurs beaux cous à pleines mains, il s'écria : « Gorge par-ci, gorge par-là, allez au diable! »

Je veux donner encore cette page du prince. « Un marchand de chapeaux et de souliers gris entre tout à coup dans le salon. M. de Voltaire se sauve dans son cabinet. Ce marchand le suivait en lui disant : « Monsieur, monsieur, je suis le fils d'une femme pour qui vous avez fait des vers.—Oh! je le crois; j'ai fait tant de vers pour tant de femmes! Bonjour, monsieur.—C'est madame de Fontaine-Martel.—Ah! ah! monsieur, elle était bien belle. Je suis votre serviteur. (Et il était prêt à rentrer dans son cabinet.)—Monsieur, où avez-vous pris ce bon goût qu'on remarque dans ce salon? Votre château, par exemple, est charmant. Est-il bien de vous? (Alors Voltaire revenait.)—Oh! oui, de moi, monsieur; j'ai donné tous les dessins; voyez ce dégagement et cet escalier; eh bien?—Monsieur, ce qui m'a attiré en Suisse, c'est le plaisir de voir M. de Haller. (M. de Voltaire rentrait dans son cabinet.) Monsieur, monsieur, cela doit vous avoir coûté beaucoup. Quel charmant jardin!—Oh! par exemple, disait M. de Voltaire (en revenant), mon jardinier est une bête; c'est moi, monsieur, qui ai tout fait.—Je le crois, ce M. de Haller, monsieur, est un grand

Racine avec Corneille, au sein de l'Élysée,
Rappelaient l'histoire passée
Du temps où de la France ils étaient l'ornement.
Ils avaient su par ceux qui venaient de la terre
Du Théâtre-Français le funeste abandon ;
Que depuis leur décès le délicat parterre
Ne pouvait rien trouver de bon.
Un démon sans expérience,
Mais dont l'esprit vif, gracieux,
Surpassait déjà les plus vieux
Par ses talents et sa science.
Pour réparer les maux du théâtre obscurci,

homme. (M. de Voltaire rentrait.) Combien de temps faut-il, monsieur, pour bâtir un château à peu près aussi beau que celui-ci ? » (M. de Voltaire revenait dans le salon.) Sans le faire exprès, ils me jouèrent la plus jolie scène du monde ; et M. de Voltaire m'en donna bien d'autres plus comiques encore par sa vivacité, ses humeurs, ses repentirs. Tantôt homme de lettres, tantôt gentilhomme de la cour de Louis XIV, il n'était pas moins comique lorsqu'il faisait le seigneur de village : il parlait à ses paysans comme à des ambassadeurs de Rome ou des princes de la guerre de Troie. Il ennoblissait tout. Voulant demander pourquoi on ne lui donnait jamais de civet à dîner, au lieu de s'en informer tout uniment, il dit à un vieux garde : « Mon ami, ne se fait-il donc plus d'émigrations d'animaux de ma terre de Tourney à ma terre de Ferney ? »

Il y a une version de Grimm sur Voltaire et M. de Haller :

« Un Anglais étant venu voir Voltaire à Ferney ; il lui demanda d'où il venait. Le voyageur lui dit qu'il avait passé quelque temps avec M. de Haller. Aussitôt le patriarche s'écrie : « C'est un grand homme que M. de Haller ! grand poëte, grand naturaliste, grand philosophe, homme presque universel ! — Ce que vous dites là, monsieur, lui répond le voyageur, est d'autant plus beau que M. de Haller ne vous rend pas la même justice. — Mon Dieu ! réplique M. de Voltaire, nous nous trompons peut-être tous les deux. »

Ce démon fut par eux choisi.
Ils lui font prendre forme humaine,
Des règles de leur art à fond l'ayant instruit,
Sur les bords fameux de la Seine,
Sous le nom d'Arouet, cet esprit fut conduit.
Ayant puisé ses vers aux eaux de l'Aganippe,
Pour son premier projet il fait le choix d'Œdipe :
Et, quoique dès longtemps ce sujet fût connu,
Par un style plus beau cette pièce changée
Fit croire des enfers Racine revenu,
Ou que Corneille avait la sienne corrigée.

Et le duc de Villars qui écrivait à Voltaire malade : « Personne ne connaît mieux que vous les Champs-Élysées, et personne assurément ne peut s'attendre à y être mieux reçu. Vous trouverez d'abord Homère et Virgile qui viendront vous en faire les honneurs et vous dire avec un sourire malicieux que la joie qu'ils ont de vous voir est intéressée, puisque, par quelques années d'une plus longue vie, leur gloire aurait été entièrement effacée. L'envie et les autres passions se conservent en ces pays-là; du moins, il me semble que Didon s'enfuit dès qu'elle aperçoit Énée : quoi qu'il en soit, n'y allons que le plus tard que nous pourrons. »

Mais il faudrait soixante-dix volumes pour inscrire tous les vers, tous les compliments, tous les éloges des courtisans de Voltaire, à commencer par Frédéric le Grand et Catherine la Grande*.

---

* L'impératrice de Russie se faisait peindre pour son frère

VI

Madame Suard, qui tout enfant avait vu venir Voltaire chez son père dans un voyage en Flandre, lui rendit cette visite à Ferney quand Voltaire allait mourir. Suard a publié les lettres de sa femme datées de Ferney. En les lisant, on sent à chaque ligne que c'est la vérité elle-même qui parle; or, la vérité a ce jour-là des enthousiasmes religieux pour celui qui était encore tout esprit, mais qui ne songeait plus qu'à sa mission providentielle. Voltaire disait alors à Lazare : « Je vais descendre dans le tombeau, mais je soulève de ma main défaillante le couvercle du tien et je te dis : Sois libre! pauvre homme. »

Madame Suard peint fidèlement avec quelle sainte ardeur on allait alors en pèlerinage à Ferney. « En-

---

des Alpes et le roi de Prusse écrivait ses hymnes à Voltaire jusque sur les services de porcelaine qu'il lui envoyait à Ferney. « Il y avait, dit Grimm, sur les pièces de cette merveille de Saxe, des Arions portés par des dauphins, des Orphées, des Amphions, des lyres et tous les divers emblèmes de la poésie. Le patriarche a répondu au roi que Sa Majesté mettait ses armes partout. Le roi a répliqué par une lettre charmante, où, en parlant de la fable des dauphins, il dit entre autres : « Tant pis pour les dauphins qui n'aiment pas les grands hommes. » Ce commerce soutenu qui s'établit entre les souverains et les philosophes appartient à notre siècle exclusivement, et fera une époque mémorable, non-seulement dans les lettres, mais encore par son influence dans l'esprit public des gouvernements. »

fin, s'écrie-t-elle dans sa première lettre, j'ai vu M. de Voltaire! jamais les transports de sainte Thérèse n'ont pu surpasser ceux que m'a fait éprouver la vue de ce grand homme. Il me semblait que j'étais en présence d'un dieu; le cœur me battait avec violence en entrant dans la cour de ce château consacré. » Voltaire était allé se promener. Il revint bientôt en s'écriant : « Où est-elle? c'est une âme que je viens chercher. » Et madame Suard s'avance toute pâle et toute chancelante : « Cette âme, monsieur, elle est toute remplie de vous; si on brûlait vos œuvres, on les retrouverait en moi. — Corrigées, » dit Voltaire avec ce vif esprit d'à-propos qu'il garda jusqu'au dernier moment.

Mais je laisse parler madame Suard. « Il est impossible de décrire le feu de ses yeux, ni les grâces de sa figure. Quel sourire enchanteur. Ah! combien je fus surprise quand, à la place de la figure décrépite que je croyais voir, parut cette physionomie pleine d'expression; quand, au lieu d'un vieillard voûté, je vis un homme d'un maintien droit, élevé et noble avec abandon. Il n'y a pas dans sa figure une ride qui ne forme une grâce. » Voltaire avait quatre-vingt-un ans.

Madame Suard lui débita tous ses enthousiasmes. « Vous me gâtez, vous voulez me tourner la tête; je vais devenir amoureux de vous. » Et en effet, voilà Voltaire amoureux. Madame Suard lui baise les mains et le conjure de se retirer dans son cabinet. Il rentre chez lui et elle se promène dans les jardins. Mais au détour d'une allée, voilà Voltaire, plus jeune que jamais, qui la surprend pour continuer la conversation. Il est vrai qu'il devait prendre plaisir à ces jolis commérages de ce bas-bleu qui lui disait entre autres choses : « Ah ! si vous pouviez être témoin des acclamations qui s'élèvent aux assemblées publiques, à l'Académie ou ailleurs, lorsqu'on y prononce votre nom, comme vous seriez content de notre reconnaissance et de notre amour ! Qu'il me serait doux de vous voir assister à votre gloire ! Que n'ai-je la puissance d'un dieu pour vous y transporter ! — J'y suis, j'y suis ! » s'écriait Voltaire, en embrassant madame Suard.

Au dîner, Voltaire croit qu'il a vingt ans, et il mange des fraises comme lorsqu'il les cueillait dans les bois avec mademoiselle de Corsembleu. Mais les fraises ne passèrent pas ; l'amour eut une indigestion. « C'est égal, dit-il le lendemain quand il revit madame Suard, vous me rendez la vie. » Et comme elle lui baisait les mains : — « Je suis heureux d'être mourant ; vous ne me traiteriez pas si bien si je n'avais que vingt ans. — Je ne pourrais vous aimer davantage, mais je serais forcée de vous cacher les battements de mon cœur, si vous aviez vingt ans. »

Et madame Suard écrit à son mari : « Les quatre-vingts ans de M. de Voltaire mettent ma passion bien à l'aise. » Toutefois, madame Suard parle à son mari de Voltaire avec une adoration qui eût peut-être inquiété le futur secrétaire perpétuel, si déjà elle ne l'eût habitué aux tendresses extraconjugales avec son ami Condorcet.» Il faut voir, dit-elle, avec quelle grâce Voltaire a voulu se mettre à mes pieds. Cette grâce est dans son maintien, dans son geste, dans tous ses mouvements ; elle tempère le feu de ses regards, dont l'éclat est encore si vif qu'on pourrait à peine le supporter s'il n'était adouci par une grande sensibilité. Ses yeux, brillants et perçants comme ceux de l'aigle, me donnent l'idée d'un être surhumain; je n'en ai pas dormi. »

Un peu plus tard, dans la journée, madame Suard revoit Voltaire. Cette fois, il s'est fait beau : il a mis sa plus belle perruque et sa robe de chambre des Indes. Que lui dit madame Suard en le voyant si bien habillé? « Vous me rappelez aujourd'hui la statue de Pigale. — Vous l'avez donc vue? — Si je l'ai vue !, je l'ai baisée. — Elle vous l'a bien rendu, n'est-ce pas ? » dit Voltaire en ouvrant les bras. Et comme madame Suard ne lui répondait qu'en lui baisant les mains : « Dites-moi donc qu'elle vous l'a rendu. — Mais il me semble qu'elle en avait envie. » Et Voltaire reproche à madame Suard de venir corrompre les mœurs de sa république.

Et on monte en carrosse. On va se promener dans

les bois : « J'étais dans le ravissement; je tenais une de ses mains que je baisai une douzaine de fois. Il me laissa faire parce qu'il vit que c'était un bonheur. »

Heureusement qu'il n'était pas seul dans le carrosse. M. de Soltikof, ambassadeur extraordinaire de S. M. l'impératrice de toutes les Russies à la cour du roi Voltaire, assistait à ce rajeunissement du vieux Titon.

Le voyage fut charmant. On traversa des bois plantés par Voltaire, qui étaient déjà des bois sérieux, pour arriver à une belle ferme, où le philosophe fit admirer sa grange et sa vacherie. Il fallut que madame Suard prît des mains de Voltaire une tasse de lait, une belle tasse de porcelaine de Sèvres envoyée par madame de Pompadour. Et Voltaire s'écriait :

Qu'il est doux d'employer le déclin de son âge
Comme le grand Virgile occupa son printemps!
Du beau lac de Mantoue il aimait le rivage;
Il cultivait la terre et chantait ses présents;
Mais, bientôt ennuyé des plaisirs du village,
D'Alexis et d'Aminthe il quitta le séjour,
Et malgré Mévius il parut à la cour.
C'est la cour qu'on doit fuir, c'est ici qu'il faut vivre!
Dieu du jour, dieu des vers, j'ai ton exemple à suivre :
Tu gardas les troupeaux, mais c'était ceux d'un roi :
Je n'aime les moutons que quand ils sont à moi;
L'arbre qu'on a planté rit plus à notre vue
Que le parc de Versaille et sa vaste étendue*.

* Comment M. Vitet qui a écrit le poëme des *Jardins*, ce

Le Normand Fontenelle, au milieu de Paris,
Prêta des agréments au chalumeau champêtre;
Mais il vantait des soins qu'il craignait de connaître,
Et de ses faux bergers il fit de beaux esprits.
Je veux que le cœur parle, ou que l'auteur se taise :
Ne célébrons jamais que ce que nous aimons.
En fait de sentiment l'art n'a rien qui nous plaise;
Ou chantez vos plaisirs, ou quittez les chansons.

Il fallut bientôt que Voltaire s'arrachât à ces dernières illusions de l'amour, qui n'étaient d'ailleurs plus qu'un jeu pour ce Prométhée déchaîné. Madame Suard lui écrivit sa lettre d'adieu, et Voltaire répondit par celle-ci : « J'ai écrit à monsieur votre mari que j'étais amoureux de vous. Ma passion a bien augmenté à la lecture de votre lettre. Vous m'oublierez au milieu de Paris; et moi, dans mon désert où l'on va jouer *Orphée*, je vous regretterai comme il regrettait Eurydice; avec cette différence, que c'est moi le premier qui descendrai aux enfers, et que vous ne viendrez point m'y chercher. »

Avant de quitter Voltaire, madame Suard lui avait demandé sa bénédiction. « Je vais faire un long voyage, donnez-moi votre bénédiction. Je la regarderai comme un préservatif aussi sûr contre

---

poëme que Delille chanta « sur cette serinette qu'il appelait sa lyre, » n'a-t-il rien dit des jardins de Ferney? C'est que pour M. Vitet, les lignes sont le style du paysage : il est pour Le Nôtre, contre Kent.

tous les dangers que celle de notre saint-père. »

Voilà comment parlait madame Suard la chrétienne, subjuguée par la royauté et l'apostolat de Voltaire. Ce ne fut ni le roi, ni l'apôtre qui répondit. Voltaire regardait la dame « d'un air fin et doux, et paraissait embarrassé de ce qu'il devait faire. Il lui dit enfin : « Mais je ne puis vous bénir de mes doigts; j'aime mieux vous passer mes deux bras autour du cou. » Et il embrassa madame Suard.

Voltaire ne devait donner qu'une fois sa bénédiction pour unir le monde nouveau au monde ancien dans l'esprit de Dieu et de la liberté : il la donna au fils de Franklin.

Au temps de la visite de madame Suard, Voltaire passait presque tout son temps couché. En ce temps-là, le trône de Voltaire, c'était donc son lit. On l'y trouvait assis couronné d'un bonnet de nuit, attaché par un ruban toujours frais, habillé d'une veste de satin blanc. En face de son lit était appendu le portrait de madame du Chastelet. Dans la ruelle, il voyait à toute heure les figures de Calas et de Sirven, deux gravures de la fabrique d'Épinal, qui pour lui étaient plus expressives que les vierges de Raphaël.

Déjeunant le matin avec du café à la crème, ne dînant pas, soupant à huit heures avec des œufs brouillés, il travaillait tout le jour, et ne réservait qu'une heure aux étrangers qui lui venaient faire leur cour. La table du château était plus abondante que la sienne. Son hospitalité était celle d'un roi. Tous les visiteurs, tous les pèlerins, tous les enthousiastes trouvaient, quelle que fût l'heure, une bonne volaille arrosée de vin de Moulin-à-Vent. Cette hospitalité commençait aux grands seigneurs et ne s'arrêtait pas aux pauvres. Je lis dans une lettre de madame Suard, que tous les paysans qui passaient par Ferney y trouvaient un dîner prêt et une pièce de vingt-quatre sous pour continuer leur route. Les insulteurs du roi Voltaire — de l'avare Voltaire — auraient-ils donné une pistole?

VII

Tout le monde allait à Ferney, tout le monde écrivait au roi de Ferney. « Rois, princes, courtisans, poëtes, artistes, chacun voulait avoir un mot ou un regard du phénomène près de disparaître. » C'est l'aveu d'un ennemi.

Comme tout le monde, Marmontel fit son voyage à Ferney. Le croirait-on? ce père qui écrit pour l'instruction de ses enfants conte que, le jour de son départ, Voltaire lui lut deux chants de *la Pucelle*; et il s'écrie, avec son emphase habituelle : « Ce fut pour moi le chant du cygne. »

J'ai parlé de Marmontel, parlerai-je de La Harpe, un autre courtisan qui est parti de Voltaire pour arriver à Rome? Tout chemin mène à la ville éternelle. Le chemin, pourtant, n'est-il pas mauvais qui mène de l'enthousiasme au mépris, du rôle de serviteur dévoué au métier d'esclave insulteur? La Harpe,—pareil à ces royalistes plus royalistes que le roi, jusqu'au jour où ils s'asseyaient sur les bancs de la République,—La Harpe fut plus voltairien que Voltaire, tant qu'il fut permis d'aspirer à la succession de son maître. Dépassé, sifflé, annihilé par ses frères cadets de la coterie, il passa dans un autre couvent. Mais ce fut son châtiment; il n'y put être abbé, ni prieur. Le Christ n'aime guère les incrédules qui devenant vieux se font chrétiens contre les autres.

Florian, un peu cousin de Voltaire, avait onze ans lorsqu'il entra comme page à la cour de Ferney. Le R. P. Adam condamna le jeune Florian à faire des thèmes; et comme celui-ci était souvent embarrassé pour mettre en latin ce qu'il n'entendait pas trop bien en français, il s'en allait prier Voltaire de lui *faire sa phrase.* Voltaire faisait la phrase avec tant de bonté, que l'écolier s'en retournait *croyant que c'était lui-même qui l'avait faite.* Voltaire courut les buissons avec son écolier; il éveilla en lui la gaieté et l'esprit; il altéra un peu l'*homme de la nature.* A dater de son séjour à Ferney, Florian rêva un peu moins, il parla un peu plus : il suivit même si bien les leçons du maître, qu'il imita jusqu'au

18

sourire malin du philosophe. « C'est cela, disait Voltaire, aie l'air d'avoir de l'esprit, et l'esprit viendra*. »

Voltaire recevait beaucoup de lettres et en écrivait beaucoup. Dans cent ans, on n'aura pas encore retrouvé la moitié des lettres de Voltaire. J'en ai tout un volume; j'en sais de fort belles qui ne sont pas non plus imprimées. Quand le courrier était parti, il craignait d'avoir oublié quelqu'un, un roi ou un poëte**. Dans sa fureur d'écrire des lettres, il en adressait aux morts.

* A Ferney, l'*Iliade* l'emporte sur *Télémaque* : ce ne sont plus les nymphes adorées, ce sont les héros olympiens; l'ardeur du combat triomphe des chastes tendresses. Il y avait dans le jardin un immense champ de pavots aux têtes panachées. Chaque fois que Florian passait le long du champ, il les regardait de côté en se disant : « Voilà les perfides Troyens; ils tomberont sous mes coups. » Il donnait à chaque pavot le nom d'un fils de Priam, et le plus beau de tous, il l'appelait Hector. Le grand jour arrive; il entre bravement dans le champ de bataille; armé d'un sabre de bois, il coupe à tort et à travers la tête à mille pavots. En vain le Xanthe en fureur veut s'opposer à son passage; il brave les eaux du Xanthe. Déjà Déiphobus n'est plus, Sarpédon ferme les yeux, Astéropée tombe sous ses coups, le champ de bataille est couvert de morts et de mourants. Ce n'était point assez : Hector restait, le meurtrier de Patrocle levait une tête superbe : il s'élance vers lui. Tendre Andromaque, tremblez! Hector va périr. Mais Voltaire arrive; il regardait le jeune héros depuis une demi-heure; il voyait avec émoi couper la tête à ses beaux pavots; il le vient interrompre dans ses exploits. Florian, tout surpris, lui dit qu'il repassait son *Iliade*. Voltaire rit beaucoup, et le laissa continuer en paix la guerre des Grecs et des Troyens.

** A qui n'a-t-il pas écrit :

L'empereur de la Chine, à qui j'écris souvent...

Il avait quatre-vingts ans quand il écrivit à Horace.

> Tibur, dont tu nous fais l'agréable peinture,
> Surpassa les jardins vantés par Épicure.
> Je crois Ferney plus beau. Les regards étonnés,
> Sur cent vallons fleuris doucement promenés,
> De la mer de Genève admirent l'étendue ;
> Et les Alpes de loin, s'élevant dans la nue,
> D'un long amphithéâtre enferment ces coteaux
> Où le pampre en festons rit parmi les ormeaux.
> Et du bord de mon lac à tes rives du Tibre
> Je te dis, mais tout bas : Heureux un peuple libre !

C'est le philosophe qui parle, mais voici le poëte :

> J'ai vécu plus que toi, mes vers dureront moins ;
> Mais au bord du tombeau je mettrai tous mes soins
> A suivre les leçons de ta philosophie,
> A mépriser la mort en savourant la vie,
> A lire tes écrits pleins de grâce et de sens,
> Comme on boit d'un vin vieux, qui rajeunit les sens.

C'est encore le poëte, le vieil enfant gâté des muses, qui rime des quatrains à madame du Barry. La maîtresse de Louis XV avait envoyé à Voltaire son portrait par ambassadeur, avec deux baisers. Il lui prouva que—la plume à la main—c'était toujours le Voltaire des belles années.

> Quoi ! deux baisers sur la fin de ma vie !
> Quel passe-port vous daignez m'envoyer !
> Deux, c'est trop d'un, adorable Égérie :
> Je serais mort de plaisir au premier.

Et après ce quatrain, il embrasse deux fois le portrait de la comtesse, en s'écriant :

> C'est aux mortels d'adorer votre image,
> L'original était fait pour les dieux.

Il écrivit aussi des alexandrins à Boileau.

> J'ose agir sans rien craindre, ainsi que j'ose écrire.
> Je fais le bien que j'aime ; et voilà ma satire.
> Je vous ai confondus, vils calomniateurs,
> Détestables cagots, infâmes délateurs ;
> Je vais mourir content. Le siècle qui doit naître
> De vos traits empestés me vengera peut-être.
> Oui, déjà Saint-Lambert, en bravant vos clameurs,
> Sur ma tombe qui s'ouvre a répandu des fleurs ;
> Aux sons harmonieux de son luth noble et tendre,
> Mes mânes consolés chez les morts vont descendre.

C'était toujours l'aveugle Voltaire contre ses ennemis. Dès 1768 on avait baptisé un vaisseau de ce nom sans baptême ; au lieu de l'envoyer aux rivages de la poésie comme Horace y poussait par ses vœux le vaisseau de Virgile, le dirai-je ? il l'envoyait débarquer Patouillet et Nonnotte *aux chantiers de Toulon*.

VIII

Comme tous les rois, Voltaire a eu son fou *. Il

---

* Voltaire l'appelait son évêque, témoin cette lettre à l'abbé qui lui avait envoyé son motet, *les Israélites sur la montagne*

l'avait choisi parmi les abbés, le païen ! c'était l'abbé de Voisenon. Voltaire avait d'abord pris l'abbé de Bernis pour son fou, mais celui-là resta à Louis XV*.

Au séminaire, Voisenon, déjà inféodé à Voltaire, montra le chemin à Boufflers ; il écrivit des contes libertins qui ont plus tard enrichi le bagage de madame Favart. Il sortit du séminaire pour aller déposer une carte de visite à la Comédie-Française. Cette carte de visite était une comédie qui avait pour titre *l'École du monde*. Après la représentation, les comédiens renvoyèrent l'auteur à l'école ; mais les comédiennes le gardèrent dans la coulisse jusqu'au jour où l'évêque de Boulogne, jugeant qu'il avait bien assez gagné le ciel comme cela, l'appela pour conduire son diocèse, et le baptisa grand-vicaire. Voisenon, qui était capable de tout, se mit

---

d'Oreb : « Mon cher évêque, on ne peut pas mieux demander à boire. C'est dommage que Moïse n'ait donné à boire que de l'eau à ces pauvres gens. Mais je me flatte que pour Pâques prochain vous ferez une noce de Cana. Ce miracle est au-dessus de l'autre et rien ne vous manquera plus quand vous aurez apaisé la soif des buveurs de l'Ancien et du Nouveau Testament.

« Dieu me punit d'avoir été quelquefois malin, mais vous me donnerez l'absolution. »

* « Il y a un mois que quelques étrangers étant venus voir ma cellule, nous nous mîmes à jouer le pape aux trois dés : je jouai pour le cardinal Stopari et j'amenai rafle. Mais le Saint-Esprit n'était pas dans mon cornet. Ce qui est sûr, c'est que l'un de ceux pour qui nous avons joué sera pape. Si c'est vous, je me recommande à Votre Sainteté. »

à faire des sermons comme il faisait des comédies. Mais, si les comédies furent trouvées tristes, les sermons furent trouvés gais. On s'amusa beaucoup de ses sermons, mais il entraîna peu de monde au tribunal de la pénitence, ce qui n'empêcha pas que peu de temps après le cardinal de Fleury ne lui offrît l'évêché de Boulogne. « Comment voulez-vous, monseigneur, que je conduise un diocèse, quand j'ai tant de peine à me conduire moi-même? » D'Alembert disait qu'il fallait donner à Voisenon l'évêché du bois de Boulogne.

« Il y a des bêtises qu'un homme d'esprit achèterait. » C'est l'abbé de Voisenon qui a dit ce beau mot; or, ce qui lui a le plus manqué, à cet homme qui était tout esprit, c'était de ces bêtises qui donnent un corps à l'esprit, parce qu'elles sont la force humaine.

L'abbé de Voisenon a fait des opéras-comiques et des contes libertins. Il a mal dit la messe, mais il a lu le bréviaire de l'amour. « Aimons-nous les uns les autres, » disait-il avec onction à madame Favart. Plus d'une fois son confesseur lui a remis ses péchés, mais cela lui coûtait cher; un jour il lui fallut acheter son pardon moyennant mille écus pour le saint-siége, deux mille écus pour les pauvres et le bréviaire tous les matins! Mais, s'il faut en croire M. de Lauraguais, madame Favart partagea avec Voisenon la dernière pénitence.

Il cachait une épée sous sa soutane. Il ne permettait pas aux duellistes de parler haut devant lui*. Il était d'ailleurs très-facile à vivre, pourvu qu'on ne parlât pas mal devant lui de Dieu, de Voltaire et de madame Favart. Je crois qu'il ne connaissait pas Dieu, mais il connaissait Voltaire et madame Favart.

Vaillant l'épée à la main, l'abbé de Voisenon n'était pas vaillant dans la bataille de la vie. Il passa sa vie à mourir. « Que faites-vous? lui demandait-on. —Je suis en train de mourir, » répondait-il invariablement.

Si on ne le rencontrait guère à la messe, on le rencontrait beaucoup à la cour de Voltaire. Il avait l'art d'être toujours chez lui sans jamais avoir eu de maison. Je ne parle pas du château de Voisenon, qu'il regardait comme son sépulcre, et où il n'allait que dans ses jours de maladie, « pour être, disait-il, de plain-pied avec le tombeau de ses pères. »

Après plus d'un demi-siècle de folies, madame Favart étant morte, il jugea que le temps était venu pour lui de se faire enterrer. Il demanda la permission à Voltaire de partir pour l'autre monde, et s'en

---

* Laplace raconte qu'il eut un duel avec un officier aux gardes qui avait voulu railler toute la séquelle des capucins. L'officier alla au rendez-vous comme à une partie de plaisir, disant qu'il ne ferait qu'une bouchée du petit abbé; mais le petit abbé le souffleta galamment du bout de son épée et le désarma avec une grâce parfaite.

alla au château de Voisenon. Voltaire lui fit son épitaphe; aussi sa dernière heure ne fut pas l'heure de la pénitence. Le curé l'exhortait à se réconcilier avec Dieu en lui montrant le crucifix. « Rupture entière, monsieur le curé, dit le sacrilége abbé; je vous rends lettres et portrait. » Les lettres, c'était le bréviaire; le portrait, c'était le crucifix! O Voltaire! voilà quel fut ce jour-là le 71ᵉ volume de tes œuvres!

«Voltaire, a dit Voisenon, est certainement l'homme le plus étonnant que la nature ait produit dans tous les siècles; quand elle le forma, sans doute il lui restait un plus grand nombre d'âmes que de corps, ce qui la décida à en faire entrer cinq ou six différentes dans le corps de Voltaire. Peut-être ne fut-elle aussi généreuse qu'aux dépens de quelques autres; car on rencontre bien des corps où elle a oublié de mettre une âme. Il y a dans Voltaire de quoi faire passer six hommes à l'immortalité. »

Par aventure le fou du roi parla une fois en sage.

IX

LE PEUPLE DE VOLTAIRE

Si Voltaire avait des courtisans et des flatteurs, il avait aussi son peuple. Quiconque avait souffert était admis dans le royaume de son intelligence. Ce peuple, c'était les opprimés, les malheureux, les torturés, tous ceux qui errent dans le ciel de l'histoire avec une plaie au flanc, morts ou vivants, qu'importe! Pour l'homme de génie comme pour Dieu, tout existe dans un présent éternel.

Pendant que le roi Louis XV jetait aux sultanes de son sérail le mouchoir brodé aux armes de la France, le roi Voltaire veillait, armé de la raison, pour le règne de la justice.

En 1761, un coquin perdu de débauches, Marc-Antoine Calas, revint chez son père, non pas comme l'enfant prodigue pour renaître à une vie nouvelle après le festin du veau gras, mais pour terminer par le suicide une existence qu'il n'avait pas le courage de porter plus longtemps. Le père était protestant; c'était un beau vieillard qui vivait en Dieu, adoré dans sa famille, et qui, âgé de près de quatre-vingts ans, n'avait jamais eu qu'un chagrin : son fils Marc-Antoine. Son premier fils s'était converti au catholicisme; le vieux Calas l'avait aimé catholique comme il l'eût aimé protestant. Un magistrat fanatique, ennuyé de n'avoir rien à condamner, s'imagina que le père avait tué son second fils pour l'empêcher à son tour de se faire catholique; et du premier coup on jette toute la famille dans un cachot. Le père paralytique, la mère à moitié folle de douleur, le fils qui proteste au nom du Dieu des chrétiens, la sœur, déjà mère de famille, la petite sœur qui est à la veille de ses noces. Ce n'est pas tout. On met sur la tête du débauché la couronne du martyre; on lui met à la main une branche de palmier; on lui met dans l'autre la plume qui devait, assure le magistrat, écrire son abjuration. La confrérie des pénitents blancs, pour finir la comédie, vient chanter la messe des morts pour le repos de l'âme de ce saint improvisé.

Cependant on interroge le vieillard, on interroge sa femme, on interroge ses enfants. Tous répondent par des larmes. « Ce sont vos larmes qui vous accusent, » disent les magistrats. On menace de mettre toute la famille à la question ; mais les quatre-vingts ans du père le sauvent, lui et les siens, de la torture. En vain la vérité crie de toutes ses forces : les juges veulent des coupables. Calas est condamné au supplice de la roue, sa femme et ses enfants sont bannis de France.

Où iront-ils ? Il n'y a maintenant qu'un homme de toute cette nation qui daignera leur ouvrir sa porte, les appuyer sur son cœur et défendre leur cause. Le père a subi le supplice de la roue, mais il faut sauver sa mémoire. A cette famille, riche hier, aujourd'hui frappée de toutes les misères, il faut lui rendre son bien et son honneur.

Allons, Voltaire, c'est à toi d'écrire le dernier mot de cette tragédie de Calas qui comptera dans tes œuvres bien plus qu'*Œdipe*, bien plus que *Mahomet*, bien plus que *Zaïre*.

Voltaire passa trois années de sa vie à demander justice ; la justice vint enfin. Ce fut un beau spectacle que le jour où la France déclara, aux applaudissements de Paris et du monde, que la cause que Voltaire avait prise contre la justice était la cause de la justice. Calas fut déclaré innocent ; on réhabilita sa mémoire ; sa famille proscrite rentra dans sa patrie et dans ses biens. En outre, le ministre du roi Louis XV, qui était ce jour-là le ministre du roi Voltaire, donna cent mille livres à cette malheureuse famille pour payer le crime du parlement du Languedoc.

Durant ces trois mortelles années, Voltaire vécut tout entier dans cette cause célèbre. Il se reprochait comme un crime ses moindres sourires. Si la lumière ne s'était pas faite, il n'eût pas survécu à cette iniquité. Quand plus tard, à son dernier voyage à Paris, il entendait dire autour de lui : « C'est l'auteur de *la Henriade*, c'est le sauveur des Calas, » il pensait avec raison que l'homme l'emportait de beaucoup sur le poëte.

Après les Calas ce furent les Sirven, seconde édition de la même tragédie, moins le dénoûment tragique. Voltaire triomphe encore. Mais Voltaire ne fut pas toujours écouté. On comprit en France que si on laissait faire le roi de Ferney il allait renouveler l'édit de Nantes. Les cris de douleur que Voltaire poussait depuis longtemps déjà à tous les anniversaires de la Saint-Barthélemy, il les poussa bientôt, plus désolé que jamais, devant le supplice du chevalier de la Barre, un jeune homme de vingt ans qui avait méconnu, après souper en folle compagnie, la divinité du Christ dans ses images, qui, le matin, pendant qu'on le coiffait, avait chanté un refrain irréligieux. Cette fois, ce fut le parlement de Paris qui donna tort à Voltaire, en consacrant la condamnation de cet enfant gâté qui avait commis un autre crime, le crime d'avoir lu Voltaire.

Le chevalier de la Barre demanda grâce à Louis XV, qui fit le signe de la croix par la main de madame du Barry et qui fut impitoyable, dans la crainte du Dieu vengeur. L'enfant subit la question,—lui qui n'avait rien à dire;—on lui arracha la langue,—cette langue qui avait osé chanter quelques chansons impies de l'abbé de Grécourt, de l'abbé Voisenon ou de l'abbé de Bernis,—et on le décapita, —et on le brûla dans un feu de joie*.

Ce fut un cri d'horreur qui retentit dans toute la France, qui monta jusqu'au ciel et qui rouvrit la blessure du Fils de Dieu.

Calas avait quatre-vingts ans et le chevalier de la Barre n'en avait pas vingt. « On s'est indigné pendant un jour, mais on est allé le soir à l'Opéra-Comique. »

Le trait le plus frappant de Voltaire, c'était le sentiment de la justice. Cet homme, dont le cœur était dans la tête, ne s'attendrissait point sur des chimères; mais toute violation du droit, tout ou-

---

* « On persécute à la fois par le fer, par la corde et par les flammes, la religion et la philosophie : cinq jeunes gens ont été condamnés au bûcher pour n'avoir pas ôté leur chapeau en voyant passer une procession à trente pas! Est-il possible, madame, qu'une nation qui passe pour si gaie et si polie soit en effet si barbare ! »

Le magistrat qui avait accusé Calas mourut fou enragé; un des juges du chevalier de la Barre mourut frappé par le tonnerre, en allant vendre des cochons au marché, car c'était un marchand de bestiaux. O justice des temps regrettés !

trage à l'humanité lui arrachait un de ces cris qui traversent les âges. Ce qu'il y avait de plus sensible chez lui, c'était la raison, une raison droite, tolérante pour les faiblesses humaines, inexorable pour les institutions fondées sur l'erreur ou sur la barbarie. Ses sympathies ne connaissaient aucune limite de sectes ni d'écoles : sa charité était universelle. Il eût détaché Jésus de la croix simplement parce qu'il le croyait le fils de l'homme ; il eût arrêté la main qui présentait la coupe à Socrate; il eût éteint le bûcher de Jean Huss, en prouvant aux bourreaux que le bûcher brûle et n'éclaire pas; il eût dit aux moines qui serraient les jambes de Campanella dans des bottes de fer : « Est-ce ainsi que vous croyez apprendre au genre humain à marcher droit? » Il eût dit à la sainte inquisition *examinant* Galilée : « Que vous importe le mouvement de la terre, si c'est dans le ciel qu'elle tourne? » Il eût fait rougir les juges de Savonarole et ceux de Jordano Bruno, en leur demandant s'ils croyaient éteindre le soleil en lui jetant des pierres. Il eût dit à Calvin rôtissant Servet : « Quelle est cette liberté d'examen qui n'échappe au feu que pour allumer le feu? »

Parmi ce peuple de victimes il avait des sujets préférés, c'étaient ceux dont la blessure saignait encore : les ombres de la Saint-Barthélemy. Dès qu'il sut lire il s'indigna de toutes ses larmes et de toutes ses colères contre les sanglantes matines. Le marquis de Villette raconte que tous les ans Voltaire éprouvait un accès de fièvre le jour anniversaire de ce lugubre massacre. Peut-être l'auteur de *la Henriade* avait-il pris trop de café : il eût pu se contenter de la fièvre de l'indignation ; celle-ci du moins était sincère. Non content d'imprimer le sceau de la réprobation aux auteurs de cette nuit sanglante, il a, ce qui est mieux encore, consolé les morts en les enveloppant du linceul de la gloire. Ces spectres vengeurs qui ont secoué l'anathème sur l'agonie de Charles IX passaient sur la tête de Voltaire en le bénissant. Coligny saluait cette majesté enfermée à la Bastille, Voltaire premier et dernier du nom. Les morts ne saluent que ce qui est immortel. C'est à la Bastille que Voltaire, qui n'avait ni plume ni encre, alignait ces vers sur les pages encore blanches de son esprit :

Je ne vous peindrai point le tumulte et les cris,
Le sang de tous côtés ruisselant dans Paris,
Le fils assassiné sur le corps de son père,
Le frère avec la sœur, la fille avec la mère,
Les époux expirants sous leurs toits embrasés,
Les enfants au berceau sur la pierre écrasés.
Du haut de son palais excitant la tempête,
Médicis à loisir contemplait cette fête ;
Ses cruels favoris, d'un regard curieux,
Voyaient les flots de sang regorger sous leurs yeux.
Et de Paris en feu les ruines fatales

Étaient de ces héros les pompes triomphales.
Que dis-je ! ô crime ! ô honte ! ô comble de nos maux !
Le roi, le roi lui-même, au milieu des bourreaux,
Poursuivant des proscrits les troupes égarées,
Du sang de ses sujets souillait ses mains sacrées.

Une chose manque à Dante, c'est l'attendrissement. Je n'aime point son Virgile contemplant d'un œil sec les mystères et profondeurs de la souffrance éternelle. Voltaire, lui, a, sous le masque du sourire plissé et grimaçant, le cœur de sainte Thérèse : il aime les damnés de l'histoire, il plaint les démons. Si sa tendresse n'est pas drapée dans la poésie, elle n'en est que plus vraie et plus profonde. L'émotion de Voltaire ressemble à celle du volcan qui jette rarement des larmes parmi la cendre et le feu, mais ce sont des larmes brûlantes.

On a beaucoup parlé de l'esprit de Voltaire, mais on n'a pas assez dit que cet esprit était une arme, l'arme de la raison et de la justice. Ses railleries ne tuaient que de fatales erreurs ou de mauvaises actions. Quant aux méchants, il les blessait pour les guérir. Je ne découvre dans ses écrits qu'un genre de haine implacable, la haine du mal, la haine des lois sanguinaires, la haine du supplice immérité ou des châtiments qui rendent la victime intéressante en dépassant la limite de l'expiation.

Si Voltaire n'eût été que poëte et écrivain, il eût pu éblouir le monde par les qualités inépuisables de sa nature; mais il n'eût point régné comme il l'a fait sur toute l'Europe. Son signe à lui, ce qui l'isole — dans les hauteurs étoilées — même des autres grands hommes, c'est d'avoir personnifié son temps, d'avoir été la couronne de la révolution naissante. Voltaire ne croyait point aux incarnations, il avait tort : la société de 89 s'était faite homme dans cet adversaire ardent de tous les abus, de toutes les violences, de tous les mensonges. Les prisonniers de la Bastille étaient son peuple; les vainqueurs qui prenaient la Bastille étaient son peuple encore. Les cahiers du tiers état, c'était Voltaire qui les avait rédigés, au style près. Toutes les réclamations légitimes des campagnes et des villes avaient été visées par lui. *Nous Voltaire, roi de France par la grâce de la raison publique, nous avons lu et approuvé...* Il n'apposait son veto que sur l'injustice ou sur l'erreur.

Il comptait autant de sujets que de malheureux, et il en comptait dans toutes les classes de la société, car l'ancien régime pesait sur toutes les têtes. De l'esprit, Voltaire le répandait à flots; des fleurs, il en jetait partout, mais son œuvre littéraire recouvrait une mission plus sérieuse. Il marchait sur le feu parmi les cendres d'une société qui se bouleversait. C'était le roi de la destruction, mais de la destruction intelligente, qui abat d'une main et qui reconstruit de l'autre.

Ses triomphes furent des fêtes pour l'humanité.

Le 5 février 1778, un de ces beaux jours d'hiver qui sourient quelquefois aux vallées de la Suisse, Voltaire oublie son grand âge, il secoue la neige des ans, il se coiffe de sa perruque poudrée, prend sa canne à pomme d'or et s'achemine vers Paris. Le 10, à trois heures et demie de l'après-midi, la grande nouvelle se répand par toute la ville : « Voltaire est arrivé ! » Toute la population s'émeut comme un seul homme. Le quai des Théatins est encombré d'une multitude immense. Les voitures ne circulent plus ; le peuple qui stationne refoule le peuple qui accourt. Le roi de la pensée trône dans l'hôtel Villette, en face du palais des Tuileries désert. Chaque fois que Voltaire se montre à la fenêtre, les acclamations retentissent jusque sur les ponts, jusque sur l'autre rive du fleuve. Voltaire règne, il règne sur la ville et sur la cour. Toutes les classes de la société, la noblesse, le clergé, le tiers état, concourent à ce triomphe, car Voltaire a des amis dans tous les ordres. Mais au milieu de cette foule mêlée, qui se distingue le plus par la ferveur de son admiration et ses cris de « Vive Voltaire ! » Qui se presse autour de la voiture sans dételer les chevaux ? Qui traîne le triomphateur ? Des hommes aux bras nus. Qui répand des fleurs sur la route ? Ceux qui ne connaissent de la vie que les épines.

Le dieu de la pensée est salué, acclamé, béni par

ceux qui ne savent pas même lire. Un instinct électrique leur révèle que le génie des lumières est aussi l'étoile du peuple. Quiconque a pleuré, souffert, espéré, se console dans l'ovation de ce vieillard; penché comme un roseau, caressé par le souffle de cette tempête qui va déraciner le grand chêne de la monarchie. Le buste de Voltaire est couronné sur tous les théâtres; mais sa vraie couronne à lui, c'est le peuple qu'il éclaire depuis plus d'un demi-siècle. Qu'adore dans le patriarche de Ferney cette multitude émue jusqu'aux larmes, jusqu'au délire? L'intelligence, sans doute. Mais le monde a vu passer l'intelligence sous les traits de Descartes, de Pascal et d'autres philosophes, sans se livrer à de semblables transports. Les préjugés? D'autres les ont combattus avec le même courage, sinon avec la même force et avec le même esprit. Les abus? D'autres les ont dénoncés. L'erreur? Fontenelle lui-même avait ri de cet enfant en cheveux blancs. Non, il faut le dire : ce que le peuple aimait dans Voltaire, c'était la bonté.

Oui, ce malicieux vieillard était bienveillant jusque sous sa plaisanterie la plus mordante. Son indignation était le cri de la tolérance irritée. Puis bientôt il reprenait le calme qui sied à la force et à la justice. Il ne voulait pas la mort de ses ennemis : il voulait qu'ils vissent clair et qu'ils apprissent à raisonner. Les tirades de ses tragédies, froides aujourd'hui comme des brûlots éteints, ont éclairé dans le temps sans blesser personne, — si ce n'est l'ignorance. Voltaire n'a pas seulement préparé la Révolution française : il l'a adoucie, — au moins dans le début, — en désarmant la résistance des classes privilégiées. Quand, la nuit du 4 août, l'Assemblée nationale donna au monde l'exemple d'un sacrifice unique dans l'histoire, c'est que l'âme de Voltaire avait passé par ses écrits dans l'âme de la noblesse et du clergé.

Le peuple de Voltaire, c'était tout le monde, comme le peuple de Dieu.

X

LA SŒUR DE VOLTAIRE

Les deux souverainetés les plus souveraines du XVIIIe siècle, n'est-ce pas Voltaire et Catherine II? Aussi, voyez comme ils se reconnaissent grands tous les deux. Voltaire s'habillait des chasses de Catherine, et celle-ci, dans son parc de Czarsko-Zélo, faisait bâtir un petit Ferney. Ainsi, dans l'épopée virgilienne, Andromaque exilée se plaît à voir encore une miniature de sa Pergame, et à planter sur les bords d'un ruisseau sans nom les arbustes qui ombrageaient les rives sacrées du Simoïs.

Nul n'a nié ce génie profond, cette grande Catherine que Voltaire appelait Catherine le Grand; qui, comme son frère de Prusse, Frédéric II, que Voltaire appelait Frédéric le Grand, a donné l'hospitalité aux apôtres de l'esprit humain.

> Élève d'Apollon, de Thémis, et de Mars,
> Qui sur ton trône auguste as placé les beaux-arts,
> Tu penses en grand homme, et tu permets qu'on pense;
> Toi, qu'on voit triompher du tyran de Byzance,
> Et des sots préjugés, tyrans plus odieux;
> Prête à ma faible voix des sons mélodieux;
> A mon feu qui s'éteint rend sa clarté première :
> C'est du Nord aujourd'hui que nous vient la lumière.

C'était la lumière par réverbération, mais c'était la lumière. Catherine, il est vrai, ne dédaignait pas alors de scintiller dans le ciel du Midi, car elle répondait à Voltaire en lui envoyant une fourrure contre la fraîcheur des Alpes : « Lors de votre entrée dans Constantinople, j'aurai soin de faire porter à votre rencontre un bel habit à la grecque, doublé des plus riches dépouilles de la Sibérie. » Mais la reine de Saba n'entra pas à Jérusalem et Voltaire ne porta pas d'habit à la grecque.

> Bientôt de Galitzin la vigilante audace
> Ira dans son sérail éveiller Moustapha,
> Mollement assoupi sur son large sofa,
> Au lieu même où naquit le fier dieu de la Thrace.
> O Minerve du Nord, ô toi, sœur d'Apollon,
> Tu vengeras la Grèce en chassant ces infâmes,
> Ces ennemis des arts et ces geôliers des femmes;
> Je pars; je vais t'attendre aux champs de Marathon.

Voltaire, toujours précurseur, poursuit ici le vœu de Fénelon et semble donner l'éveil à Byron :

L'historien de Voltaire doit peindre ici à grands traits la figure de Catherine II, ce philosophe doublé d'une catin, pour dire le mot de Byron, cette impératrice qui commandait à des millions d'hommes et qui ne savait pas commander à ses passions.

Catherine, d'ailleurs, appartient par son esprit,— sinon par ses vertus, — à la France du XVIII° siècle.

Il faut voir Catherine II de haut et de loin, comme toutes les grandes renommées et tous les grands monuments; l'histoire n'aime ni les pantoufles ni les robes de chambre. C'est peut-être pour cela que Byron appelle l'histoire « cette menteuse fieffée. »

A la cour d'une reine, disait Horace Walpole, ce sont les hommes qui gouvernent; à la cour des rois, ce sont les femmes. Horace Walpole n'avait pas deviné Catherine, qui fut toujours impératrice, même en face de ses passions, dans le tourbillon de ses amants. C'est qu'il y avait en elle une femme doublée d'un homme. Quand elle devisait familièrement avec son philosophe Diderot, au coin de son feu de l'Ermitage, et qu'elle voyait l'encyclopédiste hésiter pour lâcher la bride à sa gaieté gauloise : « Allez toujours, lui disait-elle, nous sommes entre hommes. »

C'était là le génie de Catherine, d'être un philosophe avec Diderot comme avec Voltaire, un roi avec Frédéric comme avec Joseph II, un mathématicien avec Euler, un héros avec Souwaroff, un homme du monde avec le comte de Ségur, un diplomate avec le prince de Ligne, et une femme (Byron dit beaucoup mieux) avec Poniatowsky, avec Grégoire Orloff, avec Potemkin, avec tous ceux qu'a nommés ou que n'a pas nommés l'histoire.

La Sémiramis du Nord, — une Sémiramis qui eut à compter avec l'ombre sanglante de Ninus, — se souvenait de l'Asie quand elle ouvrait ses mains pleines pour écraser sous ses dons ceux qui ne réussirent jamais à combler le vide de son cœur. Écoutez là-dessus Byron, à l'instant où il présente son don Juan à l'impératrice. « L'amour, ce grand ouvreur du cœur et de toutes les voies qui y conduisent de près ou de loin, par en haut ou par en bas, par les barrières à péage, petites ou grandes; — l'amour (bien qu'elle eût une maudite passion pour la guerre et ne fût pas la meilleure des épouses, à moins que nous ne donnions ce titre à Clytemnestre, et pourtant peut-être vaut-il mieux que l'un des époux meure que si tous deux traînaient leur chaîne), — l'amour avait porté Catherine à faire la fortune de chacun de ses amants*; en cela elle différait de notre demi-chaste Élisabeth, dont l'avarice répugnait à toute

---

* Je ne veux pas faire l'addition éloquente des roubles semés à pleines mains par Catherine au dessert du festin de l'amour; je dirai seulement que le total s'élevait à plus de 400,000,000. M. de Cupidon était ministre des finances par intérim; heureusement que l'intérim ne durait jamais.

espèce de débours, si l'histoire, cette menteuse fieffée, a dit vrai. »

Catherine fut belle longtemps, fut belle toujours. Non-seulement elle avait la beauté dominatrice de l'intelligence, elle avait aussi, quoique Allemande, la beauté des lignes, si j'en crois son buste par Falconet, si j'en crois le tableau du musée de Versailles, si j'en crois Diderot, qui savait peindre. — Comme elle s'habillait tour à tour en homme et en femme, il lui fallait une certaine fierté de profil et en même temps un grand charme de sourire, — yeux bleus et dents blanches, — pour qu'elle représentât victorieusement les deux figures. — Elle portait bien la tête; c'était Junon sur le champ de bataille, c'était Diane sous les ramées de l'Ermitage. Quoique d'une taille médiocre, elle avait l'art de paraître grande, comme si la majesté lui eût toujours fait un piédestal. Ses beaux sourcils noirs donnaient plus de charme encore au ciel azuré de ses yeux. Ses cheveux n'étaient ni blonds ni bruns, ils étaient légèrement poudrés, quelquefois pailletés d'or, et flottaient sur son cou en ondes rebelles. — Elle se coiffait souvent d'un petit bonnet couvert de diamants. — Elle avait presque toujours un collier de perles et des boucles d'oreilles étincelantes. — Elle mettait du rouge, mais elle avait horreur des nez rouges, et ne buvait presque jamais de vin; la table, d'ailleurs, ne tenait que fort peu de place dans sa vie. Elle déjeunait des yeux, elle respirait l'odeur du gibier des chasses impériales, et se contentait de mettre sous ses dents un fruit mûr ou un fruit sec avec un biscuit trempé de chocolat ou de vin de Chypre. A dîner, elle goutait à tout et ne mangeait de rien; elle regardait souper son amant ou son hôte, et ne s'asseyait presque jamais. C'était l'heure des ambitions cachées, quand ce n'était pas l'heure de l'amour.

Byron l'a peinte à son midi; il lui donne des yeux bleus ou gris. — Selon Rulhières, elle avait les yeux bruns. — Pourquoi le prince de Ligne ne nous-a-t-il pas appris qu'elle les avait noirs? Pour moi, je suis convaincu qu'elle avait les yeux verts, mais vert de mer, cette couleur indécise qui va jusqu'au noir, selon que l'âme passe de la région des vents alizés au cap des tempêtes. Minerve, Messaline et Marie Stuart ont triomphé par ces yeux-là. Byron s'attarde avec don Juan en la contemplation des beautés de Catherine; il parle de ses charmes venus à point comme de beaux fruits qui vont tomber de la treille; mais je ne le suivrai pas quand il soulève cette adorable veste de velours vert dessinée par l'impératrice elle-même, et cette jupe à grands ramages qui sculptait en relief si voluptueux « les autres extra » chantés par le poëte.

L'impératrice, ce grand roi, a eu aussi son Marly et son Trianon. A l'Ermitage, sous Catherine, il y eut des spectacles avec des parterres de philosophes et de héros ; à l'Ermitage on moissonnait toutes les gerbes, on y vendangeait toutes les grappes de l'intelligence européenne. Quand Diderot avait lancé ses flammes, quand on avait lu une lettre intime du roi Voltaire ou la correspondance officielle du baron de Grimm, c'était le tour du prince de Ligne, qui débitait des riens charmants, du comte de Ségur, qui chantait une romance, ou de Bernardin de Saint-Pierre (à Saint-Pétersbourg c'était le chevalier de Saint-Pierre), qui racontait pour séduire une comtesse polonaise ces harmonies de la nature qui séduisaient tout le monde.

Catherine fut vraiment grande ; non-seulement elle continua Pierre le Grand, mais on pourrait dire qu'elle fut encore sa Catherine, tant elle voulut réaliser ses idées et jusqu'à ses rêves. Quand on arrive à Saint-Pétersbourg, ce qui émeut l'historien, c'est ce monument grandiose au socle duquel on a gravé cette inscription qui résume deux histoires :

A PIERRE Ier CATHERINE II.

En effet, l'âme plus lumineuse de Pierre Ier embrasait le sein fécond de celle qui fut surnommée la Mère de la patrie. A toute heure elle interrogeait le portrait de Pierre le Grand. Le prince de Ligne rapporte qu'il ne se passait pas un grand événement sans qu'elle prît dans sa poche le portrait de Pierre Ier en disant : *Que dirait-il, que ferait-il s'il était ici ?*

Le duc de Lauzun, enthousiaste de Catherine et

épris de Marie-Antoinette, voulut inspirer la reine par l'impératrice. Catherine, qui croyait que les grandes âmes ne meurent pas, s'imagina qu'elle pouvait transmettre sa pensée à la fille de Marie-Thérèse, reine de France et de Navarre, en cette époque de renouvellement, où la Providence des peuples avait mis un fantôme à la place des rois ; mais Marie-Antoinette ne devait être grande que dans la mort. Les idylles du petit Trianon l'empêchaient d'écouter l'oracle qui lui venait du Nord.

Cette femme, qui avait régné sur cinq cent quarante villes, sur quarante-deux gouvernements, sur une multitude d'îles depuis le Kamtchatka jusqu'au Japon, sur 80 millions d'esclaves, elle mourut seule, toute seule, sans qu'il se trouvât un seul esclave pour lui soulever la tête. Et pourtant cette tête, déjà roidie sur l'oreiller mortuaire, rêvait encore au rêve de Pierre le Grand, au rêve que Nicolas a vu fuir en mourant : Constantinople russe, et la mer Noire devenue un lac Majeur pour les promenades des nouveaux Potemkin!

Oui, elle mourut seule, mais du moins elle ne fut pas assistée par les étrangleurs, comme son mari Paul III ; par les assassins, comme le prince Yvan à Schusselbourg. Ce jour-là elle s'était levée gaiement, elle avait pris son café comme son ami Voltaire, elle avait lu un distique de son ami Souvaroff, qui revenait du massacre d'Ismaïl.

On a dit que Catherine avait encouragé les gens de lettres pour sa gloire, sans aimer les lettres. On s'est trompé, car elle écrivait elle-même, non pas précisément comme madame de Sévigné, mais avec une certaine recherche d'esprit, dans cette forme ouvragée qui révèle les initiés. Elle a écrit des contes recueillis par Grimm, qui valent bien les contes de Montcrif, de Collé et de Maurepas. Elle a traduit *Bélisaire ;* ne fallait-il pas pour une pareille entreprise un courage vraiment littéraire ? L'*Encyclopédie* proscrite aurait trouvé un refuge dans son palais, car elle eût aimé autant à voir de près les travailleurs qu'à s'éclairer au reflet de cette forge révolutionnaire. On a beaucoup parlé de la grâce qu'elle mit à acheter, sans en accepter les livres, la bibliothèque de Diderot. Une impératrice ne pouvait pas moins faire, mais elle pouvait faire moins bien. Ce qui prouve qu'elle aimait les philosophes pour la philosophie et non pour la mode, c'est qu'elle offrit cent mille francs par an à d'Alembert pour être précepteur de son fils. D'Alembert refusa par philosophie, dit-il à ses amis. D'Alembert se trompait ; le vrai philosophe eût quitté son pays pour aller inspirer la sagesse à un futur empereur. La correspondance de Catherine avec Voltaire, cette fameuse correspondance pour laquelle l'impératrice quittait tout, est encore une preuve de son goût très-vif pour les choses de l'esprit. Voltaire disait gaiement : « Ma

Catau aime les philosophes, son mari aura tort dans la postérité. »

Rien n'était impossible à cette souveraineté. Elle a tout fait, même un code, comme Napoléon ; elle a créé des académies, elle a écrit des contes philosophiques, elle a découvert des pays nouveaux, elle a bâti des provinces. Elle a répliqué à Volney ; elle a consolé d'Alembert inconsolable quand il perdit par la mort celle qu'il avait déjà perdue par l'amour. Elle a porté aussi légèrement les crimes que les bonnes actions. Voilà pourquoi sans doute Voltaire l'appelait Catherine le Grand.

Oui, Catherine le Grand, parce qu'elle savait son métier d'impératrice en dépit des rois qui lui en marchandaient le titre. Ce n'était pas pour elle qu'elle se levait matin et qu'elle se couchait tard.

Ce que j'ôte à mes nuits je le donne à mes jours,

disait le Venceslas du poëte. Ce que Catherine ôtait à Orloff et à Potemkin, elle le donnait à la Russie et à la gloire du XVIIIe siècle. Elle disait à Diderot : « Assez bavardé, je vais à mon gagne-pain. » La plus belle louange qu'on puisse donner à un souverain, c'est de dire qu'il a gagné son pain.

XI

LES MINISTRES DE VOLTAIRE

Le roi Voltaire n'avait pas travaillé seul. Ses ministres ont leur part de gloire dans cette semaine biblique où il a dit au vieux monde : « Ton temps est fini, couche-toi dans le tombeau, » et au monde nouveau : « Lève-toi et marche à la conquête de tes droits ; mais ne te repose pas le septième jour, car, dès que tu t'endormiras, une autre Dalila te trahira dans ta force. »

Voltaire eut des ministres sans nombre, depuis l'impératrice de Russie jusqu'à la marquise de Pompadour, depuis le roi de Prusse jusqu'à l'abbé Moussinot. Il a eu Diderot, il a eu d'Alembert, il a eu Buffon, il a eu Turgot, il a eu Condorcet. Mais tous les hommes de son temps, d'Holbach, Helvétius,

Jean-Jacques lui-même, celui-là sans le savoir, l'ont représenté dans les diverses provinces, dans les divers départements du royaume de l'esprit humain*.

Son pouvoir spirituel a pénétré partout, au nom du droit, au nom de la vérité, au nom de la justice. Plus d'un cardinal a oublié l'heure de son bréviaire pour lire celui-là qui voulait qu'on mît en tête de ses œuvres : *Fiat lux!* Le pape lui-même lisait Voltaire, caché par l'éventail des Alpes. J'ai dit déjà que la grande Catherine avait deux consciences : celle de son peuple et celle de Voltaire ; car elle avait de bonne heure étranglé la sienne sur le corps du czar. J'ai dit déjà que Frédéric le Grand avait appris dans Voltaire le catéchisme des rois. Parlerai-je de tous ces souverains de l'Europe qui venaient alors chercher leur mot d'ordre à Ferney ? Voltaire était toujours debout pour parler à ses frères du pouvoir. Il leur parlait en prose, il leur parlait en vers ; toujours hardi, toujours spirituel, toujours charmant, comme dans cette épître au roi de Danemark :

Tu rends ses droits à l'homme et tu permets qu'on pense.
Sermons, romans, physique, ode, histoire, opéra,

---

* « Il faut changer de ministre, disait un conseiller à Louis XV. — *Le nouveau ne voudra pas mieux,* » répondait ce roi spirituel. Voltaire est le seul roi qui n'ait jamais changé ses ministres ; je me trompe, il en a changé un seul, Frédéric de Prusse ; mais l'exception confirme la règle. Il y eut une crise ministérielle à Postdam, et Voltaire destitua le roi. » — Méry.

Chacun peut tout écrire; et siffle qui voudra.
Ailleurs on a coupé les ailes à Pégase.
Dans Paris quelquefois un commis à la phrase
Me dit : « A mon bureau venez vous adresser;
Sans l'agrément du roi vous ne pouvez penser.
Pour avoir de l'esprit allez à la police ;
Les filles y vont bien, sans qu'aucune en rougisse;
Leur métier vaut le vôtre, il est cent fois plus doux;
Et le public sensé leur doit bien plus qu'à vous.

Voltaire mettait tout en œuvre. Il disait que l'argent était l'âme de la guerre, aussi il avait son ministère des finances. Le premier ministre en date, le plus connu, le meilleur, a été l'abbé Bonaventure Moussinot, docteur en théologie et chanoine de la paroisse Saint-Merry.

Ne semble-t-il pas étrange que Voltaire, qui n'a guère foi dans l'Église, choisisse un chanoine pour ministre des finances?

Voltaire avait toute confiance en son ministre. Il ne voulut voir qu'une fois le grand livre de la dette publique, tenu par le chanoine. Il s'en rapporta toujours à sa parole. Il avait raison, jamais ministre des finances n'administra une fortune royale avec plus d'économie. Dans ses mains, l'argent de Voltaire devint or. Et pourtant, que d'argent donné ou prêté sans intérêts! Le poëte eut beau vouloir enrichir son ministre, l'abbé Moussinot voulut mourir pauvre, disant — un vrai philosophe que ce chanoine —

que l'embarras des richesses faisait le chemin de la vie plus difficile pour le sage*.

Ce qui a le plus manqué à Voltaire, c'est un ministre des cultes. Si Dieu se fût montré plus tôt dans son œuvre, son œuvre eût gagné en grandeur et en sympathie; mais Voltaire cherchait son Dieu et ne le trouvait pas : il le cherchait trop sur la terre.

---

* Les curieux trouveront dans la correspondance de Voltaire toute l'histoire de ce ministère. Je reproduis ces deux lettres pour donner un avant-goût de toutes les lettres écrites à l'abbé Temporel :

« Je vous prie, mon cher abbé, de faire chercher une montre à secondes chez Le Roy, soit d'or, soit d'argent, il n'importe; le prix n'importe pas davantage. Si vous pouvez charger l'honnête Savoyard que vous nous avez déjà envoyé ici à cinquante sous par jour (et que nous récompenserons encore outre le prix convenu) de cette montre à répétition, vous l'expédierez tout de suite.

« D'Hombre, que vous connaissez, a fait banqueroute ; il me devait quinze cents francs ; il vient de faire un contrat avec ses créanciers, que je n'ai point signé. Parlez, je vous prie, à un procureur, et qu'on m'exploite ce drôle, dont je suis mécontent.

« Une compote de marrons glacés, de cachou, de pastilles et de louis d'or, est arrivée avec tant de mélange, de bruit et de sassements continuels, que la boîte a crevé. Tout ce qui n'est pas or est en cannelle, et cinq louis se sont échappés dans les batailles; ils ont fui si loin qu'on ne sait où ils sont. Bon voyage à ces messieurs! Quand vous m'enverrez les cinquante suivants, mon cher ami, mettez-les à part bien cachetés, à l'abri des culbutes.

« Je vous recommande toujours les Guise, d'Auneuil, Villars, d'Estaing et autres; il est bon de les accoutumer à un payement exact, et de ne pas leur laisser contracter de mauvaises habitudes. Point de politesses dangereuses, même envers les Altesses.

« Au chevalier de Mouhy, encore cent francs et mille excuses encore deux cents et deux mille excuses à Prault. Un louis d'or à d'Arnaud sur-le-champ. »

Les douleurs de Job et de Lazare l'empêchaient d'entendre l'hymne des archanges. « Je n'ai qu'une heure à vivre, disait-il, ô Dieu que je ne connais pas, laissez-moi vivre mon heure pour ceux qui souffrent ! » Et il écrivait à d'Alembert, à Diderot, à Condorcet, à tous les frères. « Ne perdons pas un instant, l'heure des ténèbres va revenir. »

Et les frères se mettaient vaillamment à l'œuvre, en bâtissant l'*Encyclopédie*.

Le moyen âge avait élevé des cathédrales ; le XVIIIe siècle a bâti l'*Encyclopédie*, ce monument de la pensée libre, multiple, presque anonyme, écrit pierre à pierre avec la foi des générations nouvelles. Au frontispice du temple, la main des frères malgré les docteurs qui y inscrivent : *Deo*, imprime : *Au Progrès*. Refondre l'universalité des connaissances humaines, jamais semblable entreprise n'avait tenté les esprits les plus audacieux. Tel est pourtant le programme de cette œuvre titanique. Il fallait pour cela un concours d'esprits d'élite que rien n'épouvantât. Le Verbe s'était fait homme : il va se faire légion.

L'*Encyclopédie* fut une croisade contre l'ignorance et contre les préjugés : l'armée nouvelle des intelligences ne s'avance point à la conquête d'un tombeau ; elle cherche les lois de la vie universelle.

Vue de loin, l'*Encyclopédie* a le caractère grandiose d'un monument surhumain, parce qu'il est encore aujourd'hui illuminé du feu divin et infernal de la révolution. Mais ceux qui l'ont bâti—ils sont restés plus grands que leur œuvre—ne voyaient là souvent qu'une tentative de grande architecture. « L'*Encyclopédie*, disait Voltaire, est bâtie moitié marbre, moitié boue. » Diderot, dont c'était l'œuvre, n'était pas moins sévère : « On n'eut pas le temps d'être scrupuleux sur le choix des travailleurs. Parmi quelques hommes excellents, il y en eut de faibles, de médiocres, et de tout à fait mauvais. De là cette bizarrerie dans l'ouvrage, où l'on trouve une ébauche d'écolier à côté d'un morceau de maître, une sottise voisine d'une chose sublime. Les uns, travaillant sans honoraires, perdirent bientôt leur première ferveur ; d'autres, mal récompensés, nous en donnèrent pour notre argent. L'*Encyclopédie* fut un gouffre où ces espèces de chiffonniers jetèrent pêle-mêle une infinité de choses mal vues, mal digérées, bonnes, mauvaises, détestables, vraies, fausses, incertaines, et toujours incohérentes et disparates. » D'Alembert lui-même, qui n'avait pas comme les autres ses heures de franchise, avoue pourtant à son tour que l'*Encyclopédie* est « un habit d'arlequin où il y a quelques morceaux de bonnes étoffes et trop de haillons. »

Voilà donc l'*Encyclopédie* jugée par elle-même. Je ne veux pas lire toutes les injures que ses ennemis ont inscrites sur ses murailles.

Bien ou mal faite, elle avait une âme, l'âme du bien et du mal; elle faisait beaucoup de bien, elle faisait un peu de mal. Voltaire dirigeait les batailles du fond de son cabinet, battant des mains à toutes les victoires, pleurant de rage sur toutes les défaites. « Dieu soit loué! écrit-il à d'Alembert, vous faites la lumière et voilà les fantômes de la superstition qui fuient dans les ténèbres. » d'Alembert lui répond : « Écrasez l'infâme, me marquez-vous sans cesse; eh! mon Dieu, laissez-la se précipiter elle-même. Savez-vous ce que dit le médecin du roi ? *Ce ne sont pas les jansénistes qui tuent les jésuites, c'est l'Encyclopédie, mordieu! c'est l'Encyclopédie!* Ce maroufle d'Astruc est comme Pasquin; il parle quelquefois d'assez bon sens. Pour moi qui vois tout en ce moment couleur de rose, je vois d'ici les jansénistes mourant de leur belle mort l'année prochaine, après avoir fait périr cette année les jésuites de mort violente; je vois les protestants rappelés, les prêtres mariés, la confession abolie. » Oh! philosophe couleur de rose! Quelques mois après, les jésuites furent chassés de France. D'Alembert écrivit leur oraison funèbre : « Je suis si aise de voir leurs talons, que je n'ai garde de les tirer par la manche; c'est que le dernier jésuite qui sortira du royaume entraînera avec lui le dernier janséniste dans le panier du coche, et qu'on pourra dire le lendemain : *les ci-devant soi-disant jansénistes,* comme nos seigneurs du parlement disent aujourd'hui : *les ci-devant soi-disant jésuites*. Le plus difficile sera fait. Quand la philosophie sera délivrée des grands grenadiers du fanatisme, les autres, qui ne sont que des cosaques et des pandours, ne tiendront pas contre nos troupes réglées. » D'Alembert écrivait ce jour-là dans le style pittoresque ; il était sans doute encore dans un jour couleur de rose, car il finissait sa lettre par cet aphorisme : « Il n'y a de bon que de se moquer de tout. » C'était l'opinion de mademoiselle de Lespinasse, qui se moquait de lui avec le chevalier de Mora. Ce n'est pas ainsi que Socrate, ce n'est pas ainsi que Platon, ce n'est pas ainsi qu'Épicure eût parlé de ses ennemis vaincus. Le fanatisme s'en va, c'est bien, puisque c'est le fanatisme ; mais c'est le fanatisme de la foi. D'ailleurs, vous qui avez si vaillamment combattu le fanatisme, n'êtes-vous pas fanatiques de la philosophie ?

Voltaire se reposait de la guerre dans la guerre. Il disait : Quand tout n'est pas fini, rien n'est commencé. N'espérant pas constituer sur un piédestal de granit son gouvernement parmi les républicains de Genève, et voulant à tout prix avoir ses ministres sous la main, il proposa au roi de Prusse d'établir à Clèves une petite république de philosophes français qui prêcheraient la vérité à l'abri des prêtres et des parlements. Beaucoup de lettres furent écrites dans ce dessein. Frédéric consentit à livrer le Sunium : « J'offre un asile aux philosophes, pourvu qu'ils soient sages. » Voltaire triomphant écrit à ses amis qu'ils sont désormais des hommes, puisqu'ils ont une patrie ; que le jour de la vérité se lève plus lumineux que jamais, qu'ils doivent dire adieu sans se retourner à cette France inhospitalière qui n'allaite que des esclaves. « Que les philosophes fassent donc une confrérie comme les francs-maçons ; qu'ils s'assemblent, qu'ils se soutiennent, qu'ils soient fidèles à la confrérie. S'ils font cela, je me fais brûler pour eux. Cette académie secrète vaudrait mieux que l'Académie d'Athènes et toutes celles de Paris. » Mais Voltaire avait compté sans les philosophes, ou plutôt sans les hommes. D'Alembert est amoureux de mademoiselle de Lespinasse et de l'Académie ; il ne sort de chez l'une que pour aller chez l'autre. Périsse la philosophie plutôt que s'exiler de ces deux patries ! la patrie du cœur et la patrie de l'esprit. « Tu n'es qu'un Géronte et un académicien, s'écrie Voltaire avec dépit. » Il compte sur Diderot. « Celui-là est un homme antique, il me vengera du géomètre, » et il lui écrivit cette belle lettre : « On ne peut s'empêcher d'écrire à Socrate quand les Mélitus et les Anytus se baignent dans le sang et allument les bûchers. Un homme tel que vous ne peut voir qu'avec horreur le pays où vous avez le malheur de vivre. Vous devriez bien venir dans un pays où vous auriez la liberté entière, non-seulement d'imprimer ce que vous voudriez, mais de prêcher hautement contre des superstitions aussi infâmes que sanguinaires. Vous n'y seriez pas seul, vous auriez des compagnons et des disciples. Vous pourriez y établir une chaire, qui serait la chaire de la vérité. Votre bibliothèque se transporterait par eau, et il n'y aurait pas quatre lieues de chemin par terre. Enfin vous quitterez l'esclavage pour la liberté. Je ne conçois pas comment un cœur sensible et un esprit juste peut habiter le pays des singes devenus tigres... Si le parti qu'on vous propose satisfait votre indignation et plaît à votre sagesse, dites un mot, et on tâchera d'arranger tout d'une manière digne de vous, dans le plus grand secret, et sans vous compromettre. Le pays qu'on vous propose est beau et à portée de tout. L'Uranibourg de Tycho-Brahé serait moins agréable. Celui qui a l'honneur de vous écrire est pénétré d'une admiration respectueuse pour vous, autant que d'indignation et de douleur. Croyez-moi, il faut que les sages qui ont de l'humanité se rassemblent loin des barbares insensés. »

C'est l'éloquence de l'esprit qui part du cœur. On dirait Platon parlant à Socrate.

Mais Diderot est amoureux de mademoiselle Volland, sans compter qu'il aime sa femme. Diderot l'athée a l'habitude, depuis quelque temps, de conduire sa fille au catéchisme. D'ailleurs, il est né artiste avant tout : or, voilà le Salon de 1765 qui va s'ouvrir. Il a donné rendez-vous à Greuze, à Vanloo, à Boucher, à Allegrain, à Falconnet, à Houdon. Périsse la philosophie, plutôt qu'un tableau ou une statue ! Et puis, Diderot aime ses pénates, ses livres, son nid « ouaté par l'amour et l'amitié. » Diderot non plus n'ira pas à Clèves*. Il répondra comme d'Alembert : qu'il veut combattre l'ennemi face à face ; que ce n'est pas hors de France, mais à Paris même, qu'il faut jeter son ennemi par les fenêtres de Notre-Dame, ou par les fenêtres des Tuileries. Qu'il est superflu d'aller ouvrir un club en Allemagne, quand le baron d'Holbach leur ouvre sa maison toute pleine d'auxiliaires**. « Vous êtes des Parisiens de la décadence, leur cria Voltaire. Pour moi, j'ai déjà saboulé trois parlements du royaume : Paris, Toulouse et Dijon. Je suis l'avocat de la vérité, et je plaiderai avec la bonne foi du diable***.

---

* Diderot, d'ailleurs, est un sceptique qui ne croit pas toujours à la royauté de Voltaire. « M. de Voltaire avec tout son esprit aura beau faire, il verra toujours devant lui deux ou trois hommes supérieurs en chaque genre, qui le dépasseront de la tête sans avoir besoin de se hausser sur la pointe du pied. »

** En effet, Louis XV n'a pas songé à fermer ce club révolutionnaire, plus terrible mille fois que le club des jacobins ou des montagnards ; un club qui s'appelait tour à tour d'Holbach, Condorcet, Diderot, d'Alembert, Helvétius, tous les Titans révoltés.

*** Voltaire avait deviné Diderot, cette foi robuste en l'humanité, ce philosophe artiste qui avait étudié au cap Sunium avec Platon, et dans le Parthénon avec Phidias ; mais il y avait si loin de Vol-

Quoique Buffon eût bâti son église à côté de *l'Encyclopédie*, il a pareillement son action.

Philosophe par excellence sous le règne de la philosophie, il a magnifiquement exposé les harmonies de Dieu et de l'univers. Moins spirituel que Voltaire, moins hardi que Jean-Jacques Rousseau, il égala Montesquieu dans l'art de penser et dans l'art d'écrire ; selon Grimm, Montesquieu aurait eu « le style du génie, » et Buffon, « le génie du style. » Cette distinction est un peu pointilleuse ; j'aime mieux trouver entre ces deux grands hommes des rapports, ou, si l'on veut, des contrastes plus simples : l'un a saisi admirablement l'esprit des lois de la société, et l'autre l'esprit des lois de la nature. Leur langage sévère et magistral a cette solennité qui convient aux grands ordres de faits ; si Buffon a, comme on disait alors, sacrifié plus souvent aux Grâces que Montesquieu, c'est toujours en habit de cérémonie. « M. de Buffon renonce quelquefois à l'esprit de son siècle, mais jamais à ses pompes. » Dans son style d'apparat, Buffon avait en effet des vues neuves et indépendantes, les unes favorables, les autres contraires à la philosophie de son temps.

---

taire à Diderot, du grand seigneur au plébéien, qu'ils ne se virent qu'une fois, quand Voltaire allait mourir, quand déjà Diderot avait un pied dans la tombe. Diderot n'alla pas à Ferney parce qu'il avait peur des millions de Voltaire, quoique ces millions-là fussent faciles à vivre.

Cette comète qui enlève des parties du soleil ; ces planètes vitrifiées et incandescentes qui se refroidissent par degrés les unes plutôt que les autres, à mesure que leur température s'adoucit ; ces glaces croissantes des pôles ; ces vastes mers qui se promènent de l'orient à l'occident ; ces îles, débris surnageants des continents ensevelis ; ces hautes chaînes de montagnes, arêtes osseuses de la surface du globe ; tout cela fut sévèrement jugé par des esprits mathématiques comme l'étaient d'Alembert et Condorcet. Ce grand dix-huitième siècle, qu'on se représente comme l'âge d'or des hypothèses, était aussi géomètre par excellence ; il mesurait la raison, la poésie même, à l'échelle des calculs. Buffon, en cela, fut plutôt de notre temps que du sien, car il avait l'imagination de la science. Quand la chaîne des événements lui manque, il l'a créée. Où la nature ne parle point, il interprète son silence. Poëte à sa façon, il n'est nulle part si à l'aise que dans le merveilleux des idées et des faits. Hume exprime quelque part son étonnement à la lecture de la cosmographie de Buffon ; ce sentiment de suprise fut celui de tous les philosophes. Le dix-huitième siècle assistait, pour ainsi dire, à une seconde création du globe.

Quand Turgot écrivit dans l'*Encyclopédie*, Rivarol le peignit d'un seul mot : « C'est un nuage qui écrit sur le soleil. » Oui, Turgot fut un nuage dans le ciel orageux du XVIIIe siècle, mais un nuage qui marchait avec le soleil et qui devait féconder un champ.

Voltaire disait de son ministre Turgot qu'il avait trois choses terribles contre lui : les financiers, les fripons et la goutte. Aussi succomba-t-il contre ces trois adversaires ; mais, avant de succomber, il avait eu le temps de montrer la France future à la France dégénérée.

Ce grand citoyen était un sage. Il disait que la famille est un sanctuaire dans le temple de la société, et il vivait seul, n'ayant pu saintement entrer dans le mariage. C'était plus qu'un sage, c'était plus qu'un citoyen, c'était plus qu'un philosophe, c'était un homme. Quand il tomba du ministère, Voltaire lui écrivit une épître sous ce mot éloquent : *A un homme* [*].

L'*Encyclopédie* osait entrer à Versailles.

Quesnay, ce vrai paysan du Danube, qui habitait un petit entre-sol au-dessus des appartements de madame de Pompadour, passait tout son temps à rêver d'économie politique avec ses amis les plus illustres philosophes. Ceux qui n'allaient pas à la cour venaient une fois par mois dîner gaiement chez Quesnay. Marmontel raconte qu'il y dînait lui-même en compagnie de Diderot, d'Alembert, Duclos, Helvétius, Turgot, Buffon. Ainsi, au rez-de-chaussée

[*] Avant cette épître, le roi Voltaire avait anobli son ministre : « Je bénis en m'éveillant M. le duc de Sully-Turgot. »

on délibérait de la paix et de la guerre, du choix des ministres, du renvoi des jésuites, de l'exil des parlements, des destinées de la France; au-dessus, ceux qui n'avaient pas la puissance, mais qui avaient les idées, travaillaient, sans le savoir, aux destinées du monde : on détruisait à l'entre-sol ce qu'on faisait au rez-de-chaussée. Il arrivait que madame de Pompadour, ne pouvant recevoir les convives de Quesnay au rez-de-chaussée, montait pour les voir à table et causer avec eux.

Madame de Pompadour a eu aussi son action dans les batailles du temps.

A ceux qui s'offensent de voir cette figure consacrée par l'histoire, je redirai les paroles de Montesquieu.

Montesquieu alla voir Voltaire aux Délices. Le duc de Richelieu, qui était accouru de Lyon pour savoir comment jouait Voltaire dans *l'Orphelin de la Chine*, surprit le président, cette gravité tempérée d'esprit, en contemplation devant deux portraits. Ces deux portraits semblaient se regarder en raillant tout le monde; c'était Voltaire et madame de Pompadour, deux chefs-d'œuvre qui prouvaient que le pastel a le relief comme il a la transparence, le dessin énergique comme il a l'éclat fondant, — quand c'est le pastel de la Tour. « Eh bien! monsieur le président, dit le duc de Richelieu à celui qui venait de signer la *Grandeur et la Décadence des Romains*, vous étudiez là l'esprit et la grâce? — L'esprit et la grâce! s'écria Montesquieu, y pensez-vous? Vous voyez là un homme et une femme qui seront peut-être les représentants de notre siècle. »

En effet, Voltaire avait dit du XVIIe siècle *le siècle de Louis XIV;* on pouvait déjà prédire que le XVIIIe siècle s'appellerait *le siècle de Voltaire et de madame de Pompadour.* Qu'on étudie ces deux figures et on trouvera que tout est là, moins les héroïsmes de Fontenoy, moins les vertus des mères de famille, moins toutes les grandeurs visibles ou cachées. C'est la révolution avant la révolution. J'ai dit le rôle de Voltaire, cet homme des temps nouveaux qui se fait un piédestal sur les ruines des temps condamnés; madame de Pompadour, cette fille de la Poisson, qui vient s'asseoir sans vergogne sur le trône de Blanche de Castille, n'est-ce pas déjà le peuple qui entre aux Tuileries et qui joue avec le sceptre jusqu'à ce que le sceptre tombe en quenouille?

Voltaire avait donc un pied partout. Comme la lumière, il pénétrait dans toutes les maisons, même dans celles de ses ennemis. On avait beau fermer les persiennes et les volets. L'esprit est comme le soleil : quand il se lève tout le monde le voit.

Mais je ne dirai pas le génie, l'héroïsme et la folie de tous ces vaillants et téméraires soldats de la pensée. Je passe devant la science de Condorcet, l'athéisme de d'Holbach et l'esprit sans spiritualisme d'Helvétius. Je vais droit à l'œuvre.

Dans cette grande expédition à la recherche de la vérité, la science ouvre la marche. Jusqu'au XVIIe siècle, la science était l'humble servante de la théologie. Çà et là les hommes avaient osé démentir les opinions reçues, mais leur voix s'était éteinte dans la torture ou dans les flammes du bûcher. Maintenant le bûcher ne fait plus peur : la lumière en sort. D'Alembert appuie l'échelle des mathématiques sur l'édifice du dogme. Désormais la conscience individuelle est la base de la certitude; le calcul en est la démonstration, les chiffres prouvent et démontrent tout, et c'est l'essaim nouveau que la main du philosophe lâche comme une volée de noires sauterelles sur le champ des anciennes croyances. A la philosophie de l'autorité se substitue la philosophie de la raison. Tous les phénomènes du monde physique sont ramenés à des causes naturelles; le merveilleux est détrôné; il n'y a plus qu'un miracle, la vie universelle. Les cieux sont ouverts; les espaces étoilés que traverse la pensée humaine s'étonnent de recevoir des lois. L'homme commande à la création : « Voilà ce que tu es, dit-il à l'Univers, et je te défends d'être autre chose. » Antée sera quelquefois renversé dans sa lutte sublime et terrible avec l'inconnu : que lui importe? A chaque fois il touche la terre, c'est-à-dire la base matérielle des sciences, et ses forces renaissent. Pauvre enfant perdu ou trouvé, d'Alembert a sucé la mamelle sèche de l'infortune. Souffrir, c'est aimer; aimer, c'est apprendre. Sa mère est la pauvre femme d'un vitrier, son amante est l'algèbre. Mais ce volcan sous la neige a des clartés qui étonnent. Sa raison s'échauffe par moment et s'élève jusqu'à la sympathie universelle. Mathématicien panthéiste, il trouve Dieu au bout de ses calculs ; il le trouve partout et toujours ; il le découvre dans l'ordre immuable de la nature, dans les progrès de la raison humaine, dans l'immensité de l'invisible, comme dans les abîmes du monde microscopique. Le chiffre est la clef avec laquelle il ouvre la porte du temple nouveau, et ce temple c'est l'infini.

D'Alembert a pris d'assaut le monde physique ; il a même élevé les mathématiques jusqu'à la découverte des lois morales. Diderot va découvrir l'homme. La physiologie est son domaine. « Connais-toi toi-même! » cette sentence de la sagesse antique l'arrête. Il s'interroge, il descend sans pâlir dans le grand mystère. Tout le côté surnaturel de l'âme humaine appuyé sur les traditions est impitoyablement nié, discuté, démenti. Quand il ne nie point, il explique. Le sanctuaire n'a point de profondeurs dans lesquelles ne pénètre sa curiosité ardente. L'expérience est sa règle et son compas : à cette mesure de certitude il rapporte les phénomènes de l'imagination. Rien ne l'étonne : les visions? folie. Il découvre chez les hallucinés le même ordre de merveilles qu'on admire chez les saints et les prophètes. La page des légendes est déchirée. L'homme rentre dans le cercle des faits nécessaires : plus bas, il rampe; plus haut, il délire. D'abord ce fougueux esprit s'élance à la connaissance d'une cause première; il veut « élargir Dieu; » bientôt l'orgueil le gagne, il doute; plus tard, comme l'Être suprême tarde à se montrer, comme il manque au rendez-vous que lui avait assigné cette fière et sombre raison, impatiente de tout soumettre à son contrôle, Diderot nie Dieu. L'athéisme de Diderot étonne : il avait tant besoin de tourner les yeux vers un ciel habité, ne fût-ce que pour supporter le poids de la lutte! Après tout, on se demande si cet athée de génie n'est pas une démonstration en faveur du principe qu'il voulait combattre. Dieu a voulu que l'homme eût la faculté de le nier lui-même; sans cela, où serait la preuve que l'âme est destinée à le comprendre? Et puis, ce que Diderot niait ce n'était pas Dieu, c'était le mot. N'était-il point, en effet, un des plus fervents adorateurs de la vie universelle? Il a fait plus que de reconnaître l'existence de Dieu, il l'a aimé, il l'a aimé dans la nature et dans l'humanité.

Opposer la science à la foi religieuse, secouer sur les générations modernes l'arbre de la connaissance du bien et du mal, disperser le fruit défendu, c'était le premier devoir des encyclopédistes ; car eux aussi avaient leur mission. Mais il fallait réformer toutes les branches de la raison humaine. Après la science, l'histoire. La philosophie de l'histoire avait été tracée par Bossuet : « L'homme s'agite et Dieu le mène ; » cette grande parole fixait la cause et la limite des événements. Bossuet avait rattaché l'histoire de tous les peuples de la terre à celle du peuple juif, pour rattacher ensuite le peuple juif à l'Église. La tentative était grandiose ; l'autorité de l'historien était imposante. Mais si ces esprits affamés de lumière (je parle des encyclopédistes) respectaient le génie, ils lui préféraient la vérité. L'éloquence de Bossuet avait beau faire, elle n'imposait plus silence aux libres penseurs. Les *libertins*, comme il les appelait, lui vivant, du haut de son sublime orgueil, avaient déchiré les langes du dogme. L'homme ne s'agite plus, il se conduit, il marche. L'histoire est désormais la science des progrès de l'esprit humain. Dieu a voulu, disent-ils, que les peuples fissent eux-mêmes leurs destinées. Où Bossuet croyait découvrir un dessein providentiel, ils voient des lois, les lois du développement indéfini. Les sociétés humaines se succèdent et se continuent : le progrès engendre le progrès. L'historien ne regarde plus les faits se dérouler dans la pensée divine ; il assiste au spectacle de ce qui s'accomplit dans le temps et dans l'espace. Les premiers hommes sont pasteurs : de l'état pastoral ils passent à la vie agricole, de la vie agricole ils s'élèvent à un degré de civilisation croissante où les arts, les sciences, les industries, créent des besoins nouveaux : ces besoins deviennent le germe de nouvelles découvertes. Où s'arrêtera le perfectionnement ? Nulle part, répondent fièrement ces adeptes de l'unité humaine. Leur religion (car ils en ont une) ne reconnaît plus qu'un seul principe du mal, l'ignorance. Chasser les ténèbres, faire la lumière, c'est accomplir l'œuvre sainte : les philosophes sont les prêtres de l'avenir. Tous les cultes sont nés dans le cerveau de l'homme, tous périront. Ils ont eu leur raison d'être dans l'histoire : ils traduisent l'idéal de chaque époque ; mais le moment est venu où les temples sereins, *edita doctrinâ sapientûm templa serena*, s'ouvriront pour recevoir les générations futures.

De l'histoire à la politique, il n'y a qu'un pas : ce pas est franchi. Avant le XVIIIe siècle, l'ordre social était un mystère. Chaque citoyen adorait en silence la main invisible qui distribuait la misère ou la richesse, qui élevait les uns, abaissait les autres, frappait ou consolait, et promenait sur toutes les têtes inégales le secret de ses impénétrables desseins. Eh bien ! sur cet ordre antique dont l'obscurité faisait la force, les encyclopédistes appellent les lumières de la raison et de la science ; pour la première fois, le monde apprend que toutes les institutions sont d'origine humaine. Les priviléges sont l'œuvre du temps : on descend jusqu'à leur base, et l'esprit découvre avec effroi que la plupart d'entre eux reposent sur une injustice, sur une violation du droit plus ou moins masquée par les artifices du violateur. L'économie politique intervient et démontre que la création des richesses est soumise à des lois variables, dont la balance est dans la main du travail. De cette vue hardie, on passe à la distribution des biens ; mais ici les fondements de l'édifice social s'ébranlent, la conscience tremble, et l'on entend dans l'ombre le rugissement des révolutions futures. La noblesse et le clergé, ces deux piliers de l'État, n'échappent point à l'examen impitoyable des faits : les membres les plus utiles de la société sont désormais ceux qui rendent le plus de services ; le tiers état (car il n'est guère question du peuple, cette masse sombre et confuse) travaille, il produit, il fait circuler les richesses ; c'est donc lui qui est la tête de la nation. Le gouvernement lui-même a beau se dérober dans les hauteurs du droit divin, Voltaire et les encyclopédistes l'y poursuivent. La monarchie n'est plus considérée que comme une des formes variables du pouvoir : le temps l'a vue naître ; le temps peut en précipiter le déclin. N'y a-t-il point d'ailleurs l'exemple de la Hollande, qui se gouvernait elle-même? Et puis, qu'était la vieille royauté? un prestige. Les prestiges ne résistent point à la discussion : les raisonner, c'est les détruire. La base du souverain pouvoir était atteinte. En vain quelques-uns des philosophes se disaient les amis de l'impératrice Catherine de Russie et du roi de Prusse. Il y a quelque chose de plus fort que l'homme : sa pensée. Or, la pensée des encyclopédistes se tourne vers le soleil levant de la démocratie. « Le peuple est le souverain de droit. » Quand une semblable parole a été dite, l'histoire n'a plus qu'à compter les dernières pulsations d'une autorité qui s'éteint.

On le voit, l'*Encyclopédie* était un antre au fond duquel une armée de cyclopes forgeaient les armes de la Révolution française. Les voyez-vous d'ici suant, haletant, sombres dans la lumière, tirer une à une de la fournaise ces armes de géant que manieront les demi-dieux de la Constituante et de la Convention nationale ? Leur œuvre est de battre l'idée sur l'enclume, de lui donner la forme éclatante et solide, de la rougir au feu. D'autres la rougiront dans le sang. A eux l'initiative, à d'autres l'action. La division du travail est une loi de l'histoire.

Que fût-il advenu si les encyclopédistes eussent été là pour soutenir la guerre dont ils avaient préparé les armes ? Ce qui manqua, vers les derniers temps de la Révolution française, ce fut la défense morale des principes. Le glaive avait pris la place de la discussion : on frappait, on ne répondait plus. Les hommes de 93 ont trop compté sur la force du silence. Si le mouvement eût continué par la parole; si, au milieu de cette grande confusion des éléments, de ce chaos d'un monde bouleversé, le *fiat lux* de la raison humaine eût éclairé les sommets de l'avenir, les multitudes épouvantées ne se fussent point retournées vers les ténèbres. En cela du moins Voltaire et ses ministres ont abandonné trop tôt le champ de bataille. Eux vivants, la révolution eût été la lutte des idées; ce terrain-là, c'était la révolution moins l'échafaud : on aurait vu plus tôt la terre promise sans traverser la mer Rouge.

XII

LES ENNEMIS DE VOLTAIRE

D'Argenson, ami de Voltaire, disait à d'Aguesseau, ennemi de Voltaire : « Vous vous damnez sans y penser par votre haine contre Voltaire. » M. Joseph de Maistre avait-il lu d'Argenson quand il a écrit dans ses colères plus ou moins catholiques : « Toujours alliée au sacrilége, sa corruption brave Dieu en perdant les hommes. Avec une fureur qui n'a pas d'exemple, cet insolent blasphémateur en vient à se déclarer l'ennemi personnel du Sauveur des hommes; il ose du fond de son néant lui donner un nom ridicule, et cette loi adorable que l'Homme-Dieu apporta sur la terre, il l'appelle l'INFAME. Abandonné de Dieu qui punit en se retirant, il ne connaît plus de frein. D'autres cyniques étonnèrent la vertu, Voltaire étonne le vice. Il se plonge dans la fange, il s'y roule, il s'en abreuve; il livre son imagination à l'enthousiasme de l'enfer qui lui prête toutes ses forces pour le traîner jusqu'aux limites du mal. Il invente des prodiges, des monstres qui font pâlir. Paris le couronna, Sodome l'eût banni. Profanateur effronté de la langue universelle et de ses plus grands noms, le dernier des hommes après ceux qui l'aiment! Comment vous peindrais-je ce qu'il me fait éprouver? Quand je vois ce qu'il pouvait faire et ce qu'il a fait, ses inimitables talents ne m'inspirent plus qu'une espèce de rage sainte qui n'a pas de nom. Suspendu entre l'admiration et l'horreur, quelquefois je voudrais lui élever une statue... par la main du bourreau. »

Voltaire est assez haut placé sur son piédestal pour défier toutes les colères, même les colères éloquentes. Je n'ai donc pas craint de jeter à ses pieds ces armes et ces flammes d'un ennemi qui déchire et qui brûle. Les ennemis de Voltaire passent, Voltaire ne passera pas.

Je ne veux répondre au comte de Maistre que par des paroles de Jean-Jacques Rousseau, un autre ennemi de Voltaire. Voici ce que le républicain de Genève écrivait au roi de Ferney : « Ne soyez point surpris de sentir quelques épines inséparables des fleurs de votre couronne. Les injures de vos ennemis sont les cortéges de votre gloire comme les acclamations satiriques étaient ceux dont on accablait les triomphateurs. »

Le duc de Saint-Simon, ce don Quichotte de la noblesse, fut le plus hostile à reconnaître Voltaire.

Que de contradictions! Saint-Simon, contemplateur du passé, sacrifiait Louis XIV qui en était le symbole le plus majestueux. Voltaire, précurseur de l'avenir, écrivait le *Siècle de Louis XIV*, ce monument impérissable où il s'efforçait de cacher les crimes et les misères du grand règne par l'aspect grandiose de l'architecture. Saint-Simon peignait une fresque vengeresse ; Voltaire peignait sa fresque hyperbolique avec l'accent enthousiaste de l'amour du grand et du beau, sinon de l'amour du bien, sinon de l'amour du vrai. C'est que Voltaire avait le cœur patriotique ; il voulait que le règne de Louis XIV fût un grand règne, comme il avait voulu que Henri IV fût un grand roi ; aussi Voltaire est un grand homme, et Saint-Simon n'est qu'un grand seigneur. Saint-Simon aimait la vérité pour la vérité ; il l'aimait, comme il l'a dit, jusque contre lui-même. Voltaire n'aimait pas la vérité pour la vérité. Il l'aimait quand elle était une arme contre ses ennemis : le mauvais prince et le mauvais prêtre. Il la masquait çà et là pour la faire parler plus hardiment ou pour sauvegarder ses amis : la France et l'humanité. Saint-Simon est un peintre à la Michel-Ange, beau, terrible, grandiose. Ses portraits, ses tableaux, ses fresques sont enlevés avec la fureur du génie qui se moque de toutes les poétiques, parce que le génie porte toujours en lui le beau et le vrai. Dans son jugement, il y a du *Jugement dernier*; mais son point de vue l'égare sur les lointains lumineux de l'avenir, qui sont les horizons de l'avenir. « Arouet, dit Saint-Simon avec son impertinence de grand seigneur, Arouet, fils d'un notaire qui l'a été de mon père et de moi jusqu'à sa mort, fut exilé et envoyé à Tulle pour des vers fort satiriques et fort impudents. Je ne m'amuserais pas à marquer une si petite bagatelle, si ce même Arouet, plus tard grand poëte et académicien sous le nom de Voltaire, n'était devenu, à travers force aventures tragiques, une manière de personnage dans la république des lettres, et même une manière d'important parmi un certain monde. »

Le grand seigneur voyait bien ce qu'il voyait, mais ne prévoyait pas. C'est qu'il se tournait toujours vers le passé *. Or, dans le passé, qu'était-ce qu'un homme de génie comme Voltaire pour un duc et pair comme Saint-Simon ?

M. de Maurepas fut aussi l'ennemi de Voltaire. Il ne lui pardonnait pas d'avoir plus d'esprit que lui

---

* Oui, c'est la lumière de l'avenir qui a manqué à Saint-Simon pour être le premier historien français. Il ne pensait guère, cet homme entêté de ses titres et dédaigneux de l'art d'écrire, que sa plume serait son titre cent ans plus tard.

quand ils soupaient ensemble. Aussi l'a-t-il chansonné plus d'une fois.

> Est-il assis, debout, couché ?
> Non, sur deux flageolets il flotte,
> Entouré d'une redingote
> Qu'à Londre il eut à bon marché.
> Son corps tout disloqué canote ;
> Sa mâchoire avide grignote ;
> Son regard est effarouché.
> Vous connaissez ce don Qnichotte
> Qui dans la cage est attaché.

Plus loin, le ministre ne parle de rien moins que de vols et de brigandages. « Allez toujours, lui dit Voltaire, vous ne me ferez pas lire pour cela les *Étrennes de la Saint-Jean.* » Et il renvoyait le ministre à l'école de Mazarin, qui ne chantait pas, lui.

Je voudrais passer vite devant Fréron, mais Voltaire s'y est trop arrêté. « Pourquoi permet-on que ce coquin de Fréron succède à Desfontaines ? Pourquoi souffrir Raffiat après Cartouche ? Est-ce que Bicêtre est plein *? »

---

* Il avait dit déjà, mais en vers (ce qui est rimé n'est pas écrit) :

> Nous laissons le champ libre à ces petits critiques,
> De l'ivrogne Fréron disciples faméliques,
> Qui, ne pouvant apprendre un honnête métier,
> Devers Saint-Innocent vont salir du papier,
> Et sur les dons des dieux porter leurs mains impies :
> Animaux malfesans, semblables aux harpies,
> De leurs ongles crochus et de leur souffle affreux
> Gâtant un bon dîner qui n'était pas pour eux.

C'est ainsi que Voltaire parle de Fréron, la première fois qu'il se décide à parler de lui. Il est vrai que depuis plusieurs années déjà, Fréron avait décidé dans ses papiers que Voltaire n'était ni poëte, ni historien, ni philosophe. Où Fréron avait-il trouvé cela? Etait-ce dans sa prison de Vincennes, où il cherchait la vérité au fond d'une bouteille, lui qui ne l'avait jamais cherchée au fond d'un puits? Il y a un beau mot dans un ancien : « Si tu vas à la guerre avec l'esprit de la justice, tu pourras perdre la bataille; mais ta défaite sera la victoire, car tu auras combattu pour la justice. « Malheureusement pour lui, Fréron ne combattait pas Voltaire dans l'esprit de la justice. C'était un bon homme qui disait du mal pour vivre :

> .... un homme à lourde mine,
> Qui sur sa plume a fondé sa cuisine ;
> Grand écumeur des bourbiers d'Hélicon,
> Cet animal se nommait Jean Fréron.

Voltaire ne se corrigea jamais de ce tort de vouloir faire la critique du genre humain, et de ne pas vouloir que Fréron fît la critique de Voltaire *. C'est

---

* Il croyait parler pour la vérité et disait que son but protégeait son œuvre ; il croyait combattre pour la liberté et ne voulait pas qu'on émoussât ses armes ou qu'on l'arrêtât en chemin, mais, comme le dit M. Charles Nisard dans les *Ennemis de Voltaire* : « Fréron n'approuvait en fait de liberté que celle de dire du mal « d'autrui et d'éviter Vincennes ou le For-l'Évêque. »

dans cette idée que la critique appelle le poëte un tyran et non un roi. Certes, Fréron n'était ni un Aristote ni un Marc-Aurèle. On pouvait à bon droit l'accuser de n'être pas le représentant direct de la sagesse et de la justice. Mais ce n'est pas toujours la science ou la bonne foi qui dit la vérité. Le soleil tamise sa lumière jusqu'au fond des forêts les plus ténébreuses. L'eau trouble ne réfléchit-elle pas le bleu du ciel? Quel que soit le point de vue, il faut reconnaître que Fréron, sans avoir comme Bayle le génie de la critique, en a souvent les révélations soudaines, les lumières imprévues, les moqueries spirituelles. Ce qui le fortifie surtout, c'est sa patience. Voltaire, qui ne cache pas son jeu pour se venger de Fréron, quoiqu'il change tous les jours de masque, est emporté par sa passion et par sa colère. Il frappe jusqu'à l'imprudence, jusqu'à l'homicide, car il a tué l'honneur de Fréron! (Sans être un homme d'honneur, Fréron avait son honneur.) Le critique, au contraire, subit les coups du poëte avec un sourire perpétuel. Peut-être est-il fier de ce duel d'un quart de siècle, qui lui permet de se mesurer avec un géant, lui le nain qui se fait un marchepied avec les œuvres d'autrui. Quand Voltaire écrit une lettre contre lui, il la copie avec complaisance; il encadre dans son cabinet les vers les plus furieux de son ennemi. Une brochure paraît-elle pour rire de tous ses ridicules; il l'achète, il va la lire en plein café Procope, il la fait relier avec amour. Voltaire croit qu'il ne frappe pas assez fort et il écrit toute une comédie pour mettre en scène ce coquin de Fréron, pour lui donner le fouet en public, comme il le dit lui-même. Fréron veut être deux fois en scène : une fois en effigie et une fois en personne. En effet, pendant qu'on le promène sur les planches, chargé de toutes les infamies, pendant qu'on l'attache à ce pilori aristophanesque où Voltaire a bien laissé quelque chose de lui-même, Fréron est dans une belle loge avec sa femme, une femme charmante ; pour la faire plus belle encore, le critique veille tous les soirs un peu plus tard, car elle aime la parure et Fréron aime sa femme. Il l'aime de toutes les haines qu'il a vouées à Voltaire et aux philosophes; il l'aime de tout l'amour qu'il garde en sa maison, le pauvre critique qui passe sa vie à déclarer qu'il n'y a rien de beau.

L'Alexandre du monde littéraire avait, comme on l'a dit, trouvé son Callisthène dans Fréron. *Non, vous n'êtes pas un dieu*, et Voltaire a tonné. Mais en riant de ses foudres, Fréron lui a dit comme Lucien : « *Jupiter, tu te fâches, donc tu as tort.* Tu t'ériges en réformateur, mais je te réformerai. Tu te crois un théologien, mais je t'apprendrai ton catéchisme. Tu dis que tu marches avec la lumière, je te prouverai que tu ne marches qu'avec une lanterne sourde. »

Et pourtant que fût-il advenu si Voltaire eût répondu aux offres de service de Fréron ? Car ce qui gâte un peu la critique de Fréron, c'est que Voltaire avait dédaigné ses éloges.

Et quel fut le dernier mot de toutes ces haines et de toutes ces vengeances ? Le 30 mars 1776, Voltaire écrit à M. d'Argental : « Savez-vous que j'ai reçu une invitation d'assister à l'inhumation de Fréron, et de plus une lettre anonyme d'une femme qui pourrait bien être la veuve ? Elle me propose de prendre chez moi la fille à Fréron et de la marier. Si Fréron a fait *le Cid, Cinna, Polyeucte*, je marierai sa fille incontestablement. »

Voilà une épitaphe de Fréron qui n'était pas digne de Voltaire : La tombe d'un ennemi est le seuil de la réconciliation [*].

---

[*] « J'ai dédaigné de parler de Desfontaines ; il n'a pas assez illustré ses vices. » Ce n'est pas moi qui dit cela ; c'est Voltaire après avoir écrit l'*Ode sur l'Ingratitude*.

Voltaire n'a pas dédaigné de parler de l'abbé Guénée : les *Lettres à quelques juifs* restent comme le seul monument de polémique antivoltairienne.

Je ne parlerai pas des contemporains : « L'esprit français, a dit M. Paul d'Ivoi, ressemble beaucoup au fier Sicambre qui brûla tout ce qu'il avait adoré pour adorer tout ce qu'il avait brûlé. Depuis longtemps, c'est une mode de jeter au feu tout le XVIIIe siècle ; Voltaire surtout a été la victime de bon nombre d'auto-da-fé. Les plus grands poëtes ont maudit son nom, les ingrats ! Victor Hugo nous le peint avec son

        Rire de singe assis sur la destruction.

On lui a fait, à ce pauvre Voltaire, une sorte de masque satanique,

Voltaire et Jean-Jacques, que je suis allé hier interroger au Panthéon, sont-il réconciliés depuis qu'ils vivent ensemble dans la mort. Se sont-ils donné la main avec leur main de justice*?

charge perfide de la figure si spirituelle et si vivante de Houdon; Voltaire, c'est le génie du mal, rien que cela, et on lui refuse tout autre génie que celui du mal. »

Jean-Jacques ne pardonna pas assez à Voltaire, qui dans une seule lettre avait plus raison que tout son *Discours sur l'inégalité des Conditions* :

« J'ai reçu votre livre contre le genre humain; je vous en remercie. Vous plairez aux hommes à qui vous dites leurs vérités, mais vous ne les corrigerez pas. On n'a jamais employé tant d'esprit à vouloir nous rendre bêtes; il prend envie de marcher à quatre pattes quand on lit votre ouvrage. Cependant, comme il y a plus de soixante ans que j'en ai perdu l'habitude, je sens malheureusement qu'il m'est impossible de la reprendre, et je laisse cette allure naturelle à ceux qui en sont plus dignes que vous et moi. Je ne peux non plus m'embarquer pour aller trouver les sauvages du Canada; premièrement, parce que les maladies dont je suis accablé me retiennent auprès du plus grand médecin de l'Europe, et que je ne trouverais pas les mêmes secours chez les Missouris; secondement, parce que la guerre est portée dans ces pays-là, et que les exemples de nos nations ont rendu les sauvages presque aussi méchans que nous. Je me borne à être un sauvage paisible dans la solitude que j'ai choisie, auprès de votre patrie, où vous devriez être.

« Je conviens avec vous que les belles-lettres et les sciences ont causé quelquefois beaucoup de mal. Les ennemis du Tasse firent de sa vie un tissu de malheurs; ceux de Galilée le firent gémir dans les prisons, à soixante et dix ans, pour avoir connu le mouvement de la terre; et ce qu'il y a de plus honteux, c'est qu'ils l'obligèrent à se rétracter. Dès que vos amis eurent commencé le *Dictionnaire encyclopédique*, ceux qui osèrent être leurs rivaux les traitèrent de déistes, d'athées, et même de jansénistes.

« Avouez que ni Cicéron, ni Varron, ni Lucrèce, ni Virgile, ni

Voltaire, qui poursuivait le même but sous mille métamorphoses, ne pardonnait pas à Jean-Jacques ses contradictions. Voltaire était l'homme de l'idée, Jean-Jacques était l'homme du sentiment. Le premier prenait la tête, le second prenait le cœur : c'étaient saint Paul et saint Jean. Mais il y a plus d'un beau chemin où ils se rencontraient ; Voltaire disait :

J'ai fait un peu de bien, c'est mon meilleur ouvrage ;

et Jean-Jacques inscrivait cette belle maxime : « On n'a rien fait quand il reste quelque chose à faire. »

N'est-il pas étrange de penser que Jean-Jacques, cette éloquence passionnée du XVIIIe siècle, dont la

---

Horace, n'eurent la moindre part aux proscriptions. Marius était un ignorant; Le barbare Sylla, le crapuleux Antoine, l'imbécile Lépide, lisaient peu Platon et Sophocle ; et pour ce tyran sans courage, Octave Cépias, surnommé si lâchement *Auguste*, il ne fut un détestable assassin que dans les temps où il fut privé de la société des gens de lettres.

« Avouez que Pétrarque et Boccace ne firent pas naître les troubles de l'Italie ; avouez que le badinage de Marot n'a pas produit la Saint-Barthélemy, et que la tragédie du *Cid* ne causa pas les troubles de la Fronde. Les grands crimes n'ont guère été commis que par de célèbres ignorants. Ce qui fait et fera toujours de ce monde une vallée de larmes, c'est l'insatiable cupidité et l'indomptable orgueil des hommes, depuis Thamas Kouli-Khan, qui ne savait pas lire, jusqu'à un commis de la douane qui ne sait que chiffrer. Les lettres nourrissent l'âme, la rectifient, la consolent ; elles vous servent, monsieur, dans le temps que vous écrivez contre elles ; vous êtes comme Achille, qui s'emporte contre la gloire, et comme le père Malebranche, dont l'imagination brillante écrivait contre l'imagination.

« M. Chapuis m'apprend que votre santé est bien mauvaise ; il

grande voix retentit encore dans la France du xixe siècle, est venu débuter à l'Opéra,—lui qui allait écrire contre les spectacles,—par *le Devin du village*, un cri d'oiseau perdu, une bouffée de vent dans les ramures, le glou-glou de la fontaine sur les myosotis. C'était la nature même, mais la nature à sa première chanson d'amour; la nature moins les battements de cœur, les mélancolies nocturnes, les larmes désespérées. Toute la France chanta Jean-Jacques, poëte et musicien, avant de trembler à la voix de Jean-Jacques, philosophe et révolutionnaire.

faudrait la venir rétablir dans l'air natal, jouir de la liberté, boire avec moi du lait de nos vaches, et brouter nos herbes. »

Voici la réponse de Jean-Jacques :

« C'est à moi, monsieur, de vous remercier. En vous offrant l'ébauche de mes tristes rêveries, je n'ai point cru vous faire un présent digne de vous, mais m'acquitter d'un devoir, et vous rendre un hommage que nous vous devons tous, comme à notre chef. Sensible d'ailleurs à l'honneur que vous faites à ma patrie, je partage la reconnaissance de mes concitoyens, et j'espère qu'elle ne fera qu'augmenter encore, lorsqu'ils auront profité des instructions que vous pouvez leur donner. Embellissez l'asile que vous avez choisi; éclairez un peuple digne de vos leçons; et vous, qui savez si bien peindre les vertus et la liberté, apprenez-nous à les chérir dans nos mœurs comme dans nos écrits. Tout ce qui vous approche doit apprendre de vous le chemin de la gloire et de l'immortalité.

« Permettez-moi de vous le dire, par l'intérêt que je prends à votre repos et à notre instruction : méprisez de vaines clameurs par lesquelles on cherche moins à vous faire du mal qu'à vous détourner de bien faire. Plus on vous critiquera, plus vous devez vous faire admirer. Un bon livre est une terrible réponse à de mauvaises injures. »

Madame de Pompadour ne se contenta pas de jouer Colette à son théâtre de Bellevue, elle joua Colin. Louis XV chantait tout le jour : *Quand on sait aimer et plaire*...

Voltaire se vit disputer pied à pied par Jean-Jacques le royaume de l'opinion publique. Ces deux grands hommes occupèrent longtemps la scène du monde, mais ce fut Voltaire qui eut le dernier mot*. Frédéric II voulut aussi reconnaître Rousseau pour son frère, il l'appela près de lui ; mais Jean-Jacques avait trop humé l'air des Alpes, pour pouvoir respirer dans le palais des rois, même des grands

---

* Non-seulement Voltaire aimait la mise en scène, mais il aimait à se mettre en scène. A la représentation d'*Œdipe*, on le voit arriver sur le théâtre en portant la queue du grand prêtre, se moquant déjà des dieux, des spectateurs et de lui-même. A la représentation d'*Artémire*, où le public siffle du même coup sa tragédie et sa maîtresse qui joue le rôle d'Artémire, il entre en scène et apostrophe ceux qui sifflent, outré qu'on ne reconnût pas qu'il avait raison comme poëte et comme amant. Pendant la représentation de *Mahomet*, Voltaire reçoit un billet du roi de Prusse, qui lui annonce la victoire de Molwitz. Tout autre eût mis le billet dans sa poche, mais Voltaire, toujours expansif, interrompt le spectacle et fait lui-même la lecture du royal billet : « Vous verrez, ajoute-t-il à mi-voix, ne parlant qu'à ceux qui étaient près de lui, que cette pièce de Molwitz fera réussir la mienne. » Quand on joua *Mérope*, Voltaire, qui connaissait tout le monde, se montra dans toutes les loges. A la première représentation d'*Oreste*, voyant applaudir un passage imité de Sophocle, il s'élança hors de sa loge en s'écriant : « Courage, Athéniens, c'est du Sophocle ! » On peut dire qu'il jouait un rôle dans toutes ses pièces.

rois. Il répondit à Frédéric : « Vous voulez me donner du pain ; n'y a-t-il aucun de vos sujets qui en manque ? Puissé-je voir Frédéric le Juste et le Redouté couvrir ses États d'un peuple nombreux dont il soit le père ! et Jean-Jacques Rousseau, l'ennemi des rois, ira mourir au pied de son trône. »

Voltaire voulut régner en roi absolu, parce qu'il disait que sa raison était la raison souveraine. Il croyait parler par la voix de Socrate, Platon, Marc-Aurèle. Jean-Jacques croyait parler au nom de Dieu lui-même ; il disait que c'était une tyrannie d'imposer une morale et une religion, même quand cette morale et cette religion étaient consacrées par Socrate et par Jésus-Christ. Il ne s'agenouillait pas devant les ruines du passé ; il voulait qu'entre la nature et Dieu, il n'y eût que l'homme libre. Voltaire apportait pieusement devant cet homme libre tous les trésors de la sagesse humaine. Il éclairait la route au flambeau de la raison, tandis que Jean-Jacques disait à l'homme libre : « Marche ! Dieu te voit et te donne ses lumières. » Jean-Jacques était plus grand, Voltaire était plus vrai. C'est là un des caractères du génie de Voltaire d'avoir sacrifié tout, même la grandeur, pour la recherche de la vérité ; Jean-Jacques, au contraire, sacrifiait la vérité quand elle l'empêchait d'être sublime. Ou plutôt si la vérité de Voltaire allait toute nue, celle de Jean-Jacques accrochait aux buissons la queue de sa robe.

Jean-Jacques, qui avait été laquais et qui avait dérobé un ruban, croyait trop que l'homme est un demi-dieu qui se souvient du ciel. Voltaire, qui était né grand seigneur et qui donnait beaucoup aux pauvres, croyait que l'homme libre de tout faire dérobe le fruit défendu et tue Abel [*].

Les écrivains royalistes ont imprimé qu'ils n'avaient jamais injurié Voltaire et Rousseau comme s'étaient injuriés ces deux hommes illustres. Mais quand l'heure de la colère était passée, Jean-Jacques souscrivait à la statue de Voltaire, et Voltaire n'attendait qu'une rencontre pour se jeter dans les bras de Jean-Jacques. Écoutez Grimm, qui aimait la vérité pour la vérité. « A propos de M. de Voltaire et de J.-J. Rousseau, il faut conserver ici une histoire qu'un témoin nous conta. Il s'était trouvé présent à Ferney le jour que M. de Voltaire reçut les *Lettres de la Montagne*, et qu'il y lut l'apostrophe qui le regarde ; et voilà son regard qui s'enflamme, ses yeux qui étincellent de fureur, tout son corps

---

[*] Pendant les cinquante premières années du xixe siècle, Jean-Jacques a dépassé Voltaire dans l'opinion des lettrés, mais durant la seconde moitié du siècle—et à jamais—Voltaire reprendra sa vraie place dans tous les esprits. Il est le premier. Son peuple, d'ailleurs, lui a toujours maintenu la couronne. Par exemple, de 1817 à 1824, on a vendu 1,598,000 volumes de Voltaire, et seulement 480,000 de Jean-Jacques.

qui frémit, et lui qui s'écrie avec une voix terrible :
« Ah ! le scélérat ! ah ! le monstre ! il faut que je le
fasse assommer... entre les genoux de sa gouvernante. — Calmez-vous, lui dit notre homme, je sais
que Rousseau se propose de vous faire une visite, et
qu'il viendra dans peu à Ferney. — Ah! qu'il y
vienne, répond M. de Voltaire. — Mais comment le
recevrez-vous ? — Comment je le recevrai ?... Je lui
donnerai à souper, je le mettrai dans mon lit, je
lui dirai : Voilà un bon souper ; ce lit est le meilleur
de la maison ; faites-moi le plaisir d'accepter l'un et
l'autre, et d'être heureux chez moi. Ce trait peint
M. de Voltaire mieux qu'il ne l'a jamais été ; il fait
en deux lignes l'histoire de toute sa vie. »

Voltaire et Rousseau finissaient toujours par se
rendre justice. « Ce n'est pas le génie qui lui manque,
disait Voltaire ; mais c'est le génie allié au mauvais
génie. » — « Ses premiers mouvements sont bons,
disait Rousseau ; c'est la réflexion seule qui le rend
méchant. »

Un ami de Rousseau voulait ridiculiser l'apothéose de Voltaire au Théâtre-Français. « Eh! qui
donc couronnera-t-on ? » s'écria l'ennemi de Voltaire.

XIII

VICTOIRES ET CONQUÊTES DE VOLTAIRE

On ne pourrait pas compter les campagnes de Voltaire depuis ce jour où, prisonnier du roi de France à la Bastille, il jura d'abattre toutes les bastilles : bastilles de la royauté, bastilles de l'Église, bastilles de la coutume.

Je ne parlerai pas de ses victoires, je ne parlerai que de ses conquêtes [*].

Sa première conquête fut sa fortune, parce qu'elle lui donna des soldats. Mais ce n'était là qu'une guerre de partisans.

Sa première conquête fut de réveiller par *la Hen-*

---

[*] « Sa prose est une épée, elle brille, elle siffle, elle pousse en avant; elle tue. » D. NISARD.

riade l'esprit des L'Hôpital et des Coligny, c'est-à-dire l'esprit de la liberté religieuse.

Sa seconde conquête, quand il revint d'Angleterre avec une flotte de libres penseurs commandés par Newton et par Locke, fut le triomphe de la liberté philosophique, le triomphe de la religion du droit et non du droit d'après la religion. Ce jour-là, le cartésianisme, atteint dans son château-fort d'abstraction, fut obligé de faire une alliance avec les faits, et la défaite de Bacon fut réparée.

Sa troisième conquête, la plus décisive, fut celle qu'il remporta contre le droit divin, en faisant asseoir sur tout trône, — excepté sur le trône de Louis XV, — l'humanité, dont il est le César.

Vers ce temps-là, pourquoi le cacher, il eut une défaite à Versailles en déposant ses insignes de souverain pour devenir gentilhomme ordinaire de Louis XV. Il s'était embastillé pour la troisième fois.

Mais il eut sa revanche à Berlin. Il dit : *Que la lumière française éclaire le monde*, et sa lumière fut. Voltaire en Prusse, c'était déjà Napoléon à Sans-Souci.

Dirai-je toutes ses conquêtes à l'heure où il croit abdiquer? A Ferney, ce royaume entre quatre États, il règne sur l'Europe et la transforme par la justice des sages, qui est la sœur de la bonté, sans que ses soldats aient une goutte de sang à verser, sans imposer son peuple par l'argent ni par les larmes.

Nul plus que lui ne contribua à réformer le vieux code pénal du moyen âge, à bannir de nos mœurs ces peines vengeresses, *ultrices pœnæ*, sombres Euménides à face ridée qui planaient sur la législation du XVIIIe siècle. Qui n'applaudit à ses efforts pour ouvrir quelques perspectives nouvelles et éclairées à travers cette forêt peu vierge, mais sauvage, *silva scleggia*, qu'on appelait alors la jurisprudence? Où ce fils d'un notaire du Châtelet de Paris avait-il étudié les lois[*]? Dans sa conscience: Il promulgue son code, et ce code sera bientôt celui de l'humanité[**].

[*] « Le roi Voltaire a conquis beaucoup de choses sur les frontières de l'ignorance, et sans verser une goutte de sang humain. Arsène Houssaye a gravé le nom de toutes les victoires de Voltaire sur l'arc de triomphe qu'on peut voir, avec les yeux de l'imagination, à l'angle de la rue de Beaune. Un pont sépare les Tuileries de Voltaire des Tuileries des rois! On suit, dans le livre, l'itinéraire du Jules-César de la philosophie à travers les champs de bataille de la pensée; il passe le Rubicon du Pas-de-Calais, il descend en Angleterre, fait alliance avec Newton et Locke, rentre sur le continent, bat l'armée des cartésiens, répare la défaite de Bacon; se déguise en courtisan pour entrer à Versailles, subjugue la noblesse par l'esprit philosophique; introduit *Zadig* à Trianon; marche sur Berlin, où il prépare l'hôtellerie de Napoléon Ier; fait sa campagne de Russie, et fond avec son souffle les glaces morales de Pétersbourg; enfin, à l'âge où les conquérants se reposent sur leurs lauriers rougis, il établit son quartier général à Ferney, sur les frontières de quatre États, et de là il agite encore le monde par sa parole, et achève le bélier d'airain qui renversera la Bastille et commencera la Révolution. » Méry.

[**] Tout le monde a reconnu que Voltaire a fait la préface du Code civil.

« Être Français, s'écrie-t-il, c'est être libre! On a réformé

Qui donc a aboli en France la torture? Louis XVI, dit l'histoire; mais Voltaire lui avait fait signe. Louis XVI eût pu dire ce jour-là : « Il n'y a que deux hommes qui aiment vraiment le peuple, Voltaire et moi! » Et cet autre jour où l'Assemblée constituante adoucit la peine de mort, fit luire le rayon du droit dans l'antre de la vieille justice, jeta les armes rouillées de l'antique procédure dans l'abîme où venait de s'engloutir le passé féodal, ce jour-là qui présidait? Voltaire invisible, Voltaire consolé d'avoir vécu, en voyant que la mort avait sacré sa pensée et ses écrits.

toutes les coutumes, pourquoi hésiterait-on de réformer les absurdités des Goths et des Vandales? Il fallait donc craindre de renverser leurs huttes pour bâtir à la place des maisons commodes. Les lois et la jurisprudence sur la mainmorte, nées en même temps que les lois sur la magie, les sortiléges, doivent finir pour elles. La France ne connaît pas d'esclaves; elle est l'asile et le sanctuaire de la liberté; c'est là qu'elle est indestructible, et que toute liberté perdue retrouve la vie! »

Et plus loin : « Il est un peu fâcheux pour la nature humaine qu'un père déshérite ses enfants vertueux pour combler de biens un premier-né qui souvent le déshonore; qu'un malheureux qui fait naufrage ou qui périt de quelque autre façon dans une terre étrangère laisse au fisc de cet État la fortune de ses héritiers; on a presque peine à voir, je l'avouerai encore, ceux qui labourent, dans la disette, ceux qui ne produisent rien, dans le luxe; de grands propriétaires qui s'approprient jusqu'à l'oiseau qui vole et au poisson qui nage; des vassaux tremblants qui n'osent délivrer leurs moissons du sanglier qui les dévore; le droit du plus fort faisant la loi, non-seulement de peuple à peuple, mais encore de citoyen à citoyen. »

Les anciens rois cassaient les arrêts des tribunaux quand les tribunaux leur semblaient avoir mal jugé. Au XVIIIᵉ siècle, ce droit souverain remonte à Voltaire. Sa conscience est le tribunal d'appel auquel s'adressent en dernier ressort les innocents frappés par la sentence des cours officielles. Il est vrai que ce tribunal vivant avait pour base l'opinion publique. Il y a quelqu'un qui a plus de conscience que tous les juges, c'est tout le monde. La force de Voltaire dans toutes les questions de droit, c'est d'avoir été le roi du sens commun, le roi de l'opinion universelle. Ce qu'il dit, tout le monde l'a pensé ou le pensera demain. Avec une telle autorité on peut absoudre Calas et les autres victimes des erreurs de la justice humaine. La révélation du génie appuyée sur le sentiment des multitudes, c'est l'esprit de Dieu porté sur les eaux : cela féconde le chaos, même le chaos des lois.

Parmi les conquêtes du roi Voltaire, il faut marquer cet air de domination qu'il a inspiré aux gens de lettres. Balzac demandait qu'on créât des maréchaux de France littéraires ; c'est fait depuis Voltaire, car, depuis Voltaire, une bonne plume est un bâton de maréchal. Avant Beaumarchais, il osa traiter d'égal à égal avec les ministres, et, ce qui est bien plus hardi, avec les comédiennes. Il n'affranchit pas seulement les serfs du mont Jura, il affranchit par la suprématie de l'esprit les serfs littéraires; car, avant lui, quand on n'était ni Corneille ni Molière, on n'était que M. Pancrace. Voyez l'attitude de l'auteur de la comédie dans la loge de la comédienne :

> Vous cependant, au doux bruit des éloges
> Qui vont pleuvant de l'orchestre et des loges,
> Marchant en reine et traînant après vous
> Vingt courtisans l'un de l'autre jaloux,
> Vous admettez près de votre toilette
> Du noble essaim la cohue indiscrète;
> L'un dans la main vous glisse un billet doux;
> L'autre à Passy vous propose une fête;
> Josse avec vous veut souper tête à tête;
> Candale y soupe, et rit tout haut d'eux tous;
> On vous entoure, on vous presse, on vous lasse.
> Le pauvre auteur est tapi dans un coin,
> Se fait petit, tient à peine une place.
> Certain marquis l'apercevant de loin,
> Dit : « Ah! c'est vous; bonjour, monsieur Pancrace,
> « Bonjour : vraiment votre pièce a du bon. »
> Pancrace fait révérence profonde,
> Bégaye un mot, à quoi nul ne répond,
> Puis se retire, et se croit du beau monde!

Aujourd'hui les rôles ont changé : M. Pancrace est caressé par la comédienne et se prélasse dans le beau monde. On a peur de lui et on dit en le voyant venir : « Il a peut-être autant d'esprit que M. de Voltaire ! »

La plus grande conquête de Voltaire, ce fut son œuvre posthume : la *Révolution française*[*]. Il fit là

---

[*] « Le Voltaire que nous admirons et que nous aimons, le Voltaire que nous admirerons et aimerons toujours, c'est le Voltaire

révolution et ne laissa aux assemblées politiques, la Constituante, la Législative, la Convention, que la peine de décréter ses pensées*. Après lui, l'ancienne France était effacée de la carte de l'intelligence humaine; il avait démoli l'édifice des anciennes qui retrouva, avec Montesquieu, les droits imprescriptibles de l'humanité, le Voltaire qui, avec Beccaria, effaça du Code pénal la vengeance et prépara l'abolition de la torture, le Voltaire qui défendit Calas, qui défendit Sirven, qui défendit le chevalier de la Barre! C'est ce Voltaire qui éprouvait tous les ans un accès de fièvre le jour de Saint-Barthélemy. C'est ce Voltaire enfin qui, en annonçant la liberté au monde, ouvrait à l'avenir le splendide portique de 1789! » EDMOND DELIÈRE.

* Il y a aujourd'hui deux opinions sur les causes de la Révolution française. Les philosophes voient fermement un grand fait amené par une grande idée, une action conduite par un principe. Les néo-chrétiens représentant l'ancienne France décident que la Révolution n'a eu rien à débattre avec la philosophie du XVIIIe siècle. Ils prouvent, avec M. Granier de Cassagnac, que « c'est Louis XVI et non la philosophie qui a conçu et réalisé le premier événement auquel se rattache la Révolution; ils prouvent que cet événement est une pensée de réforme, non pas imposée par le pays à la monarchie, mais spontanément offerte par la monarchie au pays. » Je ne veux pas diminuer l'action de Louis XVI et de ses ministres; mais où avaient-ils fait leurs classes de philosophie et de politique?

Sur toutes les questions voltairiennes le lecteur étudiera le pour et le contre dans les travaux de MM. Michelet, Blanc, Veuillot, Chasles, Renan, Cuvillier-Fleury, Pelletan, Limayrac, Esquiros, Damiron, Noël, Lanfrey, Bersot.—A Genève on écrit beaucoup sur Voltaire, pareillement en Allemagne, pareillement en Angleterre.

Peut-être le lecteur, après avoir écouté tous ces sages en frac, ne sera-t-il pas plus convaincu; mais il aura parcouru avec un rayon lumineux un pays qui n'est que ténèbres quand Voltaire n'est plus là.

croyances religieuses, politiques, sociales ; il avait ouvert dans la sombre forêt de l'avenir des perspectives éclairées par la lumière de la raison ; il avait reconstruit parmi les ruines la citadelle de la cité nouvelle. Montaigne et Pascal doutaient : il affirme. Les voyez-vous, ses ministres, s'élever de degré en degré sur cette échelle de Jacob, construite pour escalader le ciel? Rien ne les arrête : ni le génie de Bossuet, dont la majestueuse figure gardait le seuil de l'histoire universelle, ni la grâce toute-puissante de Fénelon. Ces hardis envahisseurs s'élancent en tumulte sur le champ illimité des connaissances humaines : « A moi la science ! » dit l'un ; « à moi l'histoire ! » s'écrie l'autre ; « à nous la philosophie, à nous l'univers moral, à nous le fini et l'infini, l'alpha et l'oméga ! nous sommes les rois de l'empire des idées. Christophe Colomb a découvert un monde ; nous marchons sur les flots, au milieu des éclairs et des tonnerres, à la découverte du dieu inconnu. »

Toutes ces victoires et toutes ces conquêtes ont été consacrées par le couronnement de Voltaire aux Tuileries et par ses funérailles au Panthéon, funérailles réparatrices comme pour César et Napoléon.

XIV

LES ŒUVRES DE VOLTAIRE

Les œuvres de Voltaire se composent de soixante-dix volumes*. Son œuvre, c'est la raison armée d'esprit.

A son point de départ dans la vie, Voltaire semble avoir compris qu'il avait trop de chemin à faire pour descendre au fond des choses. En poésie comme en histoire, en histoire comme en philosophie, il ouvre une glorieuse campagne ; mais dès qu'il a pris quelques drapeaux, il crie victoire et court à d'autres aventures. Il voyage à bride abattue sur les deux

---

* Voltaire ne comptait pas. Il s'effrayait quelquefois de tant de papier sillonné. « Sans compter, disait-il, que je ferais un beau volume de mes sottises! »

hémisphères de la pensée. Rien ne l'arrête, il ira partout, même quand il ne saura pas son chemin. Mais connaîtra-t-il bien le pays parcouru? Non. Il a tout vu à vol d'oiseau, avec le regard de l'aigle, il est vrai, mais le vol de l'aigle est trop rapide. Comme l'aigle aussi, il a osé regarder le soleil, mais le soleil ne lui a-t-il pas donné plus d'éblouissement que de lumière?

Au lieu de chercher la Muse dans la forêt ténébreuse de l'inspiration, il l'a violée gaiement après souper, sans bien savoir si c'était la Muse. Au lieu d'étudier pieusement les archives du passé pour écrire l'histoire, il inventait l'histoire. « On fait l'histoire, l'histoire n'est jamais faite. » Le philosophe était-il plus convaincu que le poëte et l'historien, lui qui, tour à tour, riait de ses timidités ou s'effrayait de ses audaces?

Je ne critiquerai point du mot au mot et du livre au livre cette Babel de la pensée sur laquelle l'intuition de tout le monde en sait désormais plus que la science des pédants. Mais j'ai le devoir de résumer ce que pensa sur les arts celui qui fut un souverain universel, celui qui n'eût pas rempli à son gré sa mission s'il n'eût pas, comme Louis XIV, son prédécesseur, comme Napoléon, son héritier, tout surveillé et tout réglé dans les musées, dans les palais, dans les jardins de son Paris, de sa France, de son Europe! Ce qui domine dans son œuvre comme dans ses œuvres, c'est le sentiment du bien plutôt que le sentiment du beau ; car, pour le philosophe, le beau n'est pas toujours le bien. Toutefois, j'essayerai de démontrer que le sentiment du beau, qui est le sentiment de l'art, a aussi préoccupé Voltaire.

Winkelmann disait avec quelque raison : « La plupart des écrivains ne sont pas plus en état de parler des œuvres d'art que les pèlerins ne le sont de donner une exacte description de Rome. » On avait la foi, on n'avait pas les yeux. Les écrivains français réfugiés en Hollande s'épuisaient en disputes théologiques et ne dépensaient pas une heure devant Rembrandt, qui était pourtant un fier théologien, et devant Ruysdaël, qui chantait la poésie de l'œuvre de Dieu. Jean-Jacques lui-même, Jean-Jacques, qui avait une palette si lumineuse et un pinceau si vif, passait par Venise sans voir les peintres vénitiens. S'il rapportait un tableau de l'Adriatique, c'était un tableau à la Jean-Jacques et non à la Giorgione.

Voltaire, avant que Diderot n'eût parlé, avait le sentiment de l'art. A chaque page de ses lettres, on voit qu'il aspire au pays des chefs-d'œuvre. Il dit sans cesse qu'il ne veut pas mourir sans avoir reçu au Vatican, non pas la bénédiction du pape, mais celle de Michel-Ange, ce pape éternel de l'art moderne. Il veut voir Titien à Venise, Raphaël à Rome. Il veut voir à Pompéi et à Herculanum les vestiges de l'art antique. Quoique toujours malade, il n'ira pas en Italie pour le soleil, mais pour les enfants du soleil. Que lui importe s'il souffre! c'est sa destinée. Son esprit passe toujours avant son corps.

Voltaire proclame la suprématie universelle des arts plastiques. « Il n'en est pas de la peinture comme de la musique et de la poésie. Une nation peut avoir un chant qui ne plaise qu'à elle, parce que le génie de sa langue n'en admettra pas d'autres; mais les peintres doivent représenter la nature, qui est la même dans tous les pays [*]. »

Voltaire a jugé un peu de haut, dans son *Siècle de Louis XIV*, les peintres français du XVIIe siècle. Mais il a vu juste, comme presque toujours, plus

---

[*] Voltaire s'élève contre les académies, parce que pour lui la seule académie c'est la nature; pour lui, le goût académique est mortel; il restreint le talent au lieu de l'étendre :

« Les académies sont, sans doute, très-utiles pour former les élèves, surtout quand les directeurs travaillent dans le grand goût : mais si le chef a le goût petit, si sa manière est aride et léchée, si ses figures grimacent, si ses tableaux sont peints comme les éventails; les élèves, subjugués par l'imitation ou par l'envie de plaire à un mauvais maître, perdent entièrement l'idée de la belle nature. Il y a une fatalité sur les académies : aucun ouvrage qu'on appelle académique n'a été encore, en aucun genre, un ouvrage de génie : donnez-moi un artiste tout occupé de la crainte de ne pas saisir la manière de ses confrères, ses productions seront compassées et contraintes : donnez-moi un homme d'un esprit libre, plein de la nature qu'il copie, il réussira. Presque tous les artistes sublimes, ou ont fleuri avant les établissements des académies, ou ont travaillé dans un goût différent de celui qui régnait dans ces sociétés. »

juste que Diderot jugeant les peintres du XVIII® siècle. Voltaire voyait par l'œil simple, Diderot était trop artiste pour bien voir : la passion a toujours des prismes devant les yeux. Que si, dans cent ans, on consulte le jugement de nos meilleurs critiques contemporains sur les peintres du XIX® siècle, on s'apercevra, je le crains bien, qu'ils se sont plus trompés que Voltaire.

L'historien était en Prusse lorsqu'il écrivit le *Siècle de Louis XIV*. Il regrettait, pour parler des peintres, de ne pas revoir leurs tableaux ; mais son vif souvenir lui permit de ne pas se tromper. Selon lui, Poussin est le peintre des penseurs ; mais il lui reproche d'avoir outré le sombre du coloris de l'école romaine. Pour Voltaire, Le Sueur est un peintre qui avait élevé son art au plus haut point, mais qui mourut trop jeune. On méprise beaucoup Le Brun ; Voltaire, tout en lui préférant Le Sueur, le reconnaît grand maître. « Son tableau de la *Famille de Darius*, qui est à Versailles, n'est point effacé par le coloris du tableau de Paul Véronèse, qu'on voit à côté. » Et Voltaire constate que par le dessin, la composition, la grandeur et le sentiment, on laisse derrière soi les peintres qui n'ont que leur palette. Il veut qu'il n'y ait de grands peintres que ceux-là qui travaillent pour être gravés

Voltaire n'aime pas beaucoup Mignard, mais il salue avec sympathie Bourdon et Valentin. Non-seulement il proclame Rigaud un grand portraitiste, mais il signale comme un chef-d'œuvre digne d'être comparé aux tableaux de Rubens le tableau où Rigaud a représenté le cardinal de Bouillon ouvrant l'année sainte.

Où Voltaire se trompe, c'est devant le *Salon d'Hercule* de Lemoine, qu'il regarde avec trop d'enthousiasme comme une des grandes pages de l'histoire de l'art; mais il ne se trompe ni sur Desportes, ni sur Oudry, les peintres d'animaux; ni sur Raoux, ce peintre inégal qui se souvient des Vénitiens et des Flamands; ni sur les Boulogne, le bon Boulogne et le mauvais Boulogne ; ni sur Watteau, qui excelle dans le gracieux, « comme Teniers a excellé dans le grotesque ; » ni sur Santerre, dont il vante les grâces et les voluptés, dont le coloris « vrai et tendre » lui fait chanter un hymne devant le tableau d'*Adam et Ève,* où Santerre a représenté, après la lettre, Philippe d'Orléans et la marquise de Parabère.

Dans une lettre au comte d'Argental, Voltaire s'indigne de voir la cour préférer le dernier des Coypel* au dernier des Vanloo. Il s'indigne avec

---

* Coypel qui croyait écrire avec son pinceau et peindre avec sa plume :

> On dit que notre ami Coypel
> Imite Horace et Raphaël,
> A les surpasser il s'efforce ;
> Et nous n'avons point aujourd'hui
> De rimeur peignant de sa force,
> Ni peintre rimant comme lui.

raison ; car, entre le peintre prétentieux qui se laissait comparer à Raphaël, et le peintre sans prétention qui peignait d'immortels déjeuners de chasse avec un pinceau parisien et une palette flamande, il y avait tout un abîme.

Voltaire croyait que le XVIIIe siècle l'emporterait par le ciseau sur le siècle de Louis XIV.

Il attendait son voyage à Rome pour avoir une opinion sur l'architecture ; il admirait la colonnade du Louvre, mais il ne levait jamais les yeux sur Notre-Dame de Paris. S'il vante la façade de Saint-Gervais, c'est qu'il a demeuré rue de Longpont. Il avait mieux étudié la gravure. Il possédait beaucoup d'estampes d'après les écoles italienne, flamande et française. Il aimait les ciselures, les médailles, les montres, les éventails. On consultait son goût chez le duc de Sully, chez la marquise de Mimeure, chez le maréchal de Villars, sur les tentures, les tapisseries *, les porcelaines. Dans les jardins, quoiqu'il appréciât Le Nôtre, il ne voulait pas, comme Boileau,

* Voltaire voulut avoir *la Henriade* en tapisserie. Il écrivit de Cirey à l'abbé Moussinot :

« Allez donc, mon cher ami, dans le royaume de M. Oudry. Je voudrais bien qu'il voulût exécuter *la Henriade* en tapisserie ; j'en achèterais une tenture. Il me semble que le temple de l'Amour, l'assassinat de Guise, celui de Henri III par un moine, saint Louis montrant sa postérité à Henri IV, sont d'assez beaux sujets de dessins : il ne tiendrait qu'au pinceau d'Oudry d'immortaliser *la Henriade* et votre ami. »

Mais son trésorier l'avertit que cette édition de *la Henriade* le ruinerait, et il y renonça.

qu'on taillât sous ses yeux l'if et le chèvrefeuille.

Voltaire aimait les beaux livres et se préoccupait de l'art typographique. Il veillait sur les éditions de ses œuvres avec une sollicitude jalouse. Non-seulement il désignait les peintres et les dessinateurs pour les estampes, mais il rédigeait lui-même les sujets à graver.

Il disait sans cesse, en traversant le vieux Paris, sans air et sans soleil, qu'il lui semblait plutôt un repaire de truands qu'un pays habité par le peuple le plus spirituel de la terre : « Quand donc un autre Louis XIV bâtira-t-il le Versailles du peuple? » C'était en vain qu'il parlait de Paris aux ministres et aux maîtresses du roi; on lui répondait que le Trianon était un séjour charmant. Et Voltaire s'écriait avec chagrin : « S'il ne se trouve ni un roi ni un homme pour rebâtir Paris, il faut pleurer sur les ruines de Jérusalem. »

Et quand il voit que Louis XV ne bâtira ni Versailles ni Paris, qu'il se contentera d'édifier la Madeleine, pour que toutes ses maîtresses aillent y répandre un jour les larmes de la pénitence, Voltaire s'adresse aux Parisiens eux-mêmes. Il leur rappelle que Londres, consumée par les flammes, se releva en deux années devant les bravades de toute l'Europe, qui lui disait : « Dans vingt ans, tu ne seras encore qu'une ruine *. »

---

* « Nous possédons dans Paris de quoi acheter des royaumes :

Voltaire s'est indigné, lui aussi, de voir le Louvre inachevé :

> Monument imparfait de ce siècle vanté
> Qui sur tous les beaux-arts a fondé sa mémoire,
> Vous verrai-je toujours, en attestant sa gloire,
> Faire un juste reproche à sa postérité?
>
> Faut-il que l'on s'indigne alors qu'on vous admire;
> Et que les nations qui veulent nous braver,

nous voyons tous les jours ce qui manque à notre ville, et nous nous contentons de murmurer. On passe devant le Louvre et on gémit de voir cette façade, monument de la grandeur de Louis XIV, du zèle de Colbert et du génie de Perrault, cachée par des bâtiments de Goths et de Vandales. Nous courons aux spectacles, et nous sommes indignés d'y entrer d'une manière si incommode et si dégoûtante. Nous n'avons que deux fontaines dans le grand goût et il s'en faut bien qu'elles soient avantageusement placées; toutes les autres sont dignes d'un village. Des quartiers immenses demandent des places publiques, et tandis que l'arc de triomphe de la porte Saint-Denis et la statue équestre de Henri le Grand, ces deux ponts, ces deux quais superbes, ce Louvre, ces Tuileries, ces Champs-Elysées égalent ou surpassent les beautés de l'ancienne Rome, le centre de la ville, obscur, resserré, hideux, représente le temps de la plus honteuse barbarie.

« A qui appartient-il d'embellir la ville, sinon aux habitants? On parle d'une place et d'une statue du roi; mais depuis le temps qu'on en parle, on a bâti une place dans Londres, et on a construit un pont sur la Tamise. Il est temps que ceux qui sont à la tête de la plus opulente capitale de l'Europe la rendent la plus commode et la plus magnifique. Ne serons-nous pas honteux à la fin de nous borner à de petits feux d'artifice vis-à-vis un bâtiment grossier, dans une petite place destinée à l'exécution des criminels? Qu'on ose élever son esprit, et on fera ce qu'on voudra. Il s'agit bien d'une place! il faut des marchés publics, des fontaines, des carrefours réguliers, des salles de spectacle; il faut élargir les rues, découvrir les monuments qu'on ne voit point, et en élever qu'on puisse voir. »

Fiers de nos défauts, soient en droit de nous dire
Que nous commençons tout pour ne rien achever?

Sous quels débris honteux, sous quel amas rustique
On laisse ensevelis ces chefs-d'œuvre divins!
Quel barbare a mêlé la bassesse gothique
A toute la grandeur des Grecs et des Romains?

Louvre, palais pompeux dont la France s'honore,
Sois digne de ce roi, ton maître et notre appui;
Embellis les climats que sa vertu décore,
Et dans tout ton éclat montre-toi comme lui.

Les vers de Voltaire, écrits sur les genoux de madame de Pompadour, qui décorait la vertu de Louis XV, ne firent pas continuer le Louvre. En ce temps-là, Paris était à Versailles, et le palais des chefs-d'œuvre était le Parc-aux-Cerfs.

Que redirai-je en feuilletant une fois encore ces œuvres de Voltaire, que ne protégent ni les dieux ni les muses peut-être, mais qui ont donné au monde poétique un dieu et une muse de plus?

Voltaire, comme l'a dit M. Désiré Nisard, est toute la poésie du XVIIIe siècle, ce qui ne l'oblige pas à être un grand poëte.

Quand Arouet se baptisa Voltaire, la place était à prendre dans la poésie. Il n'avait qu'à paraître avec ses rayons lumineux pour chasser dans le ciel nocturne toutes ces étoiles plus ou moins scintillantes qui s'appelaient Chaulieu, Hamilton, Dufresny, Jean-Baptiste Rousseau, l'abbé de Choisy, Destouches, Piron, La Motte. A sa première tragédie, quelque mauvaise qu'elle fût, il devait vaincre Crébillon le tragique. Campistron s'était vaincu lui-même. A sa première épître il devait vaincre Chaulieu, qui s'en allait, et Gresset, qui venait. Mais il ne devait pas atteindre André Chénier, ni Lamartine, ni Victor Hugo. Il n'avait pas, comme disait Pindare, la « chaste lumière des muses sonores. »

J'ai dit que Voltaire n'avait pas écrit ses confessions, il a mieux fait, il les a chantées. Dans sa poésie familière, il est personnel et intime comme les muses les plus expansives du XIXe siècle.

Il aimait mieux les figures de l'Olympe que les figures de la Bible, mais il n'est pas plus olympien que biblique. Il est le poëte de son temps [*].

Voltaire, historien, faisait trop l'histoire, mais il le faisait à la manière de Xénophon et de Tite-Live [**].

---

[*] Je ne sais pas s'il a lu beaucoup la Bible : j'en doute. Au XVIIIe siècle, la poésie de la Bible passait après la poésie de l'Olympe. « Je suis fâché, comme bon chrétien, disait Voltaire, que le sacré n'ait pas le même succès que le profane ; mais est-ce ma faute si Jephté et l'arche du Seigneur sont mal reçus à l'Opéra, lorsqu'un grand prêtre de Jupiter et une catin d'Argos réussissent à la Comédie. »

[**] L'historien qui a raconté Cromwell avec la familiarité d'un Bossuet doctrinaire avait le droit de caractériser l'historien de Charles XII : « S'il mêlait les travaux, il ne confondait pas les tons : Il ne jeta sur Charles XII rien de la pompe un peu factice qu'il donnait à ses Romains de théâtre. L'ouvrage est dans un goût parfait d'élégance rapide et de simplicité. Pour les choses sérieuses, les descriptions de pays et de mœurs, les marches, les combats,

Et puis, à côté du lumineux historien des faits, qui continue la tradition de la Grèce poétique, il y a chez Voltaire l'historien philosophe dont M. de Pongerville a résumé le génie en quelques traits décisifs : « Voltaire trouva dans le passé des leçons pour l'avenir. Avec lui l'histoire devint le tribunal où comparurent les oppresseurs et les opprimés ; on jugea les prétentions des uns et les droits des autres. On se persuada, enfin, que l'homme peut penser ce qu'il veut, et dire ce qu'il pense *. »

le tour du récit tient de César bien plus que de Quinte-Curce. Nul détail oiseux, nulle déclamation, nulle parure : tout est net, intelligent, précis, au fait, au but. On voit les hommes agir ; et les événements sont expliqués par le récit. Il y a même un rapport singulier et qui plaît entre l'action soudaine du héros et l'allure svelte de l'historien. Nulle part notre langue n'a plus de prestesse et d'agilité ; nulle part on ne trouve mieux ce vif et clair langage, que le vieux Caton attribuait à la nation gauloise, au même degré que le génie de la guerre : *Duas res gens gallica industriosissime persequitur, rem militarem, et argute loqui.* »

* Voltaire joue donc un grand rôle comme historien. « La mission qu'imposait l'histoire au xviiie siècle — et à Voltaire — était d'en finir avec le moyen âge ; il a rempli cette tragique mission ; il n'a rempli que celle-là : un siècle, un seul siècle n'est guère chargé de deux missions à la fois ; il a détruit, il n'a rien élevé : il ne pouvait faire davantage. »

C'est M. Victor Cousin qui dit cela. M. Victor Cousin a-t-il oublié que le xviiie siècle — que Voltaire — a fondé la raison humaine ? — après Descartes.

Selon M. Victor Hugo, « Voltaire, comme historien, est souvent admirable ; il laisse crier les faits. L'histoire n'est pour lui qu'une longue galerie de médailles à double empreinte. Il la réduit presque toujours à cette phrase de son *Essai sur les mœurs* :

« Il y eut des choses horribles, il y en eut de ridicules. » En

La nature, qui embaume les livres de Jean-Jacques, ne montre pas un pan de sa robe dans ceux de Voltaire [*], c'est la nature académique de Boileau qui inspire le poëte de *la Henriade :*

Dans toute *la Henriade*, la nature ne se montre pas davantage. « Il n'y a pas, disait Delille, d'herbe pour nourrir les chevaux, ni d'eau pour les abreuver. » Au XVIe siècle, la nature inspirait les poëtes ; Boileau vint, qui lui mit la perruque solennelle de la cour de Louis XIV : ainsi, dans l'*Épître* à son jardinier, que dis-je, jardinier ? *Antoine, gouverneur de mon jardin d'Auteuil*, Antoine *dirige* l'if et *exerce* sur les espaliers l'*art de la Quintinie*. De là une note du poëte pour expliquer cet hémistiche : « Jean de la Quintinie, directeur des jardins fruitiers et potagers du roi. » Une autre note avait déjà averti le lecteur que Boileau n'eût pas daigné parler de son jardinier, si Horace n'avait pas chanté son fermier. Comme Boileau était écouté des poëtes de

---

effet, toute l'histoire des hommes tient là. Puis il ajoute : « L'échanson Montecuculli fut écartelé ; voilà l'horrible. Charles-Quint fut déclaré rebelle par le parlement de Paris ; voilà le ridicule. »

[*] Toutefois, Voltaire écrivant ces vers :

> L'arbre qu'on a planté rit plus à notre vue
> Que le parc de Versaille et sa vaste étendue,

apprenait aux beaux désœuvrés le chemin des solitudes, comme l'a dit poétiquement M. H. Rigault : « En France, quand nous revenons à la nature il faut que la muse nous mène par la main. »

son temps, la poésie dédaigna au XVIIe siècle la jupe rayée des hameaux et la primevère des prairies, les cascades de la fontaine et les harmonies de la forêt, les rêveries du sentier et les spectacles de la montagne. Il fut décidé que le jardin de Versailles était seul digne, grâce à ses ifs et à ses statues, d'être chanté dans les grands vers. La Fontaine, qui n'écoutait personne, osa chanter la fumée des fermes et la rosée des chemins. Par malheur, Voltaire était de l'école de Boileau.

Voltaire jugeait vite et jugeait bien [*]. Il disait de Rivarol : « C'est un feu d'artifice tiré sur l'eau. » Quoi de plus original et de plus vrai que ce qu'il dit de Marivaux : « C'est un homme qui connaît tous les sentiers qui aboutissent au cœur humain, mais qui n'en sait pas la grand'route. » Nul mieux que lui ne décochait l'épigramme. « *OEdipe*, s'écriait La Motte, c'est le plus beau sujet du monde : il faut que je le mette en prose.—Faites cela, dit Voltaire, et je mettrai votre *Inès* en vers. » Parlant de Marmontel et de sa *Poétique :* « Comme Moïse, il conduit les autres à la terre promise, quoiqu'il ne lui soit pas permis d'y entrer. » Il se moquait finement des jugements du monde. Un jour, chez le prince de Conti, on déchirait, avec quelque raison,

---

[*] Souvent avec un seul mot il peint un homme et son œuvre : *Gentil Bernard, l'abbé Greluchon, Babet la bouquetière, Floriannet*, et voilà quatre poëtes jugés.

les fables de La Motte en vantant celles de La Fontaine. « A propos, dit Voltaire, je sais une fable de La Fontaine qui n'a jamais été imprimée.—Comment! une fable de La Fontaine ? dépêchez-vous donc de nous la dire. » Et Voltaire l'ayant dite : « Voilà de l'admirable ! Ce n'est pas comme ces vilaines fables de La Motte ; que de naturel, que de grâce !—Eh bien ! messieurs, s'écria Voltaire, cette fable charmante que vous admirez tous est pourtant de La Motte*. »

Voltaire est presque abandonné au théâtre, parce que, plus fidèle aux idées de son siècle qu'à l'idée éternelle de la grandeur et de la beauté, il s'est fait une arme de chacune de ses tragédies pour combattre des préjugés qu'il a vaincus. Napoléon, qui pardonnait à Voltaire quand Talma jouait *OEdipe*, relisait *Mahomet* à Sainte-Hélène. « Quand la pompe de la diction, les prestiges de la scène ne trompent plus l'analyse ni le vrai goût, alors Voltaire perd immédiatement mille pour cent. On ne croira qu'avec peine qu'au moment de la révolution, Voltaire eût détrôné Corneille et Racine : on s'était endormi sur les beautés de ceux-ci, et c'est au premier consul qu'est dû le réveil. » Mais Voltaire s'était lui-même

---

* Et comme il avait de l'imprévu dans son esprit familier ! On contait dans un cercle des histoires de voleurs, quand vint son tour il parla ainsi : « Il était une fois un fermier général... J'ai oublié le reste. »

rendu justice. « Vous savez bien, fripon que vous êtes, écrit-il à Voisenon, que les tragédies de Crébillon ne valent rien, et je vous avoue en conscience que les miennes ne valent pas mieux ; je les brûlerais toutes si je pouvais ; et cependant j'ai encore la sottise d'en faire, comme le président Hubert jouait du violon à soixante-dix ans, quoiqu'il en jouât fort mal et qu'il fût cependant le meilleur violon du parlement *. »

Faut-il parler des comédies de Voltaire? « Voltaire n'a été bon plaisant que dans son propre rôle. » C'est M. Villemain qui a dit cela. Toutefois, qui donc a le droit de se montrer si sévère contre *Nanine* et l'*Enfant prodigue*? Alfred de Musset se retrouvait en famille dans la maison d'Euphémon, et *Louison* est la petite-nièce de *Nanine*.

C'est dans ses contes qu'il faut surtout chercher Voltaire : c'est là que son génie s'épanouit en toute liberté ; c'est là qu'il nous surprend par sa gaieté profonde et sa raison souveraine ; c'est là qu'avec son rire éclatant il nous jette la vérité à pleines mains : c'est Rabelais, c'est Montaigne, c'est Voltaire **.

Il y a un chef-d'œuvre de Voltaire qui renferme

---

* Dans ses *Études sur les tragiques grecs*, M. Patin a répandu la vraie lumière sur la tragédie antique et la tragédie du xviii° siècle ; il a savamment expliqué pourquoi Voltaire ne pouvait et ne savait continuer Sophocle.

** C'est aussi Swift, quand il conte *Micromégas*; c'est aussi tout Voltaire : c'est *Candide*, un simple roman ; mais ce simple roman c'est tout l'esprit français*, depuis la philosophie jusqu'à la grâce. Oui, tout Voltaire : l'imagination et la raillerie, la grandeur et la concision. La simplicité s'y promène toute nue, mais avec les mains pleines de roses et de diamants, comme la reine de Golconde. Oui, tout l'esprit français est là. Que dis-je? Swift et Sterne ont-ils plus d'humour? L'Arioste est-il plus romanesque? Cervantes se joue-t-il mieux de la folie et de la raison? Dans l'antiquité, qui donc eût raconté ce poëme enjoué de la misère humaine ? Voltaire, qui jusque-là s'était montré plutôt un dessinateur qu'un peintre, semble avoir trouvé, comme par merveille, une palette préparée par un des rois de la couleur. Comme sa touche est spirituelle et lumineuse! Quelles oppositions! quels effets! quels miracles! Tous ses tableaux sont étincelants d'une immortelle lumière. C'est qu'il avait pris une torche de l'enfer pour regarder l'humanité de face et de profil. Le vieux Dante n'était pas descendu si loin. L'humanité s'était laissé surprendre un jour de colère sur son lit de douleur**.

Richardson, quand il écrit le dénoûment de *l'Ingénu*; c'est aussi Diderot, quand il fait pleurer *Jeannot et Colin*.

* Tout l'esprit humain comme un autre roman, *Manon Lescaut*, ce chef-d'œuvre qui date du même temps, renferme tout le cœur humain.

** « Voltaire sentait si bien l'influence que les systèmes méta-

Voltaire n'est pas seulement dans ses contes, il est dans toute son œuvre ; les ébauches même indiquent la main puissante d'un grand maître ; le plus mauvais de ses pamphlets est encore digne de nos études, comme la plus simple de ses lettres, datée d'une heure ou d'un jour, est écrite pour l'immortalité.

Aujourd'hui que la langue française est devenue un labyrinthe où la pensée ne tient pas toujours le fil d'Ariane, ce style de Voltaire nous frappe et nous séduit comme un beau rayon de lumière. Rien n'est plus franc, rien n'est plus simple, rien n'est plus beau ; jamais l'esprit et la raison n'ont si bien marché du même pas. Il ne lui manque rien, si ce n'est la grandeur qui naît du sentiment. « Voltaire rit de tout, dit M. de Sacy ; mais un vers dur le fait sauter sur son fauteuil ; une faute de goût le met en colère même contre une impiété, et la seule chose qu'il ne pardonne pas à un philosophe, c'est de mal écrire. Vous haussez les épaules de cette pas-

physiques exercent sur la tendance générale des esprits, que c'est pour combattre Leibnitz qu'il a composé *Candide*. Il prit une humeur singulière contre les causes finales, l'optimisme, le libre arbitre, enfin, contre toutes opinions philosophiques qui relèvent la dignité de l'homme ; et il fit *Candide*, cet ouvrage d'une gaieté infernale : car il semble écrit par un être d'une autre nature que nous, indifférent à notre sort, content de nos souffrances, et riant comme un démon, ou comme un singe, des misères de cette espèce humaine avec laquelle il n'a rien de commun. »
Madame de Staël.

sion pour les mots ? Eh bien ! avec votre dédain pour ces futilités littéraires, ayez, je vous prie, la grâce et la légèreté de Voltaire ; écrivez avec plus de naturel et de liberté que lui ; faites pétiller plus d'idées dans un style plus coulant et plus simple ! Le style, c'est la beauté de la pensée, comme les bois, les eaux, la lumière, sont les beautés du monde. » Le style de Voltaire c'est la beauté de sa pensée. Il avait horreur des phrases. « Vos belles phrases ! lui dit-on un jour.—Mes belles phrases ! mes belles phrases ! Apprenez que je n'en ai pas fait une de ma vie. » Quel éloge de lui-même ! quelle critique des autres !

Pour bien juger un homme, il faut, après l'avoir vu à distance, aller jusqu'à lui, évoquer, comme disait Bacon, le génie de son temps, se faire pour une heure un homme de son siècle. Après toutes les métamorphoses provoquées par Voltaire, dans la France des idées, les armes de cet impitoyable combattant nous paraissent émoussées, à nous critiques d'un autre siècle ; mais si par enchantement nous allions nous réveiller sous le règne de Louis XV, combien ne serions-nous pas émerveillés de l'héroïsme téméraire de cet homme qui fut longtemps seul de son parti ! En effet, quelle était la France de Louis XV, la France des idées, la tête de la nation ? Aux beaux jours de l'antiquité, le penseur n'avait qu'à dire à sa pensée : « Va, le jour est venu. » Mais en l'an de grâce 1750, trois siècles après la découverte de l'imprimerie, la pensée du philosophe rencontrait à chaque pas une sentinelle qui lui disait : « On ne passe pas. » Le livre ne s'envolait pas comme un oiseau de la fenêtre du penseur; il était soumis au censeur, à l'exempt, à l'humeur du ministre, à la critique du confesseur, à la fantaisie de la maîtresse, le ministre ne parlant qu'après la maîtresse et le confesseur. On sait trop bien que Voltaire et Jean-Jacques, d'Alembert et Diderot n'avaient pas, comme Molière et Corneille, approbation et privilége du roi. Si Voltaire secouait ses mains pleines de lumières, c'était hors de France, dans les marais de la Hollande, dans les brouillards de l'Angleterre, dans les déserts de la Suisse. Si une seule fois le censeur laissait passer une œuvre de Voltaire, cette œuvre s'appelait *la Princesse de Navarre* ou le *Poëme de Fontenoy!* Mais si Voltaire ose penser, halte là! on a commencé par la Bastille, on a continué par l'exil, on va finir je ne sais où. En attendant, Voltaire, gentilhomme du roi de France, ami du roi de Prusse et de l'impératrice de Russie, prend des pseudonymes pour oser dire la vérité. Ce n'était qu'un jeu, direz-vous cent ans après, tout en souriant des folies de Louis XV. C'était si peu un jeu que Voltaire, malgré sa témérité, passa toute sa vie aux portes de la France, lui qui tenait au cœur de la France. C'était si peu un jeu que Voltaire, mort, n'eut que par surprise un tombeau dans sa patrie.

Le mot qui résumerait le plus nettement le génie de Voltaire serait la raison. Toutes ses œuvres sont là pour l'attester, poésie ou prose, poëme ou pamphlet, tragédie ou conte. Cette raison sans merci nous a supprimé bien des pages charmantes où son esprit eût si luxueusement doré les arabesques de la fantaisie. Oui, la raison, cette vigne sans ivresse, cette eau de roche où se sont abreuvés Charron, Montaigne, Molière, La Fontaine. La raison, n'est-ce pas le sentiment du beau et du bien? n'est-ce pas la corne d'abondance d'où tombent tous les fruits du génie? Est-ce avec autre chose que Voltaire a produit des chefs-d'œuvre littéraires et remué l'humanité? N'est-ce pas avec la raison qu'il a vaincu les mauvais philosophes et les mauvais dévots?

Dans l'œuvre de Voltaire, la raison se montre à chaque pas, comme une âme qui éclaire et qui anime. Il y a un poëte qui chante, mais il y a aussi un homme qui va dire la vérité. Ce n'est point assez de parler la langue des dieux : il veut parler aussi la langue des hommes. Ainsi, avec cette épée flamboyante, qu'il appelle la raison, il traverse l'histoire, la philosophie et la religion, répandant la lumière et combattant l'erreur — souvent par l'erreur. Mais, qui peut ici-bas se flatter de ne pas semer l'ivraie avec le bon grain?

En poésie, dans la poésie de Voltaire lui-même,

la raison a souvent tort, car la raison proscrit l'enthousiasme et la témérité. Or, y a-t-il un grand poëte sans ces deux majestueux défauts? Voltaire n'a pu se sauver que dans le conte, l'épître et la satire. Là, c'est l'esprit qui parle dans toute sa grâce, dans tout son feu, dans tout son charme. Quelquefois la fantaisie vient d'un pied léger se hasarder dans le domaine de Voltaire; elle y chante *le Mondain* et *les Vous et les Tu*. Mais presque toujours, dans cette poésie étincelante, l'esprit seul a la parole.

Si la raison a tort dans la poésie qui s'élève sur les ailes de la rêverie et de l'enthousiasme, la raison reprend bien sa place dans la poésie qui raisonne tout en rimant, dans la poésie qui parle à l'idée tout en parlant au sentiment. Ainsi, n'est-ce pas la raison qui a présidé à ces tragédies, ces contes, ces épîtres où Voltaire court de rime en rime à la recherche de la vérité?

Suivez pas à pas cette raison par toutes ses routes fertiles : en philosophie, elle a créé la critique; elle a saisi hardiment, d'une main impitoyable, le côté ridicule de toutes les philosophies qui s'étaient pavanées ici-bas dans leur robe de pourpre ou dans leurs guenilles. En politique, la raison de Voltaire produit l'amour de la patrie et l'amour de la liberté; elle relève l'homme à sa hauteur, elle proscrit les traces dernières de la féodalité, elle glorifie la noblesse du cœur et de l'esprit. C'est l'école de Voltaire en politique qui a dit par la bouche éloquente de l'un des siens : « Le problème n'est pas de supprimer le mal ou de transformer le monde, mais de faire prévaloir le bien dans le monde tel qu'il est. » En religion, la raison de Voltaire se passionne ; mais n'est-ce pas souvent la raison*? S'il est allé trop loin, c'est qu'il pressentait qu'il perdait du terrain. N'écrivait-il pas à d'Alembert : « Le temps fera distinguer ce que nous avons pensé d'avec ce que nous avons dit? » S'il frappait violemment l'Église, ce n'était pas pour y atteindre Dieu, car il savait bien que Dieu ne se laisse atteindre que par l'amour ; c'était pour y écraser le prêtre impur du XVIIIe siècle, qui, de l'aveu d'un cardinal, rampait comme un reptile à l'ombre de l'autel, pour gagner bientôt non pas le royaume des cieux, mais le royaume de la terre. Voltaire-Diomède croyait poursuivre un ennemi de Dieu et blessait le fils de Dieu.

Et quand on a lu Voltaire, quand on a vécu sa vie, quand on a étudié ce grand homme dans son œuvre comme dans ses œuvres, on dit avec Gœthe :

---

* « Ne demandez point à Voltaire l'impartialité qui distingue le bien du mal. Implacable adversaire du passé, il n'a ni le temps ni la volonté de le juger : il le combat, il le détruit ; voilà son idée dominante, voilà son œuvre. Il nous est facile d'être impartiaux ; mais, dans la mêlée, l'impartialité nuit : Voltaire n'est point impartial. » Saint-Marc Girardin.

« On n'est point surpris que Voltaire se soit assuré en Europe, sans contestation, la monarchie universelle des esprits : ceux mêmes qui auraient eu des titres à lui opposer reconnaissaient sa suprématie, et donnaient l'exemple de n'être que les grands de son empire. Depuis sa mort, la renommée fait encore retentir d'un pôle à l'autre le bruit de sa gloire immortelle. Voltaire sera toujours regardé comme le plus grand homme en littérature des temps modernes, et peut-être même de tous les siècles ; comme la création la plus étonnante de l'auteur de la nature, création où il s'est plu à rassembler une seule fois, dans la frêle et périlleuse organisation humaine, toutes les variétés du talent, toutes les gloires du génie, toutes les puissances de la pensée. »

Que dire après Gœthe, celui-là qui a continué le XVIII° siècle en plein XIX° siècle ?

XV

LA MORT DE VOLTAIRE

Ce fut surtout à l'heure de sa mort que la royauté de Voltaire a été universellement reconnue. Quand il mit un pied dans la tombe, il mit un pied dans l'immortalité.

Homme étrange jusqu'à la fin ! Depuis un demi-siècle, il disait à toute l'Europe qu'il n'avait qu'un moment à vivre, lui qui était né mourant. Son tombeau, fait d'une simple pierre, s'ouvrait contre l'église qu'il avait bâtie. Il avait beaucoup gambadé, selon son expression, autour de son tombeau, sans que l'heure sonnât de s'y coucher. Ses amis étaient venus et revenus lui dire adieu; il attendait la mort de pied ferme, comme tous ceux qui ont fait du bien, sinon le bien ici-bas, quand madame Denis, ennuyée d'un si long séjour à Ferney, mit tout en œuvre pour un voyage à Paris. Il se décida à partir; il avait quatre-vingt-quatre ans! Un jour d'hiver, un jour de neige, un jour de bise, le mardi 3 février 1778, il se mit en route et voyagea toute une semaine pour revoir sa bonne ville de Paris. Il arriva le septième jour*. Croyez-vous que ce fut pour lui un jour de repos? non. En descendant de voiture, il ne monta pas dans cette maison à jamais consacrée, du quai des Théatins, où l'attendait la marquise de Villette devant un feu d'enfer, car la Seine charriait ce jour-là. Il s'en alla à pied, enveloppé dans sa pelisse, chaussé de bottes à la Souwarof, encapuchonné dans une perruque de laine surmontée d'un bonnet rouge, il s'en alla chez *ses chers anges*, le comte d'Argental, qui ne l'attendait pas, mais qui le reconnut dans cet étrange accoutrement, quoique l'absence eût été bien longue.

Voltaire se jeta dans les bras de son meilleur ami et lui dit avec des larmes dans les yeux: « J'ai interrompu mon agonie pour venir vous embrasser. » Le comte d'Argental pleura lui-même en disant qu'il voudrait mourir sur ce beau mot de l'amitié.

Voltaire alla chez le marquis de Villette avec son

---

* A la barrière de Fontainebleau, les commis lui demandèrent s'il n'avait rien à déclarer. « Messieurs, il n'y a que moi de contrebande, » répondit-il.

ami d'Argental. « Ah ! mes anges, la fin de la vie est triste, et le commencement doit être compté pour rien.—Oui, mon cher Voltaire, mais, vous l'avez dit, le milieu est un orage presque toujours fécond. » Ils arrivaient sur le quai des Théatins—le quai Voltaire—en face des Tuileries* !

Le bruit de son arrivée à Paris se répandit comme une bonne nouvelle. Pour ce peuple enthousiaste et railleur, c'était plus qu'un grand homme, c'était un dieu qui venait leur porter bonheur.

L'Académie et la Comédie vinrent les premières lui faire leur cour. L'Académie, pour cet hommage à son souverain, avait dépêché le prince de Bauvau ; un prince ! elle ne pouvait moins faire. La Comédie aurait voulu avoir Le Kain à sa tête.—Le

---

* J'ai passé deux saisons dans l'appartement de ce grand esprit, dans ce cabinet qui, selon Grimm, ressemble beaucoup plus « au boudoir de la volupté qu'au sanctuaire des Muses. »

Sous ces lambris dorés, — dorés pour lui et non pour moi, — sous cet harmonieux plafond où les Muses de Vanloo tressent toujours des couronnes, comme s'il était encore là celui qui les aima toutes sans passion sérieuse, j'ai relu avec une passion sérieuse les contes de Voltaire. C'était relire tout Voltaire.

J'ai déménagé pour deux raisons : la première, c'est que je n'écrivais plus, sous prétexte que Voltaire avait bien assez fait de livres comme cela. La seconde, c'est que les Anglais demandaient trop souvent à voir l'appartement de M. de Voltaire, qu'ils voulaient bien appeler l'homme le plus spirituel de France, ce qui faisait dire à mon groom, gamin de Paris qui n'aimait pas les Anglais : « Oui, mylord, l'homme le plus spirituel de France et d'Angleterre. »

Kain, l'élève de Voltaire ;—mais Voltaire était arrivé trop tard, on avait enterré Le Kain la veille. Ce fut Bellecour qui porta la parole ; mais Voltaire fut plus touché des larmes de mademoiselle Clairon, agenouillée silencieusement devant lui, les mains jointes sur les bras de son fauteuil, que des compliments du comédien.

Gluck vint lui dire avec enthousiasme : « On m'attend à la cour de Vienne, mais j'ai retardé mon voyage pour être de la cour de Voltaire. » Goldoni lui fit un compliment en français; il lui répondit en italien. L'ambassadeur d'Angleterre disait le lendemain à Versailles : « M. de Voltaire ne parle qu'anglais. » Tous les ambassadeurs avaient voulu lui faire leur cour.

Le lendemain, tout Paris vint frapper à sa porte ; tout Versailles y vint aussi. Les plus enracinés dans la royauté déchue, ceux-là même qui disaient encore : « Louis XVI, par la grâce de Dieu, » commençaient enfin à comprendre que le vrai roi était celui qui avait épousé l'opinion publique. Tout l'armorial de France, les d'Armagnac, les Richelieu, les Montmorency, les Polignac, les Brancas, se rencontrèrent au petit lever du roi Voltaire. « En un seul jour, on vit entrer dans l'hôtel cent cordons

---

[*] Madame Vestris étant venue le surprendre à son petit lever, il lui dit : « J'ai passé la nuit pour vous comme si j'avais vingt ans. » Il avait refait avec amour le rôle d'Irène.

bleus. » La duchesse de la Vallière, trop malade pour quitter son lit, lui envoya les rubans de sa coiffure, comme si elle le voulait couronner encore. A tous ces grands noms, Voltaire, toujours en inquiétude du lendemain, préféra ceux de Franklin et de Turgot. Quand l'ex-ministre de Louis XVI, je veux dire du roi Voltaire, se montra à la porte de la chambre, le malade s'élança de son fauteuil et lui saisit la main avec effusion. « Voilà donc la main qui a signé le salut de la France! Turgot, vos pieds sont d'argile, mais votre tête est d'or. »

Franklin lui présenta son petit-fils : « Mon enfant, mettez-vous à genoux devant Voltaire et demandez-lui sa bénédiction. » Voltaire se leva, imposa les mains sur la tête de l'enfant, et dit, avec une religieuse émotion : « Dieu et la liberté ! » l'ancien et le nouveau monde venaient de communier.

Ils se revirent à l'Académie des sciences, ils s'embrassèrent au bruit des acclamations : c'était Solon qui embrassait Sophocle, a dit Condorcet*.

---

* Selon les gazetiers : « M. de Voltaire avait un habit rouge doublé d'hermine, une grande perruque à la Louis XIV, noire, sans poudre, et dans laquelle sa figure amaigrie était tellement enterrée, qu'on ne découvrait que ses deux yeux, brillants comme des escarboucles. Sa tête était surmontée d'un bonnet carré rouge en forme de couronne, qui ne semblait que posé. Il avait à la main une petite canne à bec de corbin : son sceptre de Ferney.

« M. de Voltaire se plaignit de la pauvreté de la langue française (M. l'abbé Delille venait de lire un poëme); il parla de

L'évêque d'Orléans pensa que le jour était venu d'envoyer au grand pécheur son mandement contre les incrédules. Mais Voltaire dit qu'il était encore trop voltairien pour se laisser prendre, et il écrivit ces quatre vers à l'évêque, en lui envoyant sa tragédie :

> J'ai reçu votre mandement ;
> Je vous offre ma tragédie,
> Afin que mutuellement
> Nous nous donnions la comédie.

Chaque jour que Voltaire passa à Paris fut marqué d'un triomphe. Les Académies vinrent en corps lui rendre hommage ; hormis les courtisans et les prêtres, tout ce qu'il y avait d'illustre à Paris vint demander audience au patriarche de Ferney. Bernardin de Saint-Pierre rapporte qu'il a entendu,

quelques mots peu usités, et qu'il serait à désirer qu'on adoptât, celui de *tragédien*, par exemple, pour exprimer un acteur jouant la tragédie. *Notre langue est une gueuse fière*, disait-il, en parlant de la difficulté d'introduire des mots nouveaux ; *il faut lui faire l'aumône malgré elle.*

Je reproduis aussi ces lignes du même journal, qui prouvent jusqu'au dernier jour le patriotisme trop souvent nié de l'auteur de la Henriade :

« M. de Voltaire se trouvant chez madame la maréchale de Luxembourg, il fut question de la guerre. Cette dame souhaitait que les Anglais et nous, entendissions assez bien nos intérêts et ceux de l'humanité pour la terminer sans effusion de sang. —*Madame*, dit le philosophe bouillant, en montrant l'épée du maréchal de Broglie, qui était présent, *voilà la plume avec laquelle il faut signer ce traité.* »

dans les carrefours, des portefaix qui se demandaient des nouvelles de la santé de Voltaire.

Le lundi 30 mars 1778, un triomphe plus éclatant que n'en obtinrent jamais monarque ou héros accueillit Voltaire, après plus d'un demi-siècle de gloire et de persécution. Pour la première fois depuis son retour à Paris, il était allé au théâtre et à l'Académie; « les hommages reçus à l'Académie n'ont été que le prélude du triomphe du théâtre. » Tout Paris était sur son chemin; un cri de joie universelle, des acclamations, des battements de mains ont éclaté partout à son passage. Grimm est si enivré de ce triomphe, qu'il en devient éloquent. « Et quand on a vu ce vieillard respectable, chargé de tant d'années et de tant de gloire, quand on l'a vu descendre appuyé sur deux bras, l'attendrissement et l'admiration ont été au comble. La foule se pressait pour pénétrer jusqu'à lui, elle se pressait davantage pour le défendre contre elle-même. » Les comédiens jouaient *Irène*. Voltaire se plaça dans la loge des gentilshommes de la chambre. Aussitôt qu'il parut, le comédien Brizart vint apporter une couronne de laurier en priant madame de Villette de la placer sur la tête de cet homme illustre. Les spectateurs applaudirent par des cris de joie. Voltaire retira aussitôt sa couronne, les spectateurs le supplièrent de la garder. Il y avait plus de monde encore dans les corridors que dans les loges; toutes les femmes étaient debout. Beaucoup d'entre elles étaient descendues au parterre pour le mieux voir. C'était plus que de l'enthousiasme, c'était une adoration, c'était un culte. On commença la pièce, une mauvaise pièce; on la joua mal; jamais pièce ne fut plus applaudie. Voltaire se leva pour saluer le public. Au même instant on vit paraître sur un piédestal, au milieu du théâtre, le buste du poëte. Tous les acteurs et toutes les actrices soulevaient autour du buste des guirlandes et des couronnes. « A ce spectacle sublime et touchant, s'écrie Grimm, qui ne se serait cru au milieu de Rome ou d'Athènes? Le nom de Voltaire a retenti de toutes parts avec des acclamations, des tressaillements, des cris de joie et de reconnaissance. L'envie et la haine, le fanatisme et l'intolérance n'ont osé rugir qu'en secret; et pour la première fois peut-être, on a vu l'opinion publique en France jouir avec éclat de tout son empire[*]. Pendant que tous les comédiens surchar-

---

[*] Voici un autre témoignage contemporain, celui de M. le comte de Ségur :

« Il faut avoir vu à cette époque la joie publique, l'impatiente curiosité et l'empressement tumultueux d'une foule admiratrice pour entendre, pour envisager et même pour apercevoir ce contemporain de deux siècles, qui avait hérité de l'éclat de l'un et fait la gloire de l'autre.

« C'était l'apothéose d'un demi-dieu encore vivant.

« On pouvait dire qu'alors il y avait pendant quelques semaines deux cours en France, celle du roi à Versailles et celle de Voltaire à Paris. La première, où le bon roi Louis XVI, sans faste,

geaient le buste de couronnes et de guirlandes, madame Vestris s'avança au bord de la scène pour adresser au dieu même de la fête des vers improvisés par le marquis de Saint-Marc. On joua ensuite *Nanine*, en laissant le buste sur le théâtre. A la sortie du spectacle, Voltaire, ne respirant plus que par le sentiment de sa royauté, se croyait délivré de tant d'honneurs ; mais tout n'était pas fini : les femmes le portèrent, pour ainsi dire, dans leurs bras jusqu'à son carrosse. Il voulait monter, on le retint encore. « Des flambeaux ! des flambeaux ! que tout le monde puisse le voir ! » Enfin, monté dans son carrosse, il lui fallut donner sa main à baiser ; on s'accrochait aux portières, on montait encore sur les roues, que

vivait avec simplicité, paraissait l'asile paisible d'un sage, en comparaison de cet hôtel du quai des Théatins où toute la journée on entendait les cris et les acclamations d'une foule idolâtre qui venait rendre avec empressement ses hommages au plus grand génie de l'Europe.

« Dans sa maison, qu'on eût dit alors transformée en palais par sa présence, assis au milieu d'une sorte de conseil composé des philosophes, des écrivains les plus hardis et les plus célèbres de ce siècle, ses courtisans étaient les hommes les plus marquants de toutes les classes, les étrangers les plus distingués de tous les pays.

« Son couronnement eut lieu au palais des Tuileries, dans la salle du Théâtre-Français : on ne peut peindre l'ivresse avec laquelle cet illustre vieillard fut accueilli par un public qui remplissait à flots pressés tous les bancs, toutes les loges, tous les corridors, toutes les issues de cette enceinte. En aucun temps la reconnaissance d'une nation n'éclata avec de plus vifs transports. »

déjà les chevaux prenaient le pas; la foule, de plus en plus ivre d'enthousiasme, faisait retentir les airs de son nom. Le peuple, qui était aussi de la fête, criait avec admiration : « Vive Voltaire ! Il a été cinquante ans persécuté ! vive Voltaire ! » Arrivé à la porte de l'hôtel, Voltaire se retourna, tendit les bras en pleurant et s'écria d'une voix brisée : « Vous voulez donc m'étouffer sous des roses* ? »

Voltaire était tellement habitué à vivre pour ainsi dire dans l'équipage de la mort, qu'il croyait vivre toujours.

Cependant le docteur Tronchin disait par ordonnance : « M. de Voltaire vit à Paris sur le capital de ses forces; il ne devrait vivre que de la rente. » En effet, il menait la vie la plus agitée et la plus laborieuse : non-seulement il travaillait, discutait et donnait audience du matin au soir; mais, le soir venu, il allumait la lampe pour veiller. Qui le croirait? ce révolutionnaire universel voulait apporter l'esprit de la révolution jusque dans le Dictionnaire de l'Académie. Pour se reposer, il montait dans son carrosse, « son carrosse couleur d'azur parsemé d'étoiles, » pour aller chez une duchesse ou chez une comédienne. A force d'avoir l'esprit en éveil, il en vint à ne pouvoir plus dormir; il prit de l'opium,

---

* L'enthousiasme des Parisiens était traversé par quelques railleries du dieu de la raillerie. Un joueur de gobelets disait : « Le grand Voltaire, notre maître à tous. »

se trompa sur la dose et tomba dans le demi-sommeil de la mort*, après avoir écrit à d'Alembert : « Je vous recommande les vingt-quatre lettres de l'alphabet; » et au comte de Lalli, dont le père venait d'être réhabilité par le parlement : « Le mourant ressuscite en apprenant cette grande nouvelle. Il embrasse bien tendrement M. de Lalli. Il voit que le roi est le défenseur de la justice : il mourra content. »

L'histoire de la mort de Voltaire est couverte d'un nuage. Un curé, qui avait converti l'abbé de L'Attaignant, abbé sans foi et poëte sans poésie, voulut convertir aussi Voltaire. Il lui écrivit pour lui demander audience. Voltaire accorda l'audience et lui dit : « Je vous dirai la même chose que j'ai dite en donnant la bénédiction au petit-fils de l'illustre et sage Franklin : *Dieu et la Liberté!* J'ai quatre-vingt-quatre ans, je vais bientôt paraître devant Dieu, créateur de tous les mondes. C'est encore ce que je dirai. — Ah! monsieur, dit le curé, que je me croirais bien récompensé si vous étiez ma conquête! Ce Dieu miséricordieux ne veut pas votre perte. Revenez donc à lui, puisqu'il revient à vous.—Mais je vous dis que j'aime Dieu, reprit Voltaire.—C'est beaucoup, dit le curé; mais il faut en donner des marques, car un amour oisif ne fut

---

* Ainsi les deux hommes les plus illustres du xviiie siècle, Voltaire et Jean-Jacques Rousseau, sont morts par le poison.

jamais le vrai amour de Dieu, qui est actif. » Le curé s'en alla, il revint et obtint du mourant une profession de foi très-chrétienne; mais le curé de Saint-Sulpice perdit tout en voulant tout avoir. Jaloux d'être devancé par un autre, il exigea un désaveu de toutes les doctrines contraires à la foi. Voltaire ennuyé demanda un peu de repos pour mourir. Le curé de Saint-Sulpice ne se tint pas pour battu : bravant les railleries de d'Alembert, de Diderot, de Condorcet, de tous les philosophes qui encourageaient Voltaire « à mourir comme un sage, » il vint jusqu'au dernier jour lui crier aux oreilles : « Croyez-vous à la divinité de Jésus-Christ? » Selon Condorcet, Voltaire aurait répondu de guerre lasse : « Au nom de Dieu, monsieur, ne me parlez plus de cet homme-là! » Je ne crois pas à cette antithèse sacrilége; ou bien si Voltaire l'a faite, il n'avait plus sa tête, comme a dit le curé. Je crois plutôt à cette simple réponse rapportée par d'autres contemporains : « Laissez-moi mourir en paix. »

Il mourut trois heures après, « expirant des fatigues de sa gloire, » selon l'expression de M. Mignet, et oubliant de faire un testament digne d'un roi. Sa mort fut aussi agitée que sa vie; le repos, du reste, n'était pas encore venu pour lui. Paris rejeta son corps. On voulut exiler encore une fois celui qu'on avait si souvent exilé. Voltaire s'était préparé une simple tombe dans le cimetière de Ferney, « un pied dans l'église, un pied hors l'église, » sous le ciel où il avait vieilli et où il avait fait du bien; on ne voulut pas même lui accorder ce coin de terre qui était à lui. On décida que celui qui avait fait bâtir l'église n'avait pas droit de cité dans le cimetière. L'abbé Mignot, son neveu, emporta en toute hâte le corps du poëte dans un monastère dont il était l'abbé. L'évêque de Troyes, indigné qu'un pareil homme reposât dans la terre sainte de son diocèse, envoya la défense de l'enterrer. Il n'était plus temps: Voltaire était scellé dans une des chapelles; le prieur fut destitué.

Voltaire fut vengé. Son frère de Prusse ordonna un service solennel dans l'église catholique de Berlin, où parut toute son Académie; et, à la tête de son armée, tout en défendant les droits des princes de l'Empire, il prononça l'éloge de son frère Voltaire qui, selon lui, valait toute une académie et dont la mémoire devait s'accroître d'âge en âge. « Il m'a fallu parcourir l'espace de dix-sept siècles pour trouver un homme, le seul Cicéron, digne de lui être comparé. »

L'impératrice de Russie porta aussi le deuil de son frère et allié. Elle voulut avoir sa bibliothèque, que dis-je, elle voulut avoir tout Ferney. « C'est dans son superbe parc de Czarskozelo que doit être bâti le château pareil à celui de Ferney, avec toutes ses attenances et dépendances. Il y sera élevé un muséum, dans lequel on arrangera les livres dans l'ordre où ils étaient placés. Le sieur Wagnières, secrétaire du défunt, doit se rendre à Pétersbourg à cet effet. La statue du maître s'élèvera au milieu.* »

Ce ne fut pas tout : le 11 juillet 1791, par un jour orageux,—soleil et pluie,—Voltaire fut porté au Panthéon, le Saint-Denis des rois de la pensée**. Ce fut moins le triomphe d'un homme que le triomphe de la philosophie et de l'humanité. Je ne parle pas seulement de cette sombre et vaillante multitude qui accompagnait le char du vainqueur immortel : je parle des morts de tous les temps, victimes con-

---

* Cette souveraine a joint aux présents qu'elle a fait remettre à madame Denis une lettre écrite de sa main. La suscription est *pour madame Denis, nièce d'un grand homme qui m'aimait beaucoup.* Cette épître singulière est un monument à conserver.

« Je viens d'apprendre, madame, que vous consentez à remettre entre mes mains ce dépôt précieux que monsieur votre oncle vous a laissé, cette bibliothèque que les âmes sensibles ne verront jamais sans se souvenir que ce grand homme sut inspirer aux humains cette bienveillance universelle que tous ses écrits, même ceux de pur agrément, respirent, parce que son âme en était profondément pénétrée. Personne avant lui n'écrivit comme lui : il servira d'exemple et d'écueil à la race future. Il faudrait unir le génie à l'esprit, être M. de Voltaire pour l'égaler. »

** « Le jour n'avait pas été assez long pour ce triomphe. Le cercueil de Voltaire fut déposé entre Descartes et Mirabeau. C'était la place prédestinée à ce génie intermédiaire entre la philosophie et la politique, entre la pensée et l'action. Cette apothéose, c'était l'intelligence qui entrait en triomphatrice sur les ruines des préjugés dans la ville de Louis XIV. C'était la liberté qui prenait possession du temple de Sainte-Geneviève. » LAMARTINE.

nues ou inconnues qui triomphaient, elles aussi, dans ces funérailles, semblables à une apothéose. Sortez de vos tombeaux, de vos bastilles plus noires que des tombeaux ; levez-vous sur vos chaises de fer ; agitez au milieu des flammes vos mains à demi consumées ! Debout ! Calas, Sirven, La Barre, vous tous qui avez bu au calice amer de l'injustice humaine, soyez contents, soyez consolés : voici Voltaire, la justice et la réparation qui passe !

Jamais roi, jamais César n'eut un pareil cortége : la mère lui présente son enfant, le fruit de la douleur ; la jeune Amérique, que Voltaire a bénie dans le fils du vieux Franklin, lui offre les libertés conquises avec l'épée de la France ; chacune des fleurs qui tombent sur son cercueil couvre une des blessures de l'humanité.

Devant cette majesté qui entre dans la gloire, les profondeurs de la société, les antres de l'histoire, les oubliettes, l'enfer de la vieille Thémis, s'éclairent d'un rayon vengeur. Le bûcher s'éteint ; le fouet tombe des mains du bourreau ; le gibet tremble ; l'arbre de la mort demande à l'arbre de la vie de lui pardonner, le bec du vautour dit à Prométhée : « Tu m'as vaincu ! »

Le masque de fer, le gazetier de Hollande, toutes les figures anonymes de la souffrance suivent les roues de ce char, qui s'avance vers l'église de pierre du XVIII° siècle ; tous ceux qui ont été jetés sans linceul à l'oubli, au vent, aux gémonies, s'enveloppent des plis de son drap funèbre.

Peuple, voici ton roi! Roi, voici ton peuple!

La belle fête! C'est la fête du roi, mais c'est la fête du peuple. C'est la fraternité qui ferme le passé et qui ouvre l'avenir. Une ère nouvelle commence: la torture, la question, la roue, les lettres de cachet, toutes les ombres sinistres du passé s'envolent en agitant leurs ailes maudites. A cette vue, l'humanité se soulève à demi sur son lit d'airain. La joie, l'attendrissement, la reconnaissance, sortent des noirs sépulcres, des donjons, des chambres ardentes, des Montfaucons déserts, des *in pace* vides. Les larmes coulent du cœur humain qui s'ouvre enfin à l'espérance. Et c'est avec ces larmes que le roi Voltaire est sacré pour l'éternité.

XVI

LE DIEU DE VOLTAIRE

Dieu et la liberté! disait Voltaire en donnant sa bénédiction au petit-fils de Francklin.

En disant ces mots, il donnait un Dieu au nouveau monde, qui avait la liberté et qui n'avait pas de Dieu. Il donnait la liberté au monde ancien, qui avait Dieu et qui n'avait pas la liberté.

Dieu et la liberté, c'est là tout Voltaire.

* « C'est un malheur; mais la France est de la religion de Voltaire, » a dit Napoléon Ier.

Si la France est de la religion de Voltaire, c'est que Voltaire a fait, comme Dieu et comme Napoléon, les hommes à son image.

Napoléon, qui voulait la religion, voulait comme Voltaire, — et il voyait plus loin que Voltaire, — que la religion fût la suprême philosophie :

« Moi aussi je suis un philosophe, et je sais que, dans une société quelle qu'elle soit, nul homme ne saurait passer pour vertueux et juste, s'il ne sait d'où il vient et où il va. La simple raison ne saurait nous fixer là-dessus ; sans la religion, on marche continuellement dans les ténèbres. »

Mais quel Dieu et quelle liberté?

N'est-ce pas la liberté révoltée contre Dieu? La liberté de tout dire et de tout nier? Non c'est la liberté de faire le bien, la liberté de faire le mal, si le mal conduit au bien, la liberté de conscience, la liberté de parler, la liberté d'écrire. Il commence par proclamer le libre arbitre : « On prétend que Dieu ne nous a pas donné la liberté, parce que si nous étions des agents, nous serions en cela indépendants de lui; et que ferait Dieu, dit-on, pendant que nous agirions nous-même? Je réponds à cela deux choses : 1° ce que Dieu fait lorsque les hommes agissent, ce qu'il faisait avant qu'ils fussent, et ce qu'il fera quand ils ne seront plus; 2° que son pouvoir n'en est pas moins nécessaire à la conservation de ses ouvrages, et que cette communication qu'il nous a faite d'un peu de liberté ne nuit en rien à sa puissance infinie, puisqu'elle-même est un effet de sa puissance infinie. On objecte que nous sommes emportés quelquefois malgré nous, et je réponds : Donc nous sommes quelquefois maîtres de nous. La maladie prouve la santé, et la liberté est la santé de l'âme. »

Maintenant que Voltaire nous fait libres vis-à-vis de Dieu, il veut nous faire libres vis-à-vis du pape, vis-à-vis du roi, vis-à-vis de l'opinion. Nous n'avons qu'un maître; c'est notre conscience, cette parcelle de Dieu tombée en nous.

Voltaire, qui n'est pas panthéiste, trouve dans la nature l'âme de Dieu, et veut que l'amour de Dieu remplisse le monde. Mais on a allumé assez de bûchers, et l'inquisition a fait son temps. Voltaire ne veut plus entendre les matines de la Saint-Barthélemy. Il permet à Galilée de tourner autour du soleil, et à Spinosa de voir Dieu partout,—ou même de ne le trouver nulle part.

S'il condamne les athées, c'est qu'ils sont armés pour faire le mal. « Une société particulière d'athées, qui ne disputent rien, et qui perdent doucement leurs jours dans les amusements de la volupté, peut durer quelque temps sans trouble ; mais si le monde était gouverné par des athées, il vaudrait autant être sous l'empire immédiat de ces êtres infernaux qu'on nous peint acharnés contre leurs victimes. En un mot, des athées qui ont en main le pouvoir seraient aussi funestes au genre humain que des superstitieux. Entre ces deux monstres la raison nous tend les bras. »

La raison ! pourquoi Voltaire ne dit-il pas Dieu ?

Il revient plus d'une fois sur ce thème. « Le fanatisme est certainement mille fois plus funeste que l'athéisme ; car l'athéisme n'inspire point de passion sanguinaire, mais le fanatisme en inspire ; l'athéisme ne s'oppose pas aux crimes, mais le fanatisme les fait commettre. Supposons avec l'auteur du *Commentarium rerum gallicarum*, que le chancelier de l'Hospital fut athée ; il n'a fait que de sages lois, et n'a conseillé que la modération et la concorde : les fanatiques commirent les massacres de la Saint-Barthélemy. Hobbes passa pour un athée ; il mena une vie tranquille et innocente : les fanatiques de son temps inondèrent de sang l'Angleterre, l'Écosse et l'Irlande. Spinosa enseigna l'athéisme : ce ne fut pas lui assurément qui eut part à l'assasinat juridique de Barneweldt; ce ne fut pas lui qui déchira les deux frères de Wit en morceaux, et qui les mangea sur le gril. Je ne voudrais pas avoir affaire à un prince athée, qui trouverait son intérêt à me faire piler dans un mortier : je suis bien sûr que je serais pilé. Je ne voudrais pas, si j'étais souverain, avoir affaire à des courtisans athées dont l'intérêt serait de m'empoisonner : il me faudrait prendre au hasard du contre-poison tous les jours. Il est donc absolument nécessaire, pour les princes et pour les peuples, que l'idée d'un Être suprême, créateur, gouverneur, rémunérateur et vengeur, soit profondément gravée dans les esprits. Il y a des peuples athées, dit Bayle dans ses *Pensées sur les comètes*. Les Cafres, les Hottentots, les Topinambous, et beaucoup d'autres petites nations n'ont point de Dieu : ils ne le nient ni ne l'affirment ; ils n'en ont jamais entendu parler. Dites-leur qu'il y en a un, ils le croiront. Dites-leur que tout se fait par la nature des choses, ils vous croiront de même. Prétendre qu'ils sont athées est la même imputation que si l'on disait qu'ils sont anticartésiens : ils ne sont ni pour ni contre Descartes. Ce sont de vrais enfants : un enfant n'est ni athée ni déiste ; il n'est rien. »

Et Voltaire conclut que puisqu'il y a un Dieu il faut croire en Dieu [*].

Quand Voltaire avait passé trois heures dans sa bibliothèque, il allait se reposer dans son parc, sous quelque ramée chantante, où la nature, qui ne parle ni hébreu, ni grec, ni latin, comme a dit Malebranche, lui prouvait, dans son éloquence, le néant des systèmes. « O mon Dieu ! je te cherche : où es-tu ? » disait-il après une injure à Patouillet et avant

---

[*] Les incrédules qui ont lu Voltaire lui ont prêté leur athéisme, comme en politique les furieux de liberté lui ont prêté leur démagogie. M. de Barante a relevé Voltaire des inconséquences de ses écoliers sans discipline :

« Babouc, chargé d'examiner les mœurs et les institutions de Persépolis, reconnaît tous les vices avec sagacité, se moque de tous les ridicules, attaque tout avec une liberté frondeuse. Mais lorsque ensuite il songe que de son jugement définitif peut résulter la ruine de Persépolis, il trouve dans chaque chose des avantages qu'il n'avait pas d'abord aperçus, et se refuse à la destruction de la ville. Tel fut Voltaire. Il voulait qu'il lui fût permis de juger légèrement et de railler toute chose ; mais un renversement était loin de sa pensée : il avait un sens trop droit, un dégoût trop grand du vulgaire et de la populace, pour former un pareil vœu. Malheureusement, quand une nation en est arrivée à philosopher comme Babouc, elle ne sait pas, comme lui, s'arrêter et balancer son jugement ; ce n'est que par une déplorable expérience qu'elle s'aperçoit, mais trop tard, qu'il n'aurait pas fallu détruire Persépolis. »

une aumône faite à deux mains, ne se rappelant pas sans doute les paroles de saint Jean : « Quand nous verrons Dieu tel qu'il est, nous serons semblables à lui, » ou les paroles de saint Augustin sur la sagesse éternelle qui ne parle à la créature que dans le secret de sa raison. C'était tous les jours pour Voltaire un nouveau voyage dans les profondeurs plus ou moins ténébreuses, plus ou moins étoilées. Il portait, jusque dans les abîmes de la pensée humaine, le flambeau de la raison. Seulement, tout émerveillé qu'il était par les hypothèses lumineuses de la philosophie, comme l'astrologue par les étoiles dans le ciel nocturne, il se laissait tomber dans le puits de la vérité et y éteignait son flambeau.

Si Dieu n'existait pas, il faudrait l'inventer.

C'est le cri d'un logicien qui veut gouverner le monde. Voltaire, qui ne veut gouverner que sa raison, commence par reconnaître la nécessité d'un Dieu, qui est l'âme et la lumière du monde, qui sera la récompense des bons et le châtiment des méchants.

Il ne veut pas d'un Dieu tout fait; il veut créer son Dieu comme tous les philosophes, ce qui fait que, depuis le commencement du monde, c'est Dieu qui est créé à l'image de l'homme.

Comme Socrate, Voltaire ose méconnaître les dieux de son pays, il cherche Dieu hors de l'Église; il s'incline devant le Christ, mais sans plus d'émotion que s'il passait devant Platon. Selon Platon, Dieu nous a donné deux ailes pour aller à lui, l'amour et la raison. Jésus dit que l'amour est la souveraine raison. Mais Voltaire ne croit pas que l'amour dise le dernier mot, et il interroge sa raison.

« Si un catéchisme annonce Dieu aux enfants, Newton le démontre aux sages. Le mouvement des astres, celui de notre petite terre autour du soleil, tout s'opère en vertu des lois de la mathématique la plus profonde. Comment Platon, qui ne connaissait pas une de ces lois, le chimérique Platon, qui disait que la terre était fondée sur un triangle équilatère, et l'eau sur un triangle rectangle, l'étrange Platon, qui dit qu'il ne peut y avoir que cinq mondes, parce qu'il n'y a que cinq corps réguliers ; comment, dis-je, Platon qui ne savait pas la trigonométrie sphérique, a-t-il eu cependant un génie assez beau, un instinct assez heureux pour appeler Dieu l'*éternel géomètre*, pour sentir qu'il existe une intelligence formatrice ? Spinosa lui-même l'avoue. Il est impossible de se débattre contre cette vérité qui nous environne et qui nous presse de tous côtés. Mais, où est l'éternel géomètre ? Est-il en un lieu, ou en tout lieu, sans occuper d'espace ? je n'en sais rien. Est-ce de sa propre substance qu'il a arrangé toutes choses ? je n'en sais rien. Est-il immense sans quantité ou sans qualité ? je n'en sais rien. Tout ce que je sais, c'est qu'il faut l'adorer et être juste. »

C'est là parole du sage et non du chrétien. Plus tard il cherchera et ne trouvera pas mieux l'image du Créateur :

« Si le Phlégéton et le Cocyte n'existent point, cela n'empêche pas que Dieu existe. Je veux mépriser les fables et adorer la vérité. Si on m'a peint Dieu comme un tyran ridicule, je ne le croirai pas moins sage et moins juste. Je ne dirai pas, avec Orphée, que les ombres des hommes vertueux se promènent dans les Champs-Élysées ; je n'admettrai point la métempsycose des pharisiens, encore moins l'anéantissement de l'âme avec les sadducéens. Je reconnaîtrai une Providence éternelle, sans oser deviner quels seront les moyens et les effets de sa miséricorde et de sa justice. Je n'abuserai point de la raison que Dieu m'a donnée ; je croirai qu'il y a du vice et de la vertu, comme il y a de la santé et de la maladie ; et enfin, puisqu'un pouvoir invisible, dont je sens continuellement l'influence, m'a fait un être pensant et agissant, je conclurai que mes pensées et mes actions doivent être dignes de ce pouvoir qui m'a fait naître. »

En philosophie, c'est toujours la loi de Voltaire : qu'il vaut mieux renoncer aux dogmes d'Epicure qu'à la raison. Il n'a qu'un dogme : la raison. Mais il a le tort de n'avoir pas d'autre loi en religion, là où le sentiment, sur ses ailes de flamme, s'élance au delà des mondes, pendant que la raison chemine toujours sur la terre. Comment montera-t-il jusqu'à Dieu. « Il y a l'infini entre Dieu et nous. » Est-ce avec le compas de la géométrie qu'il mesurera les espaces? En vain il va de Lucrèce à Spinosa, n'étudiant que le monde visible et cherchant le grand mot dans la nature. Mais il se détourne et lève les yeux : « Nous ignorons ce qui pense en nous. » Il appelle Dieu, il croit au lendemain de sa vie : « Nous ne pouvons savoir si cet être inconnu ne survivra pas à notre corps. » Il reconnaît que ce n'est pas seulement M. de Voltaire qui pense en lui : il est possédé d'un esprit qui a vécu et qui vivra, une monade, une flamme, un démon, un dieu, et il décide que « l'immortalité de l'âme n'est pas une vérité probable, mais une vérité mathématique. Dieu est sage, il proportionne les moyens à la fin; or la destinée de l'âme est immense, et la vie physique mesurée à quelques jours. Dieu est juste; il donne à chacun selon ses œuvres; or, toute punition et toute récompense n'est pas donnée ici-bas*. »

Les ennemis de Voltaire l'expliquent à leur gré, comme les impies expliquent l'Évangile. On le prend au mot sur une lettre ou une satire échappée à la

---

<small>Un calife autrefois, à son heure dernière,
Au Dieu qu'il adorait dit pour toute prière :
« Je t'apporte, ô seul roi, seul être illimité,
« Tout ce que tu n'as pas dans ton immensité,
« Les défauts, les regrets, les maux, et l'ignorance. »
Mais il pouvait encore ajouter *l'espérance*.</small>

colère du moment; on le condamne, grâce à une contradiction inspirée un jour de bataille. Avant tout, Voltaire était poëte; il croyait à ses vers; il ne prévoyait pas qu'on réimprimerait après lui sa polémique en prose. On n'a fait grâce à sa personne d'aucun billet, même des billets de confession. Dans sa poésie, comment parle-t-il à Dieu au bord de la tombe?

> O Dieu qu'on méconnaît, ô Dieu que tout annonce,
> Entends les derniers mots que ma bouche prononce!
> Si je me suis trompé, c'est en cherchant ta loi;
> Mon cœur peut s'égarer, mais il est plein de toi.

Il cherchait la loi de Dieu, mais si la révélation lui montrait la loi écrite, il brisait les tables de la loi. C'est la justice de Dieu et non Dieu lui-même qui remplit son cœur.

Son amour ne brûle pas du sacré enthousiasme; c'est l'amour de Dieu, moins le sentiment divin; aussi, son Dieu n'a-t-il ni majesté ni poésie. C'est un Dieu géomètre—l'éternel géomètre de Platon— moins l'horizon radieux du philosophe grec. Voltaire ne veut monter jusqu'à Dieu que par le chemin de la raison, avec le compas de Newton et non avec les ailes de l'âme.

Il n'est spiritualiste qu'à mi-chemin. Tout en disant à Spinosa les paroles de Bossuet: « Chez vous tout est Dieu excepté Dieu même. » il n'est pas éloigné d'adorer Dieu dans la nature ; il ne voit pas que la nature est une œuvre divine, où le Créateur ne s'est pas plus enfermé que Michel-Ange dans ses groupes, Il a des aspirations vers le bien plutôt que vers le beau ; il ne couronne pas la vérité des fleurs divines de l'idéal, il est plus fanatique qu'enthousiaste de la raison.

Comment Voltaire aime-t-il Dieu ? Aimera-t-il Dieu pour lui-même ?

« Les disputes sur l'amour de Dieu ont allumé autant de haines qu'aucune querelle théologique. Les jésuites et les jansénistes se sont battus pendant cent ans à qui aimerait Dieu d'une façon plus convenable, et à qui désolerait le plus son prochain. Dès que l'auteur du *Télémaque,* qui commençait à jouir d'un grand crédit à la cour de Louis XIV, voulut qu'on aimât Dieu d'une manière qui n'était pas celle de l'auteur des *Oraisons funèbres,* celui-ci, qui était un grand ferrailleur, lui déclara la guerre et le fit condamner dans l'ancienne ville de Romulus, où Dieu était ce qu'on aimait le mieux après la domination, les richesses, l'oisiveté, le plaisir et l'argent. Si madame Guyon avait su le conte de la bonne vieille qui apportait un réchaud pour brûler le paradis et une cruche d'eau pour éteindre l'enfer, afin qu'on n'aimât Dieu que pour lui-même, elle n'aurait peut-être pas tant écrit. Elle eût dû sentir qu'elle ne pouvait rien dire de mieux. Mais elle aimait Dieu et le galimatias si cordialement qu'elle fut quatre fois en prison pour sa tendresse. »

Voltaire prodiguait trop son cœur aux hommes pour que ses expansions eussent le temps de chercher le chemin du ciel. Il n'était pas de ceux qui s'agenouillent comme Marie, et qui s'anéantissent aux pieds du Sauveur dans des extases infinies. Il voulait être lui-même un sauveur sur la terre, et, comme Marthe, il s'occupait de tant de choses qu'il remettait les affaires de Dieu au lendemain.

L'horreur des ténèbres avait jeté de trop bonne heure Voltaire dans ce plein midi de la raison qui supprime les demi-teintes du sentiment. Quand le jour est plus vif, le regard voit peut-être moins loin. Comme ces jeunes filles de Lacédémone, habituées à être nues, qui gardaient leur sagesse à la condition de perdre leur pudeur, Voltaire, vis-à-vis de Dieu, s'est dépouillé trop tôt de la robe de lin du lévite, et la sagesse du philosophe n'a pas rayonné de tout son prisme, parce qu'elle n'était pas emportée en avant par les saintes vertus de l'enthousiasme. Dans son horreur du mal, dans son amour du bien, il a les vertus de l'apôtre, mais il n'en a pas la poésie. Il avait trop peur d'ensevelir la vérité sous les symboles ; il ne voulait pas, comme la sibylle, que la forêt fût ténébreuse.

Chose étrange ! le théologien qui succède à Bossuet, ce tonnerre qui parle du ciel, c'est Voltaire, ce soleil de la raison. C'est la même fureur de vérité. Ils dépenseront tous les deux leur vie à convaincre leur siècle.

Il y a la tradition de la foi et la tradition de l'histoire. Bossuet ne connaît que l'histoire de Dieu sur la terre. Voltaire ne connaît dans le ciel que l'histoire de l'homme. Bossuet va de Dieu à l'homme, Voltaire de l'homme à Dieu. L'homme de Voltaire est un exemplaire du Créateur aussi bien que l'homme de Bossuet. Mais, tandis que l'évêque de Meaux le condamne à porter sa croix, le pape de Ferney le relève du péché originel et déclare qu'on s'est déjà trop égorgé pour l'amour de Dieu. Il pleure de vraies larmes sur les quatre-vingt-dix mille victimes de la Saint-Barthélemy. « Il est bon, pourtant, que de si grands exemples de charité n'arrivent pas trop souvent. Il est beau de venger la religion; mais, pour peu qu'on lui fît de tels sacrifices deux ou trois fois chaque siècle, il ne resterait enfin personne sur la terre pour servir la messe. »

Bossuet avait rappelé Dieu dans l'Église; mais Dieu ne descendait plus tous les jours, quand Voltaire y chercha des inspirations. Et Voltaire arma l'ange de la paix pour faire la guerre à l'Église, pour fouetter les sept péchés capitaux qui ont pris pied dans la maison du Seigneur, pour inscrire sur le fronton : *liberté de conscience*, pour chasser le mauvais prêtre qui veut que son royaume soit de ce monde, pour prêcher dans la chaire des abbés de cour sa justice et sa charité, pour tuer l'inquisition : « Il n'en reste plus que le nom, s'écriera-t-il bientôt, c'est un serpent dont on vient d'empailler la peau. »

Et, quand l'Église s'indignait d'être ainsi violée dans sa force, Voltaire lui criait : « Je n'agiterais pas dans ton sein mon glaive de feu, si tu étais restée l'épouse fidèle de Jésus-Christ. Mais tu as trahi Dieu, et je viens au nom de Dieu, armé de son amour, châtier la femme adultère, qui laisse mendier à sa porte pendant qu'elle festoie avec le bien des pauvres. » Ç'a été une des forces de Voltaire de parler toujours au nom des vertus chrétiennes. Ç'a été sa force contre l'Église que de lui prendre ses armes pour la combattre*.

---

* Ainsi avait fait Pascal. M. Edgard Quinet l'a bien dit : « Ce qui fait de la colère de Voltaire un grand acte de la Providence, c'est qu'il frappe, il bafoue, il accable l'Église infidèle par les armes de l'esprit chrétien. Humanité, charité, fraternité, ne sont-ce pas là les sentiments révélés par l'Evangile! Il les retourne avec une force irrésistible contre les violences des faux docteurs de l'Evangile. L'ange de colère verse, dans la Bible, sur les villes condamnées, tout ensemble le soufre et le bitume, au milieu des sifflements des vents : l'esprit de Voltaire se promène ainsi sur la face de la cité divine. Il frappe à la fois de l'éclair, du glaive, du sarcasme. Il verse le fiel, l'ironie et la cendre. Quand il est las, une voix le réveille et lui crie : Continue! Alors il recommence, il s'acharne; il creuse ce qu'il a déjà creusé; il ébranle ce qu'il a

Mais, dans l'aveuglement de son amour de Dieu, —de son Dieu à lui,—il porta sa main,—ce jour-là sacrilége,—sur le Dieu de tout le monde, sur le Fils de Dieu. Il croyait le délivrer de sa couronne d'épines, mais il fit saigner une fois de plus le front du Sauveur.

Le génie humain s'élève toujours assez haut pour comprendre que la parole de Jésus était la parole de Dieu. Mais Voltaire ne savait pas lire l'Évangile. Mais Voltaire n'admettait pas que la plus belle philosophie, si elle n'a que des équations d'algèbre pour remplacer la victime du Calvaire, sera impuissante à consoler Lazare et Madeleine*. Aussi n'a-t-il pas connu l'homme dans sa grande figure, c'est-à-dire l'homme divinisé.

Voltaire qui disait qu'on ne fait rien de rien, prenait, comme Prométhée, de l'argile pour faire des hommes, quand le christianisme lui enseignait qu'il fallait prendre la chair éternellement ressuscitée de Dieu. — *Ecce homo* — dit l'humanité en voyant le

---

déjà ébranlé; il brise ce qu'il a déjà brisé! car une œuvre si longue, jamais interrompue et toujours heureuse, ce n'est pas l'affaire seulement d'un individu; c'est la vengeance de Dieu trompé, qui a pris l'ironie de l'homme pour instrument de colère. »

* Voltaire lui-même, quand il est malade, blessé par un pamphlétaire ou blessé par la fièvre, s'exaspère jusqu'à perdre sa philosophie. Pascal gagne la sienne à souffrir, parce que la souffrance lui apprend mieux le mystère de Jésus.

Christ, et le trait d'union sublime marie le ciel à la terre.

Opportet hæreses esse : « Il faut qu'il y ait des hérésies, » a dit l'Apôtre; et les siècles amoncelés lui ont toujours donné raison. Le débat ne s'est pas interrompu, et dans un âge où les avocats de la foi ont continué leurs controverses avec les protestants de la conscience. Le jour où, à la tribune, un des plus vaillants soldats que l'Évangile ait compté dans nos temps, M. de Montalembert, s'écriait : « Nous sommes les fils des croisés, et nous ne reculerons pas devant les fils de Voltaire, » M. de Montalembert entrait dans le vrai sens de la question éternelle; et lui-même, en cette déclaration de résistance, il concluait, comme le disciple du Sauveur, à la fatalité de ces hérésies, dont la plus ardente et la plus vivace fut celle qui dure encore, et qui pour pape revendique le roi Voltaire.

Combien de sages qui sont allés par delà les audaces de Voltaire ! Lamennais a été plus amer que Candide quand il s'est écrié : « Voulez-vous que je vous dise ce que c'est que le monde ? une ombre de ce qui n'est pas, un son qui ne vient de nulle part et qui n'a pas d'écho, un ricanement de Satan dans le vide. »

M. de Tocqueville a dit de Voltaire : « Ce maître des philosophes avait élevé un mur entre le ciel et lui. » Mais n'est-ce pas avec les murs de l'Église, ruinée par les prêtres, que Voltaire avait bâti son mur? Et le mur s'élevait-il plus haut que l'église pour cacher le ciel?

Et d'ailleurs, ce n'est pas un mur que Voltaire a mis entre le ciel et lui, c'est la nature.

Voltaire restera seul grand parmi les grands hommes de son siècle, parce qu'il s'est plus humilié que les autres devant la nature, parce qu'il n'a pas voulu, comme ses contemporains, refaire l'œuvre de Dieu. « Je m'en rapporte toujours à la nature qui en sait plus que nous. Je ne vois que des gens qui se mettent sans façon à la place de Dieu, pour créer un monde avec la parole. Qu'ils disent donc comme lui : *Fiat lux.* » N'est-ce pas parler avec la vraie éloquence de celui qui a créé toutes les lumières, la lumière du monde et la lumière de l'esprit? Devant cette humilité du philosophe, on est tenté de prendre en pitié la lanterne sourde de tous ces Diogènes qui cherchent Dieu dans l'homme; mais quand on voit Voltaire porter d'une main si ferme et lever si haut le flambeau de la raison, on s'approche de lui avec respect et on reconnaît que c'est quelquefois le feu du ciel qui brûle dans sa main.

Oui, cet homme qui rit souvent, qui se perd à force d'esprit, qui se retrouve à force de raison, est plus près de la sagesse que les penseurs moroses, amers ou majestueux de son siècle. Qui songe aujourd'hui à habiter la Salente de Fénelon où la forêt de Jean-Jacques? Qui voudrait vivre dans les royaumes ou dans les républiques de l'abbé de Saint-Pierre, de Fontenelle, de l'abbé de Mably, de Holbach? Autant vaudrait vivre dans un rêve. Voltaire est toujours éveillé. L'humanité trouverait toutes ses lois dans ses œuvres *. Aussi à sa mort il prévit que le temps n'était pas éloigné où la Sorbonne toute vivante rendrait moins de décrets que Voltaire du fond de son tombeau.

Le Dieu de Voltaire est obscurci par les nuages de la contradiction. La lumière humaine vacille toujours dans les mains de l'homme.

Voltaire (n'est-ce pas une des faiblesses du génie gentilhomme?) ne voulait pas à certains jours d'une politique et d'une religion à l'usage de tout le monde. Il songeait à créer une république de philosophes, comme Platon avait créé la sienne. Il croyait que les gueux devaient rester ignorants, pour n'avoir que les aspirations de la nature. « La philosophie, disait-il, ne sera jamais faite pour le peuple. La canaille d'aujourd'hui ressemble en tout à la canaille d'il y a quatre mille ans **. » Il dit encore : « Nous

---

* « L'humanité, en effet. Voltaire ne travailla jamais, et c'est sa grandeur, pour un coin de l'espace, ou pour une heure du temps. Mais n'est-ce pas là la gloire du XVIIIe siècle tout entier? » Guizot.

** Voltaire, en 1791, eût peut-être émigré avec Rivarol. Il s'est toujours un peu moqué des républiques. « Quand je vous suppliais, écrivait-il au roi de Prusse, d'être le restaurateur des beaux-arts dans la Grèce, ma prière n'allait pas jusqu'à vous conjurer de rétablir la démocratie athénienne : je n'aime point le

n'avons jamais voulu éclairer les cordonniers et les servantes. C'est le partage des apôtres. » C'est le blasphème d'un grand seigneur et non d'un philosophe. Mais tout en blasphémant et tout en niant la canaille, Voltaire travaillait pour Dieu et pour le peuple. Il dit quelque part des apôtres : « Ces douze faquins. » Il fut, sans le savoir, le treizième faquin.

Oui, le treizième faquin, lui qui prêchait la justice, lui qui prêchait la paix, lui qui, dans le plus beau de ses vers, proclame que Jésus-Christ

A daigné tout nous dire en nous disant d'aimer.

Et quand il parle ainsi de son rôle d'ouvrier dans *la vigne du Seigneur*:

Mais, de ce fanatisme ennemi formidable,
J'ai fait adorer Dieu, quand j'ai vaincu le diable.
Je distinguai toujours de la religion
Les malheurs qu'apporta la superstition*.
L'Europe m'en sut gré; vingt têtes couronnées
Daignèrent applaudir mes veilles fortunées,
Tandis que Patouillet m'injuriait en vain.

gouvernement de la canaille. » Mais il aimait la canaille, ce fond de douleur de l'humanité.

* « Peut-être que parmi nous plus d'un eût agi comme Voltaire, s'il eût vécu sous un système qui regardait Alexandre Borgia comme un de ses guides spirituels; un système qui maintenait dans tous ses excès criminels une aristocratie empruntant une partie de ses ressources aux dépouilles de l'autel : un système qui

J'ai fait plus en mon temps que Luther et Calvin.
Où les vit opposer, par une erreur fatale,
Les abus aux abus, le scandale au scandale;
Parmi les factions ardents à se jeter,
Ils condamnaient le pape et voulaient l'imiter.
L'Europe par eux tous fut longtemps désolée.
Ils ont troublé la terre, et je l'ai consolée.

Souvent, là où le Christ finit l'œuvre d'amour, Voltaire commence l'œuvre de justice. Voltaire a écrit l'Évangile des droits de l'humanité quand on commençait à ne plus lire l'Évangile des droits de Dieu. Voltaire, qui a eu aussi dans sa vie des heures de rédemption, croyait que les derniers apôtres avaient dit leur dernier mot. Selon lui, l'Église envahissante masquait le ciel: On avait bâti un temple à Dieu pour cacher Dieu. Voltaire voulut montrer Dieu dans le cœur de l'homme. Du pied du Golgotha il dit de sa voix railleuse, amère et attendrie : Ce n'est pas seulement Dieu que vous avez cloué là sur le gibet; que vous avez flagellé et couronné d'épines; que vous avez abreuvé de fiel et de vinaigre; que vous avez insulté jusque dans ses mortelles souffrances; ce n'est pas seulement Dieu qui pleure ses

pratiquait la persécution comme moyen de conviction, et qui jetait dans les flammes un enfant de dix-huit ans, accusé d'avoir ri pendant que passait une procession de prêtres. Telles étaient les effroyables erreurs et les abus qui se présentaient à l'esprit de Voltaire lorsqu'il attaqua les superstitions romaines, et dévoila le libertinage et l'intolérance du clergé usurpateur. » Lord BROUGHAM.

larmes et son sang depuis dix-huit siècles, c'est l'humanité. Dieu n'a sauvé que l'homme divin, je sauverai l'homme humain.

> Un jour tout sera bien, voilà notre espérance;
> Tout est bien aujourd'hui, voilà l'illusion.

Tout sera bien, c'est le dernier mot de la philosophie de Voltaire. « La Vérité est la fille du Temps. » Dieu n'a pas voulu, quand il tira le monde du néant, parachever son œuvre; il a daigné la remettre aux mains de sa créature. Les grands sculpteurs et les grands peintres, s'il est permis de les comparer au Maître des maîtres, ont signé leurs chefs-d'œuvre avant d'y avoir dit leur dernier mot. Il faut bien que tout le monde soit content, même la critique. On ne retouche pas aux œuvres des peintres et des sculpteurs, parce qu'on espère les surpasser, mais on retouche tous les jours d'une main pieuse à l'œuvre de Dieu.

Tout homme porte en soi un exemplaire de l'infini; tout homme naît avec les aspirations du beau et du bien; tout homme meurt en regrettant les journées perdues sans l'amour et sans la justice. Pendant que la moisson jaunit et que la forêt chante, la raison travaille. C'est l'arche sainte lancée dans la mer des siècles, qui marche, marche, marche toujours vers le rivage. Le rivage n'est pas loin ; la colombe est déjà partie. Quand l'arche abordera, *tout sera bien*, car on verra enfin descendre sur la terre la Vérité, la Raison et la Justice; ces trois vertus théologales de la philosophie*, qui sont les vertus théologales de l'Église de Voltaire.

Pourquoi Voltaire a-t-il laissé l'Amour à la porte? Pourquoi cette Église, qui n'est pas le poëme de pierres des architectes gothiques, ne s'élève-t-elle pas plus haut dans les nues?

---

* A la place des anciennes vertus, grâce à Dieu, en viennent de nouvelles; par exemple, l'humanité, mot presque nouveau, ou dont l'emploi plus fréquent marque l'extension de la chose, ou du moins de l'idée. L'humanité moderne a sa science dans la charité chrétienne; je le reconnais bien volontiers ; mais c'est la gloire du XVIII° siècle de l'en avoir tirée. » VICTOR COUSIN.

XVII

LA DYNASTIE DE VOLTAIRE

Où commence et où finit Voltaire ? Les libraires ne parviendront jamais à publier ses œuvres complètes. On a eu beau aller jusqu'à soixante-dix volumes, on a beaucoup omis. Le tome LXXI des œuvres de Voltaire, c'est la révolution française ; le tome LXXII, c'est l'esprit nouveau.

Byron a dit, parlant de son héros Napoléon Ier : « L'homme peut mourir, l'âme se renouvelle. » Napoléon III a dit : « Les grands hommes ont cela de commun avec la Divinité qu'ils ne meurent jamais. »

Voltaire ne mourut pas en 1778.

On a dit que la Révolution française avait été l'apôtre du XIXe siècle. Or la révolution française a été la parole armée de Voltaire. Un instant, la royauté et l'Église respirèrent, en croyant que six pieds de terre devaient avoir enfin raison de ce révolutionnaire, qui était venu, avec son rire satanique, promener la torche ardente du libre examen devant leurs monuments foudroyés. Mais Voltaire, qui était un esprit et non un corps, venait de sortir plus radieux des ténèbres du tombeau. Il avait jeté ses guenilles au vent pour aller plus vite dans l'espace; le soleil avait dévoré le nuage.

Non, Voltaire ne dort pas là-bas sous les dalles tumulaires de cette abbaye obscure. Son esprit, jusque-là enchaîné dans la prison d'un corps maladif qui lui imposait le tourment du sommeil, son esprit est réveillé pour jamais. On aura beau faire, on ne l'atteindra pas. Il défie maintenant toutes les bastilles et tous les bûchers.

Et de tous côtés fleurira le voltairianisme. Turgot, congédié du ministère, correspondra encore avec Smith, avec Franklin, avec Condorcet, pour discuter les bases de cette société nouvelle, où les provinces vivront comme Paris, où la noblesse aura les mêmes charges que la bourgeoisie, où l'éducation, égale pour toutes les classes, deviendra cette coupe fraternelle que Jean Huss avait désirée et que Voltaire avait ciselée. A Florence, le duc Léopold rayera de ses Codes le droit d'attenter à la vie humaine, même au nom de la justice divine. A

Vienne, Joseph II prépare l'émancipation religieuse de ce monde catholique où Marie-Thérèse avait failli devenir sainte, au lendemain du partage de la Pologne. A Berlin, Frédéric professe encore avec majesté, et aussi avec cynisme, ces doctrines antichrétiennes qui ne l'empêchaient pas d'être, à de certains jours, un héroïque sauveur des hommes. Et cependant, par delà les mers, Voltaire gouvernait cette république indépendante, qui était en train de donner aux hommes une leçon de liberté, pour laquelle les élèves ont manqué trop souvent. Franklin avait pu offrir aux bénédictions du poëte d'*Irène* la tête de son petit-fils ; mais, deux mois après la mort annoncée de Voltaire, une première constitution fédérale, que devaient ratifier neuf ans plus tard les sages réunis sous la présidence de Georges Washington, attestait par-devant les nations de l'ancien monde l'autorité de ces jeunes États d'Amérique qui, pour mener à bien l'œuvre de leur jeunesse, n'avaient eu qu'à apprendre avec l'émancipateur Voltaire le catéchisme du travail et de la volonté.

Pendant que Ducis succédait à Voltaire à l'Académie française, Beaumarchais le remplaçait dans son œuvre révolutionnaire. En France, c'est l'esprit qui tue, quand c'est la raison qui arme l'esprit. Le *Mariage de Figaro*, c'est la révolution avant la révolution, parce que c'est le tableau d'une société qui tombe d'elle-même. Beaumarchais arracha les masques un jour de fête, et toute la France se reconnut. Mais, comme la fête durait encore, la France rit gaiement d'elle-même sans s'effrayer du danger. Que dis-je? A cette belle heure du carnaval, elle regardait l'abîme avec je ne sais quelle ivresse faite de courage, de poésie et d'imprévu; elle y jetait ses couronnes et ses bouquets, ses sourires et ses pâleurs, tous les souvenirs de la veille, toutes les aspirations du lendemain; elle ne demandait qu'à s'y jeter elle-même.

Voltaire avait commencé la guerre avec une gaieté amère, Beaumarchais la finissait avec un éclat de rire.

Louis XVI, qui savait lire, et qui ne savait pas rire, avait mit son *veto* sur cette comédie révolutionnaire; mais Marie-Antoinette, qui voulait rire, la joua à Trianon. Quand elle monta sur l'échafaud, ne se souvint-elle pas que dans son règne il y avait eu aussi *la folle journée*, comme dans *le Mariage de Figaro?*

Chamfort continuait Voltaire avec l'esprit voltairien. Rivarol le continuait avec l'esprit qui rit de tout, de Voltaire lui-même[*]. Mais le jour des tempêtes est arrivé, Voltaire ne rira plus que sous le

---

[*] On a dit de Rivarol comme de Voltaire : « C'est le Français par excellence. » Voltaire disait plus justement : « C'est un Français d'Italie. »

masque de Camille Desmoulins, et encore l'espace d'un matin comme les roses de Ferney. Voici l'heure de toutes les révoltes.

Le personnage de Shakspeare a-t-il raison, « que maudit soit le premier qui dira : C'est assez ! » Le combat définitif est engagé, et la terre va trembler, quand les Hercules de la foi et les Antées de la libre croyance se prendront corps à corps, les uns rangés sous le labarum du Christ, les autres enrôlés sous le pennon de Voltaire. C'est en vain que le christianisme s'accommodera des réformes qu'organisent ses ennemis; il n'y a pas de paix admissible entre Ormuz et Ahriman. Les réformes acceptées ne seront qu'un chemin frayé à l'inacceptable révolution. Voltaire à la rescousse ! c'est le cri de la Constituante quand elle supprime la dîme ecclésiastique, quand elle abolit les vœux religieux, quand elle décrète les droits de l'homme, quand elle organise un nouveau code pénal sur les débris de cette législation inique, dont la torture était le principe et dont le gibet était le couronnement; quand enfin, accordant encore un armistice à la religion établie, elle la repoussait déjà par l'incompatibilité de ses idées d'affranchissement avec le despotisme légalisé des politiques orthodoxes. La Convention mourra malgré ses enthousiasmes, malgré l'héroïque effort de ses quatorze armées, malgré les aspirations fraternelles de ses décrets, qui faisaient parfois un si

27.

étrange contraste avec les jugements de son Comité de salut public; la Convention mourra, parce qu'elle s'est séparée de l'idée humaine qu'avait préconisée Voltaire, parce qu'elle a voulu mêler au *credo* de la tolérance révolutionnaire un des éléments sur lesquels reposait le *credo* de la superstition immobile; parce que, pour sanctionner ses actes, elle a cru avoir besoin du sang. Le Directoire ranimera la France lassée de Robespierre et de Marat, seulement parce qu'il offrira au peuple de Voltaire une image affaiblie de l'épicurisme voltairien, et parce que le théoricien Sieyès gardera encore dans ses formules quelque chose de la philosophie de Ferney.

Napoléon Ier, qui n'aimait pas Voltaire, a pourtant dû reconnaître que Voltaire avait préparé son peuple. La France voltairienne et la France napoléonienne sont la même France, avec deux Églises. Napoléon III a dit de Napoléon Ier qu'il avait été l'exécuteur testamentaire de la Révolution*. C'est une grande parole : or, qui avait dicté le testament?

Voltaire et Napoléon ont fait le XIXe siècle; le

---

* Au commencement de la Révolution, c'est Voltaire qui prédomine; après lui, Jean-Jacques vient; Jean-Jacques est remplacé par Diderot. Voltaire siége à la Constituante, Jean-Jacques préside à la fête de l'Être suprême, Diderot assiste aux fêtes de la Raison.

premier, un grand esprit, a donné la lumière ; le second, un grand génie, a débrouillé le chaos.

Voltaire avoue à chaque page de son œuvre qu'il n'est pas maître de lui. Il se croit de la famille de ces esprits dont les actions sont écrites la haut. Il a ruiné mathématiquement le fatalisme. Mais si le premier venu est libre de faire le bien et le mal, l'homme de génie a une étoile, parce qu'il travaille pour Dieu, même si c'est un Athée. Une invisible destinée conduit Voltaire. Jeune, il quitte le lit de sa maîtresse pour armer la raison ; mourant, il soulève la pierre du sépulcre pour plaider la cause des sacrifiés.

C'est l'histoire de Napoléon, qui va de conquêtes en conquêtes sans pouvoir s'arrêter. Le héros, qui n'avait que son épée, ne se contentera pas tout-à l'heure d'être maître de la France ; il voudra conquérir le monde. C'est l'esprit de la révolution qui le pousse, la révolution qui a trouvé son homme pour faire le tour du globe. Le soldat français sera le peuple initiateur, le peuple martyr, le peuple apôtre. Il ira semer son sang jusqu'aux sables des pyramides, jusqu'aux neiges de Moscou.

Napoléon, c'est le peuple fait empereur. Quand il monte sur le trône de France, il y fait monter la révolution avec lui. Le pape, qui vient le sacrer, sacre la révolution. Le peuple se salue et se reconnaît tous les jours en passant sous le balcon des

Tuileries. « Savez-vous pourquoi ils m'aiment? C'est que je suis le peuple couronné, » disait Napoléon à Benjamin Constant.

Quand la lance plébéicide de Waterloo vient le frapper, c'est la France qu'elle frappe ; c'est la revanche des rois. Quand on traîne Napoléon à Sainte-Hélène, il semble que la France soit jetée elle-même sur le rocher anglais. Les vieux débris tendent vainement de reconstituer le monument du passé. Le peuple souffre et n'a plus de foi ; le peuple demande son empereur vivant ou mort. Ce fut un beau jour, enfin, que ce jour où le fils d'un roi de France alla pieusement à Sainte-Hélène chercher celui qui n'avait pas cessé de régner en France ; que dis-je? de régner sur le monde. Sa grande armée se retrouvait debout, comme le grenadier de Henri Heine : « Je resterai dans ma tombe comme une sentinelle, avec ma croix sur le cœur et mon fusil à la main, et quand il passera à cheval je sortirai tout armé du tombeau pour le défendre, lui, l'empereur. »

Et, pourtant, quand Napoléon tomba, ce fut Voltaire, en plusieurs personnes, qui défit son autorité dans les Chambres de Paris comme dans les Congrès de l'Europe. Voltaire-Talleyrand, Voltaire-Fouché, Voltaire-Benjamin Constant, Voltaire-Dupin s'abusèrent en 1815, quand ils ne virent pas clair dans la gloire de Napoléon, et qu'ils consentirent à signer, avec un voltairien encore, avec le roi Louis XVIII de Bourbon, une charte qui contenait moins de libertés promises que la tyrannie prétendue de l'empereur n'avait donné à l'univers de liberté réelle.

Il serait curieux de chercher les fils de Voltaire dans les ministres de la Restauration et jusque sur le trône de Juillet ; il serait intéressant de demander à M. de Martignac comme à M. Thiers, comme au roi Louis-Philippe, combien ils avaient bénéficié de leurs fréquentations avec l'*Essai sur les mœurs* ou simplement *la Henriade*. Mais ce serait faire sur des sujets si brûlants encore de la polémique là où je ne veux faire que de l'histoire. Or, l'histoire de Voltaire se doit demander surtout à ses héritiers directs. Quand Napoléon veut régner sans Voltaire, Cuvier, Laplace, Fourcroy, Monge et Chaptal introniseront sa royauté dans la région des sciences qui, jusque-là, lui avaient échappé. Dans le domaine même de la philosophie qui se déclare chrétienne et qui, chez les partisans de la discussion, se masque encore d'une apparence de religiosité, les philosophes empruntent les ressources stratégiques de Voltaire. Chateaubriand débute par l'irréligion et va puiser dans l'*Encyclopédie* les formes de style et de raisonnement qu'il tournera bientôt contre les encyclopédistes. Le comte Joseph de Maistre, qui ne peut prononcer le nom de Voltaire sans horreur, lui emprunte son système d'argumentation et ricane contre l'Église de Ferney aussi bruyamment que Voltaire ricanait contre l'Église de Rome. L'orthodoxe Veuillot rit du rire de Voltaire contre les voltairiens. C'est une dialectique plus vive et plus humaine. Les chrétiens qui s'en servent n'ont-ils pas été les dupes de Voltaire, eux qui descendent, grâce à ses séductions, jusqu'à ouvrir les portes du sanctuaire, et jusqu'à discuter comme un problème de géométrie celui qu'il faut adorer à genoux et dans les mystères de son cœur.

J'ai dit que Voltaire s'était immiscé même dans le cénacle des chrétiens; ai-je besoin après cela de le montrer dans le camp de ses alliés influent et victorieux? En France, il chante des couplets avec Béranger, il aiguise des pamphlets avec Paul-Louis Courier, il pérore avec le général Foy, il joue la comédie avec Scribe. En Angleterre, le *Don Juan* de Byron est moins le frère du *Don Juan* de Molière et de Mozart que le neveu déréglé du docteur Pangloss*. Sheridan et Burke plaident contre Hastings

---

* Lord Byron, un peu fils de Voltaire, l'a reconnu avec un accent d'amour filial:

« Voltaire a été appelé *un écrivain superficiel* par ce même homme, de cette même école qui appelle l'Ode de Dryden une *chanson d'homme ivre*; cette *école* (elle s'appelle ainsi, je crois, parce qu'elle n'a pas encore complété son éducation), avec tout son bagage d'épopée et d'excursions, n'a rien produit qui vaille ces deux mots dans *Zaïre* : *Vous pleurez!* ou un seul discours de *Tancrède*. Toute la vie de ces apostats, de ces renégats, avec

avec cette même ardeur pour la justice qui conseillait à l'avocat universel de Ferney ses réquisitoires trempés de larmes. En Italie, toutes les capitales, même la capitale de Dieu, ont donné les clefs de la ville à cette majesté de la sagesse et de la justice. En Allemagne, Gœthe « a abrité le grand exilé Voltaire. » Hégel, Strauss, Schleiermacher ont appliqué et justifié les théorèmes de cette métaphysique hardie, qui ne tendait à rien moins qu'à détrôner la métaphysique, et qui, en France aussi, a eu son théologien, ce logicien lyrique et railleur qui s'appelle Proudhon. Henri Heine, qui semblait né pour chanter les willis de l'Elbe et les féeries du temps de Barberousse, a été détourné de son premier dessein par Voltaire, et il a terrassé les reconstructeurs impuissants de la féodalité; et il a interrogé l'*Aristophane céleste* plus audacieusement que l'Aristophane cydathénien n'interrogea jamais Jupiter.

Victor Hugo appelait, il y a vingt ans, Voltaire un singe de génie; mais l'esprit de Voltaire l'a pénétré; il est maintenant en train de sacrer « celui qui dépensa le génie en esprit. »

A l'académie, tout nouveau venu salue Voltaire roi de l'opinion publique, roi de l'esprit humain.

---

leur morale au thé et leurs trahisons politiques, ne peut offrir, malgré leurs prétentions à la vertu, une seule *action* qui égale ou approche la défense de la famille de Calas par ce grand et immortel génie, Voltaire l'universel! »

Ainsi a fait hardiment Ponsard, ainsi a fait bravement Émile Augier. L'académie elle-même n'a-t-elle pas dit, par la bouche éloquente de M. le comte de Salvandy : « Ce que Voltaire a détruit tombait en ruines, ce qu'il a fondé est indestructible. »

Combien de ceux qui condamnent Voltaire ne vivent que des miettes de sa table! Alfred de Musset, qui l'anathématise, parvient à sa renommée de poëte, un peu parce qu'il a mâché une feuille de ce laurier qui couronna Voltaire quand il pleurait sa jeunesse ou quand il racontait *les Vous et les Tu*.

Et combien de voltairiens qui voudraient dissimuler leur origine! Vous voyez bien qu'à cette heure encore le monde entier maintient le roi Voltaire sur son trône; j'ai peur que demain la race superstitieuse n'installe sur un autel ce railleur qui, à Ferney, croyant bâtir un temple à Dieu, bâtissait une église à l'esprit humain.

Et, pourtant, un jour est venu où la France tout entière, épouvantée de ces révoltes qui l'ont conduite à l'échafaud, qui l'ont frappée de mort à la retraite de Russie, qui l'ont assassinée à Waterloo, un jour est venu où la France a répudié Voltaire comme son mauvais génie, a menacé son tombeau et a expatrié son esprit.

C'était en 1815. Il avait beau crier : « C'est moi qui suis Voltaire, c'est moi qui suis Paris, c'est moi qui suis la France, c'est moi qui suis le monde. J'ai été de toutes les victoires de Bonaparte, j'ai veillé sous sa tente et je l'ai protégé même lorsqu'il me condamnait. Ces victoires perdues pour la France sont des conquêtes éternelles pour l'humanité, car nous avons ensemble labouré la terre par un sillon de lumière. » Il avait beau crier, on le condamnait. Et pendant que Napoléon s'en allait à Sainte-Hélène, César sans épée, mais malgré lui César encyclopédiste, Voltaire s'envolait en Allemagne, tout droit chez Gœthe, avec les vestiges du dernier drapeau de Waterloo.

Mais c'est en vain que la France peu à peu reprise par les ténèbres, la France humiliée devant les rois de l'Europe qu'elle a si longtemps humiliés, défend à Voltaire de revenir jamais. Elle lui ferme les colléges, parce qu'elle se dit que pour ce fléau de l'Église, la jeunesse est une vaillante armée ; elle réveille contre lui les haines apaisées ; elle met à toutes les frontières quatre hommes et un caporal pour défendre le passage à l'impie. Mais voilà qu'un jour l'impie est revenu. L'imprimerie donne des millions d'ailes à son verbe ; les deux mondes réapprennent leurs droits à son école. Et un soir de distraction il entre au cabaret. Le roi Voltaire se fait peuple pour chanter les airs du soldat et de l'ouvrier, les airs connus mais toujours nouveaux qui disent le courage et l'amour. Le ci-devant gentilhomme du roi Louis XV verse à boire aujourd'hui au peuple de 1815, pour lui verser à plein verre le patriotisme et la liberté. Et voilà que toute la France chante avec lui. Et voilà qu'un cri du cœur part et retentit dans tous les cœurs. La France qu'il a réveillée, la France lève la tête en chantant *le Vieux Drapeau.*

Le vieux drapeau, ce n'est pas seulement la bannière qui conduisait à la victoire les volontaires de 92 et les grenadiers de Napoléon; le vieux drapeau, c'est aussi le drapeau de Voltaire, car si les héros y ont inscrit le mot *Patrie*, Voltaire y a inscrit le mot *Esprit humain.*

XVIII

LA COMÉDIE VOLTAIRIENNE

La vie de Voltaire est une comédie en cinq actes et en prose — une belle comédie à la Molière avec des tableaux à la Shakspeare, — où rayonne la raison humaine dans le génie français.

Le premier acte de la comédie voltairienne se passe à Paris avec les grands seigneurs et les comédiennes; il commence aux fêtes du prince de Conti et finit à la mort de mademoiselle Lecouvreur. C'est un imbroglio où la folie française s'éclaire çà et là du rayonnement tempéré de la raison anglaise, c'est l'époque de la Bastille et de l'exil; mais c'est l'âge des premiers triomphes du poëte et des premières aventures de l'amoureux. Tout le monde a de l'esprit, même quand il faut avoir du cœur. On entre sur la scène en riant de tout, même des dieux. Voltaire est déjà l'ami des rois et l'ennemi de leur royauté, car il pressent la sienne. Comme les dieux de l'Olympe, il a franchi l'espace en trois pas.

Le second acte, plus reposé, mais non pas plus sévère, où l'amour joue encore son rôle, se passe au château de Cirey et à la cour du roi Stanislas. Ce second acte peut s'appeler l'amour de la science et la science de l'amour. Voltaire et la marquise du Chastelet ont retrouvé le paradis perdu, et ils mangent la pomme jusqu'à l'amertume. Apollon ne joue pas de la lyre, et Daphné, au lieu de se cacher dans les chastes ramées, meurtrit son sein sous les livres de géométrie. Leur amour n'est bientôt qu'une fumée sans feu. Le mari joue les Sganarelle, mais l'amant finit par les jouer à son tour; car le jour où Voltaire ramène ses passions sur le rivage, comme le nautonier prudent ramène son navire quand le vent va manquer aux voiles, Saint-Lambert, imprudent comme la jeunesse, emporte en pleine mer la maîtresse de Voltaire, qui meurt bientôt au premier tourbillon.

Que si on trouve que ces deux premiers actes de la comédie durent trop longtemps, je répondrai : j'aurais voulu les faire bien plus longs ; car il a raison le poëte Sainte-Beuve qui a dit : « Ce n'est pas tant la vie qui est courte, c'est la jeunesse. »

Le troisième acte se passe à la cour de Frédéric II, à Berlin, à Postdam, à Sans-Souci, où Voltaire donne des leçons de grammaire et prend des leçons de philosophie. C'est une caricature du Sunium et du Palais-Royal. On parle mal de la sagesse et on ne soupe pas bien. L'Académie de l'algèbre tient trop de place à cette cour sans femmes et sans Dieu. Voltaire joue son rôle avec toutes ses grâces diaboliques, avec tout son esprit surhumain, avec toutes ses colères de lion apprivoisé. Mais le Salomon du Nord a des griffes plus longues que les siennes; il les montrera dès qu'il aura vu le fond de la poétique de Voltaire;—et le courtisan s'enfuit pour faire à son tour le métier de roi,—le seul métier qui fût possible en ce temps-là.

Le quatrième acte se joue à Ferney. Le roi Voltaire prend pied du même coup dans quatre pays, en attendant qu'il règne partout. Il a une cour, il a des vassaux, il a des curés; il bâtit une église et baptise tous les catéchumènes de la philosophie de l'avenir; il apprend l'amour aux puritaines de Genève; il dote la nièce de Corneille; il venge la famille de Calas, il plaide pour l'amiral Byng, pour Montbailly, pour La Barre, pour tous ceux qui n'ont pas d'avocat; il joue *Mahomet* et *César*; ce qui fait que son ennemi Jean-Jacques lui écrit : « Je vous hais, parce que vous avec corrompu ma république en lui donnant des spectacles. »

Le cinquième acte se passe à Paris, comme le premier. Mais cet homme qui, au début de l'action, était embastillé, proscrit, bâtonné, revient en conquérant. Tout Paris se lève pour le saluer ; l'Académie croit qu'Homère, Sophocle et Aristophane sont revenus sous la figure de Voltaire ; la Comédie le couronne de l'immortel laurier. Mais il est bien question du poëte à cette heure suprême ! Paris tout entier le tue dans ses embrassements, ce roi de l'opinion qui lui apporte en mourant la conquête des droits de l'homme. Ah ! ce fut un beau triomphe ! car c'est du jour de la mort de Voltaire que le roi Tout-le-monde a pris sa place au banquet de la vie.

La moralité de cette comédie fut révélée en ce grand jour de fête qui s'appela l'*Apothéose de Voltaire ;* car ce jour-là la Révolution était faite, et on reconnut les conquêtes impérissables de celui qui s'est résumé par ces deux mots : *Dieu et la Liberté !*

FIN.

TABLE

PRÉFACE.. I

I
LA GÉNÉALOGIE DE VOLTAIRE................... 1

II
LOUIS XIV PRÉDÉCESSEUR DE VOLTAIRE..... 17

III
LA JEUNESSE DE VOLTAIRE........................ 29

IV
LES FEMMES DE VOLTAIRE......................... 106

V
VOLTAIRE A LA COUR................................. 180

VI
LE MOUVEMENT DES ESPRITS.................... 197

VII
LE SACRE DE VOLTAIRE............................. 220

VIII
LA COUR DE VOLTAIRE.............................. 240

IX
LE PEUPLE DE VOLTAIRE........................... 281

X
LA SŒUR DE VOLTAIRE.................................... 293

XI
LES MINISTRES DE VOLTAIRE........................ 303

XII
LES ENNEMIS DE VOLTAIRE.......................... 327

XIII
VICTOIRES ET CONQUÊTES DE VOLTAIRE..... 343

XIV
LES ŒUVRES DE VOLTAIRE............................ 351

XV
LA MORT DE VOLTAIRE.................................. 375

XVI
LE DIEU DE VOLTAIRE.................................... 391

XVII
LA DYNASTIE DE VOLTAIRE........................... 413

XVIII
LA COMÉDIE VOLTAIRIENNE......................... 427

PARIS.—DE L'IMPRIMERIE DE BONAVENTURE ET DUCESSOIS.

ARSÈNE HOUSSAYE

LA GALERIE DU DIX HUITIÈME SIÈCLE
Sixième édition. Cinq volumes à 1 fr.

HISTOIRE DU 41e FAUTEUIL
DE L'ACADÉMIE FRANÇAISE
Quatrième édition. Un volume. 3 fr. 50.

VOYAGES HUMORISTIQUES
AMSTERDAM — PARIS — VENISE
Nouvelle édition. Un volume, 3 fr. 50 c.

LES OEUVRES POÉTIQUES
LES ROMANS DE LA VIE — LA POÉSIE DANS LES BOIS — POÈMES ANTIQUES
Nouvelle édition. Un volume, 3 fr. 50 c.

PHILOSOPHES ET COMÉDIENNES
Quatrième édition. Un volume, 3 fr. 50 c.

LE VIOLON DE FRANJOLÉ
Cinquième édition. Un volume, 3 fr. 50 c.

LES FEMMES COMME ELLES SONT
Troisième édition. Un volume, 1 fr.

L'AMOUR COMME IL EST
Un volume, 1 fr.

LES FILLES D'ÈVE
Troisième édition. Un volume, 1 fr.

HISTOIRE DE LA PEINTURE FLAMANDE
Nouvelle édition. Un volume, 3 fr. 50.

DE L'IMMORTALITÉ DE L'AME
Un volume in-8 (sous presse).

---

www.ingramcontent.com/pod-product-compliance
Lightning Source LLC
Chambersburg PA
CBHW071112230426
43666CB00009B/1935